U0940388

国家自然科学基金旅游研究项目文库

山地景区旅游发展驱动力与投资效应研究

明庆忠 赵建平 张轶群 刘宏芳 等/著

中国旅游出版社

前　言

旅游业作为最具有发展前景的朝阳产业之一，能够为地方带来显著的经济与社会效益，并且已经成为许多地区发展的支柱产业。我国是山地大国，山地地区旅游资源优势明显，是层次分明、类型多样的自然与人文旅游资源相复合的旅游目的地。山地景区是以自然山体、水体、气候、动植物为景观要素，兼具自然风光和文化资源的旅游综合体。依托丰富的山地旅游资源，我国山地景区开发相对较早，形成了一批较为成熟的景区，在旅游业发展过程中占据着相当重要的地位。随着山地旅游成为新的旅游热点，山地景区作为发展山地旅游的主要载体，因其具有较高的旅游吸引力而备受游客青睐，已成为人们出行的最佳旅游目的地之一。目前国内对山地景区旅游发展驱动力的研究较少，山地景区本身也正处于转型升级的关键发展阶段，同时改革开放后，我国经济加速发展，人民生活水平不断提高，人均GDP、人均收入不断提升。人民开始追求更有品质的生活，作为幸福产业的旅游业也就成为人们新的追求目标，旅游需求不断增加，旅游出行人数逐年大幅增加，我国旅游业也随着经济发展快速发展起来。山地旅游以亲近自然、积极健康、绿色可持续的特点深受人们喜爱。玉龙雪山景区作为山地旅游的代表，集观光旅游、休闲旅游、健康养生旅游等多种旅游类型于一体，发展潜力巨大，旅游产业融合性强，带动地区经济的发展、提高人民的就业率和收入、促进消费、消除贫困效应显著。旅游业发展势头强劲，吸引了不少投资，旅游景区投资规模大幅增长，新的投资的加入不断推动景区发展、当地经济的提升、人民生活的改善和就业的增加。我国山地地区普遍旅游资源丰富，旅游发展潜力巨大，但交通相对落后，旅游业较低的准入门槛、显著的经济带动作用使之成为山地地区经济发展的首选，投资发展山地旅游成为带动一些当地社会经济发展的重中之重。

本书从玉龙雪山旅游发展驱动因子分析、景区投资驱动效应入手，研究玉龙雪山景区旅游发展驱动力构成、变化，并对景区旅游发展驱

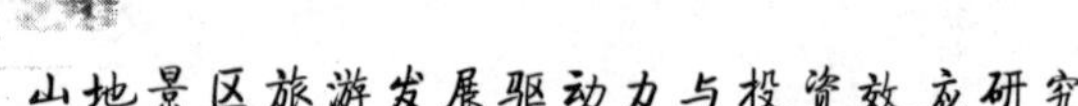

动力进行综合评价，根据评价结果和景区实际状况提出驱动力优化策略。以旅游景区投资为切入点，通过对玉龙雪山景区投资驱动机理和内外部驱动因素、投资驱动效应研究，补充和丰富山地景区研究中关于旅游发展驱动力、投资驱动效应的研究内容，为山地景区旅游发展驱动力、投资驱动效应后续研究提供相关理论及方法参考；同时，为其他类似丽江玉龙雪山的山地景区提供案例借鉴，为山地景区发展提供实践指导。

本书以玉龙雪山景区为研究对象，通过对国内外相关研究的梳理分析和评述，明确山地旅游和山地景区、旅游驱动力的概念内涵，并以旅游动机的推—拉理论、旅游地生命周期理论和旅游供需理论作为本研究的基础理论指导。运用文献梳理和德尔菲法构建了玉龙雪山景区旅游发展驱动因子指标体系，为开展山地景区旅游驱动力变化分析和驱动力综合评价打下了基础；以旅游系统论思想为指导，基于山地景区旅游开发建设相关数据资料，将玉龙雪山景区旅游发展历程划分为起步（1984—1993年）、发展（1994—2004年）、巩固（2005—2011年）和成熟（2012年至今）四个阶段，从驱动力横向变化和纵向历时性变化两个角度分析玉龙雪山驱动力变化过程；在构建玉龙雪山景区旅游发展驱动力评价指标体系之后，运用层次分析法和德尔菲法确定各项指标权重系数，构建了综合评价模型；运用问卷调查法和数据资料评价法评价其水平、得出评价结果，对山地景区玉龙雪山景区投资驱动机理和内外部驱动因素进行了分析；回顾和总结了玉龙雪山景区的发展历程和投资经历，研究分析了景区投资和景区发展的相关性，以及景区目前投资方面存在的问题；通过统计分析软件 SPSS 25，运用多元线性回归分析、回归模型的拟合优度、显著性及 DW 检验，回归系数的显著性与解释变量共线性检验、残差检验等多种方法，对玉龙雪山景区从 2010—2019 年的投资数据进行分析研究，用实证分析研究景区投资驱动效应；根据分析研究结果提出了旅游发展驱动力优化对策、提升山地景区投资驱动效应的策略和建议。

本书是以云南财经大学为主承担的国家自然科学基金项目“山地旅游目的地人地关系地域系统变化及其机制研究”（41961021）的研究成果之一，由明庆忠、赵建平、张轶群、刘宏芳、刘安乐、史鹏飞、田瑾等合作完成。在后期资料整理、成书过程中，刘溧湛、邓杨夏、李坤、徐潇、席晓敏、王晓莹、宋田倩、郭路遥等做了一些完善工作。在资料收集与整合、实地考察、研究等工作过程中，得到了玉龙雪山旅游管委会、丽江股份、玉龙县文旅局、丽江市文旅局及相关部门，以及云南省相关旅游专家的帮助和支持，本书出版过程中中国旅游出版社张芸艳老师付出了辛勤劳动，在此一并表示由衷的感谢！

作者

2022 年 6 月

目　　录

第1章 绪　论

1.1　研究背景

1.1.1　旅游需求催热山地旅游

随着近年来我国经济高速平稳的增长，人民生活水平也随之不断提升，生活质量不断改善，人们不断追求着更高品质的生活。旅游业作为幸福产业，也随着我国经济水平的提升高速发展起来。据一项研究发现，以3000美元人均GDP为界限，当一个国家达到或超过时，该国人民会更加注重生活质量的提升，对于旅游的需求就从观光型旅游转变成了休闲型旅游，而人均GDP达到或超过5000美元时，按照世界银行的标准，该国已经达到了中等收入国家水平，该国人民生活质量持续得到提升，对于旅游的需求就从休闲型旅游转变成了体验型旅游。根据国家统计局发布的数据，截至2019年我国人口突破14亿，人均GDP突破1万美元，中国经济增长引擎动力强劲，人口的增加、人均GDP的不断提升都为当下我国旅游业繁荣发展提供了新的源源不断的动能。旅游人数逐年递增，各种旅游形式层出不穷，真正达到了只有你想不到的没有你玩不到的，我国已步入了一个旅游多元发展的时代。山地旅游就是众多旅游类型中比较受欢迎的一种类型。

山地旅游因具有可以让人亲近大自然、优雅舒适的环境有利于人们放松休养等独有的特点，受到众多游客的喜爱和追捧，近些年正飞速发展。据联合国世界旅游组织的统计，山地旅游已占到旅游总量的20%左右，并逐年快速增长，发展前景广阔。山地资源遍布全球各地，占全世界陆地面积的25%左右，世界上多达3/4的国家或者地区都拥有资源种类十分丰富的山地，发展山地旅游潜力巨大、前景广阔，山地旅游已成为全球热。我国的山地、丘陵和高原的面积更是占到了国土面积的67%[1]。依托丰富的山地旅游资源，近年来，我国的山地旅游得到了快速的发展，山地作为休闲度假旅游的目的地，开始受到越来越多的游客的关注。拥有丰富山地旅游资源的贵州，全省17.6万平方公里，山地和丘陵面积占92.5%，而黔西南州又是贵州山地旅游的典型代表，2014年到2018年，黔西南州的旅游总收入从112.01亿元大幅增长至509.01亿元，在短短的5年间，旅游人数从1526.68万人次飙升至6338.76万人次，旅游总收入和旅游人数的年增速都超过了30%以上，成绩喜人。可以说，山地旅游已经迎来了飞速发展的时代。

玉龙雪山景区是中国山地旅游中的佼佼者，作为北半球最南端的大雪山，它汇集了观光旅游、休闲旅游、健康养生旅游等多种旅游类型，吸引着全国乃至世界的游客前来观光游览、休闲度假、健康养生。2010年春晚上的一首《彩云之南》更使玉龙雪山的名字响彻大江南北，成为人们旅游首选目的地之一。

1.1.2 山地旅游成为新的旅游业发展业态之一

随着社会经济发展，人们的可支配收入不断增加，生活质量的提高助推旅游消费增长，逐渐形成多元化的旅游需求，单纯的观光旅游已无法满足游客的需求。近年来，在消费升级的大背景下，越来越多的国人开始关注到品质旅游，旅行方式也从传统观光旅游逐渐向体验式旅游转变。同时，现代社会人们的工作、生活节奏快，压力大，人们更想得到一种能够放松身心、解放天性、逃离日常的旅游体验，因此，休闲体验式旅游越来越受到更多游客的青睐。近几年来，凭借活动类型丰富及开放性、参与性、体验性强等优势，以亲近自然、放松心灵、探险挑战为主题的山地旅游受到了更多的关注，包括登山、攀岩、滑雪、徒步、骑行、露营、野外拓展、山地户外运动等山地旅游形式为丰富游客旅游体验提供了更为多样化的选择。如今，传统的山地观光已无法满足人们日益增长的旅游需求，建设山地休闲度假、康养运动综合体成为山地旅游新的发展方向，山地旅游已成为旅游业发展新业态之一。

山地旅游在国际旅游发展中占有重要地位。数据显示，山地旅游业收入在世界旅游收入占比15%~20%，在欧美许多国家，山地旅游年均增长率达到25%~30%以上[2]。山地资源在全球均有分布，山地旅游可开发价值高、前景广阔，全球山地旅游市场欣欣向荣。近年来，中国山地旅游发展较为迅速，山地旅游目的地成为更多旅游者的选择。著名旅游专家魏小安在“2018国际山地旅游联盟北京论坛”中提出山地旅游是中国未来旅游发展重点方向，在度假已经成为一种刚性的需求背景下，山地度假会成为下一步中国旅游发展热点①。度假型游客的出行目的是在远离惯常生活与工作的环境中获得享受和放松，山地旅游能满足游客追求沉浸感和参与感的度假旅游需求。

1.1.3　山地景区是发展山地旅游的主要载体

人们对名山大川情有独钟，从古至今，山地一直是人们追求和向往的最佳游览场所。我国拥有世界上最丰富的山地景观和民族文化。山地面积约占中国陆地总面积的73.4%[3]。山地以青山绿水、生物多样性、民族文化多样性、地貌多样性、原始森林和立体气候等为优势资源，部分高山、极高山有冰川、雪、珍稀动植物等特色景观，是层次分明、类型多样、兼具自然与人文旅游资源的旅游目的地[4]。山地景区是以自然山体、水体、气候、动植物为景观要素，兼具自然风光和文化资源的旅游综合体。依托丰富的山地旅游资源，我国山地景区开发相对较早和成熟，在旅游业发展过程中占据着相当重要的地位。随着山地旅游成为新的旅游热点，山地景区作为发展山地旅游的主要载体，本身具有较高的旅游吸引力而备受游客青睐。历经多年发展，我国山地景区已成为重要的旅游接待地，并且形成了一批世界知名的旅游目的地。截至2021年2月，我国共有世界自然文化遗产地55处，其中山地型遗产地29处，约占总数的52%；已公布的9批国家级风景名胜区244处，山地型风景名胜区有170处，约占总数的69%；至2020年12月，我国已公布国家5A级旅游景区302处，其中山地型旅游景区136处，约占总数的45%。山地型旅游景区是旅游景区类别中数量相对较多同时也是质量较高的一类景区，已成为人们出行的最佳旅游目的地之一，广泛分布的高品质山地景区表明山地旅游在当代显示出了巨大的生命力，对山地景区开展研究具有重要的实践和理论意义。

---

① 我国山地旅游被市场推向历史前台［N］. 中国青年报，2018-07-26.

1.1.4 旅游投资是推动景区发展的重要方式

旅游产业具有较强综合性、高关联度、长产业链、强融合性等特点。旅游产业可以不断促进关联产业的发展，在带动区域乃至周边地区经济的发展、提高人民的就业率和收入、促进消费、消除贫困等方面，旅游产业带了来不可估量的效益，已逐渐成为我国吸纳就业人数最多、发展势头最为强劲的产业。2009 年，国务院颁布了《关于加快发展旅游业的意见》(国发〔2009〕41 号)。2015 年，颁布的《关于进一步促进旅游投资和消费的若干意见》(国办发〔2015〕62 号)，实施旅游投资促进计划，促进旅游投资已上升到了国家的高度。面对旅游产业巨大的发展潜力，在国家的高度重视下，政府、民营企业、外商等不少投资主体都纷纷加入旅游业投资大军中，旅游投资规模大幅增长，各地旅游投资呈现出生机勃勃、欣欣向荣的景象，为旅游产业的发展加入了新的动力，我国进入了旅游投资的黄金时期。旅游景区作为旅游产业聚集点，也吸引着投资者的目光，加之政府政策的放宽，民营企业对景区的投资发展出现了极大的热情，改变了国家包办景区，推动景区经济发展的历史。新的投资动力的加入不断推动景区发展、当地经济的提升、人民生活的改善和就业的增加。

根据数据显示，在我国“十一五”期间，旅游业投资总额 17834.22 亿元，而景区作为旅游业的核心部分投资额达到了 8003.82 亿元，景区投资占旅游总投资额的比例高达 44.88%。随着景区投资的规模的不断增加，推动着我国各级景区数量和质量如雨后春笋般飞速增长和提升，作为各类景区中评级标准最高、全国整体数量相对较少的 5A 级旅游景区，也由 2007 年的全国只有 66 家飞速发展到 2019 年的 280 家之多。在短短的 13 年间全国增加了 214 家 5A 级旅游景区，体现出了景区投资对景区发展的巨大推动作用。

1.1.5 旅游景区投资是带动山地景区发展的有效途径

我国山地旅游资源丰富，旅游发展潜力巨大，然而山地景区一般位于交通不便利、经济不发达的地方。在西部大开发等国家多项政策指引下，西部山地地区基础设施得到了长足的发展，薄弱的经济基础得到了改善，但其与中部以及沿海地区经济发展差距仍较为明显。西部山地地区也是我国全面建成小康社会、摆脱贫困共同富裕的重点关注地区。如何利用丰富的山地资源优势，提高当地居民的生活水平、带动当地社会经济的快速健康发展成为西部山地地区所面临的问题。旅游业近些年来飞速发展，其较低的准入门槛、显著的经济带动作用成为山地地区经济发展的首选方式，而旅游投资又是景区开发的前提，因此，旅游投资成为带动当地社会经济发展的重要方式。

首先，旅游投资可以增加当地社会财政收入，投资开发的山地景区吸引的游客数量增加能够产生直接的经济效益，带动当地旅游总收入增加，大幅增加了当地税收收入，充实了当地政府和企业的财源，进而带动当地社会经济发展。其次，旅游投资推动了当地产业结构调整，西部山地地区大多远离区域政治、经济、文化中心，产业结构较为单一，旅游投资可以通过带动交通、住宿、娱乐等的发展，有效改善当地产业结构，从而带动社会经济的发展。最后，旅游业属于劳动密集型产业，旅游投资给当地居民带来了大量的就业机会，可以最大限度地吸纳当地剩余劳动力，从而提高当地居民的生活水平和收入，保障了当地社会经济的平稳发展。

1.1.6 玉龙雪山景区发展较快但存在不少急需解决的问题

玉龙雪山位于云南省丽江市玉龙纳西族自治县，1984 年成立玉龙雪山省级自然保护区，1988 年进入第二批国家级风景名胜区名单，1993 年经省政府批准成立玉龙雪山省级旅游开发区，2007 年 5 月经国家旅游局正式批准，玉龙雪山成为首批国家 5A 级旅游景区[5]，2009 年成立玉龙雪山冰川国家地质公园。自 1994 年景区开园以来，玉龙雪山旅游业发展迅猛，形成了冰川公园、甘海子、云杉坪、牦牛坪、蓝月谷等众多知名景点，建立了雪山高尔夫球场、“印象·丽江”等标志性品牌。经过二十多年的发展，如今，玉龙雪山已成为享誉海内外的著名旅游景区，景区旅游收入已成为丽江市的旅游经济支柱之一，玉龙雪山成为丽江市乃至云南省最重要的景区之一。景区旅游接待人数从 1994 年的 4700 人次增长到 2019 年的 502 万人次，到 2019 年 6 月，游客总量累计达到 5000 万人次，旅游综合收入从 1994 年的 24 万元增长到 2019 年的 10 亿元①，玉龙雪山在旅游经济收益、社会影响力和生态环境保护等方面都

① 丽江市文化和旅游局. 云南丽江玉龙雪山景区累计游客突破 5000 万人次 [EB/OL]. http://www.ljta.gov.cn/html/news/zhxx/15234.html.

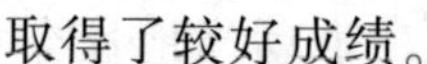

取得了较好成绩。

玉龙雪山景区开发了多样化的旅游活动形式，包括观光旅游、民俗旅游、生态旅游、康体休闲旅游、科学探险旅游等。多年的旅游经营为当地带来了巨大经济和社会利益。但同时我们也应看到旅游开发活动对玉龙雪山生态环境保护和可持续发展带来的负面问题。首先，玉龙雪山是国家级风景名胜区，同时也是省级自然保护区，政府在旅游开发中起决定作用。管理体制上，地方政府与保护区上级单位存在管理不协调问题，难以兼顾生态保护与旅游开发。其次，过高的游客负载量对玉龙雪山景区生态环境造成了较大影响。玉龙雪山风景名胜区范围和玉龙雪山自然保护区范围高度重合，景区大部分景点分布和旅游活动场所都在自然保护区内展开。但目前玉龙雪山景区的开发建设与游客活动与自然保护区相关要求存在矛盾，甚至部分景点直接在保护区核心区进行。尽管“全球气候变暖是玉龙雪山冰川消退的主要原因，跟气候的变化和影响相比，人的影响微乎其微”[6][7][8]。但是，不可否认的是旅游开发建设和旅游活动对玉龙雪山生态环境、植被覆盖、冰川等造成的负面影响。此外，玉龙雪山景区经营多年，是一个较为成熟的山地景区，由于管理不善或者规划滞后，致使景区在旅游交通、旅游环境以及智慧景区建设方面还存在不少问题，比如专线旅游交通较少考虑散客需求，不够人性化，山地旅游服务设施不够完善或更新维护缓慢，现代信息技术在景区综合管理中应用较少，对旅游大数据尚未有实质性的开发利用，智慧景区建设进展缺乏有力推进，旅游管理体制不健全等问题。

目前，玉龙雪山景区存在的主要问题是由于缺乏对玉龙雪山旅游发展驱动力的系统认识和理解，景区管理者与开发者对如何保持山地景区核心竞争力、促进山地景区科学可持续发展缺乏有效规划和实施。另外，景区经济效益主要依靠门票、索道收入，山地人文旅游资源开发力度不足，山地旅游产品结构还不完善，旅游开发各方参与者之间矛盾较多，景区在转型升级发展背景下方向不明确，这些都是制约景区健康可持续发展的问题。因此，如何科学、系统地认识玉龙雪山旅游发展驱动力及驱动力变化的原因和过程，从而为缓解玉龙雪山景区各利益主体之间以及景区保护与开发的冲突提供理论和实践指导，进而突破山地景区发展瓶颈，成为玉龙雪山景区面临的重大问题，这也是选题开展研究的重要背景和原因。本书主要探讨玉龙雪山景区动力系统构成和旅游发展驱动力的变化过程，并对玉龙雪山景区旅游驱动力进行综合评价，旨在为山地景区健康可持续发展提供借鉴，为科学合理评价山地景区提供方法上的参考，同时为玉龙雪山山地景区科学发展提出建设性意见。

1.2 研究综述

1.2.1 山地旅游研究

世界山地旅游是从近代工业化的发端地欧洲产生的，其次是北美，随后形成全球性发展[9]，因此，国外对于山地旅游的相关研究开始较早。Willard 研究了游客活动对洛基山高山苔原生态系统的影响[10]，此后，山地旅游相关研究陆续增加。1983 年，在联合国教科文组织倡议下，国际山地综合开发中心（ICIMOD）成立，此后国际山地综合开发中心举办了多次山地旅游主题相关国际性学术会议。1990 年以后，山地旅游研究成为热点，受到学术界大量关注。很多相关项目策划及规划涌现，同时很多重要学术文献也提到了山地旅游发展中的特殊问题[11]。山地旅游在欧洲、北美洲发展比较成熟，阿尔卑斯山、落基山脉等都是世界性的山地旅游目的地，有关这两个地区的研究成果也比较丰富。进入 21 世纪后，随着喜马拉雅山的开发，亚洲尤其是南亚、东亚山地旅游研究开始增多。山地旅游文化及旅游活动在中国有着悠久的历史，我国现代意义上的山地旅游研究起步相对较晚。中国山地旅游研究可大致分为四个阶段：萌芽阶段（1985—1996 年）、产生阶段（1997—2005 年）、发展阶段（2006—2014 年）、成熟阶段（2015 年至今）[12]。2015 年，第一届国际山地旅游大会在中国贵州兴义召开，之后山地旅游研究文献数量大幅增加，山地旅游研究开始进入井喷式增长。国内外有关山地旅游研究内容主要集中在以下四个方面：

1.2.1.1 山地旅游内涵界定

国外对“山地旅游”这一概念界定的研究比较少，其描述术语也有较大区别。在文献中常使用“mountain tourism”“tourism in mountain regions/environment”等词对山地旅游进行描述。Nepal（2002）对山地生态旅游（mountain ecotourism）进行了界定：不破坏山地本身的自然和文化环境，又能促进山地当地经济发展，改善当地社会环境和居民生活水平，并为旅游者提供高品质的旅游体验的一种旅游形式[13]。目前，国外学者对山地旅游概念研究较少，多为基于山地特殊环境下的某种旅游形式研究，如山地生态旅游、山地度假旅游、山地探险旅游等，且多集中于某方面的单一概念、框架的界定与构建等，山地旅游概念体系的研究还有待进一步深化。

国内最早对山地旅游进行明确定义的是王瑞花（2005），认为山地旅游是以自然环境为载体，以山体、水体、动植物等景观、气候等自然资源和当地传统社会文化资源为主要的旅游资源，以山地攀登、探险、考察、野外拓展等为特色旅游项目，兼有山地观光、休闲度假、健身、娱乐、教育等为一体的现代旅游形式[14]。唐利文等（2009）提出了山地度假旅游概念：以山地自然人文资源为吸引物，以山地旅游基础设施和休闲度假设施为载体，为旅游者提供休闲度假为取向的旅游活动方式[15]。陈兴等（2012）认为山地旅游是旅游活动类型的一个重要分支，以山地独特的地貌类型为基础，综合气候、生态、文化等要素，是以观光体验、度假、休闲、宗教、修学等为目的的“小众型、低密度”的旅游活动[16]。陈建波等（2017）对山地旅游这样定义：山地旅游是人们利用余暇，在以山地及其高梯度效应衍生的在自然—人文综合地域生态系统内开展的各种旅游休闲体验的集合[17]。

综上，以上学者对山地旅游的概念定义做出了较为深入的探讨，首先，在对山地旅游活动开展的范围上呈现出较高的一致性，即在山地特殊自然地理环境下的一种旅游活动类型。其次，山地旅游活动类型的涵盖范围不断地拓宽，但山地旅游的最终概念尚未达成一致定论，有待今后学者进一步讨论。

1.2.1.2 山地旅游影响研究

一直以来，作为一种在特殊环境下发展的旅游形式，山地旅游对生态环境和旅游地产生的复杂影响是研究热点。国外研究者从环境、经济、社会文化等几个方面对山地旅游开发产生的影响进行了研究。（1）环境影响方面，Cole 等（2002）对喜马拉雅山脉 Manali 地区发展旅游历程中生态足迹变化和旅游者对生态足迹的直接影响进行测算，结果显示 Manali 生态足迹达到其面积的 25 倍，Manali 地区对外部生态的依赖有所加强[18]。Geneletti 等（2009）运用地理信息系统（GIS）建模和遥感图像方法对评估印度喜马拉雅山拉达克的旅游业开发对环境的不利影响，结果表明旅游业特别是与徒步相关的活动引起了环境退化，并建议政府制定适当的旅游政策进行干预[19]。Barros 等（2015）采用系统的定量方法研究了安第斯山脉的旅游活动对植被及生态系统的影响[20]。Roşca 等（2020）通过对罗德奈山国家公园中的湖泊水质进行监测来评估旅游业等人类活动对水质的影响程度，结果表明部分微生物和细菌相对含量较高，金属污染指数正常[21]。(2）经济影响方面，Godde 等（2000）认为发展山地旅游业可以充分发挥山地资源价值，同时有利于山地环境保护，能够为山地地区带来良好的经济效益[22]。Lasanta 等（2007）分析了比利牛斯山滑雪旅游开发历程中不同地区旅游经济收益的空间差异及其变化，结果显示只有少数滑雪场地及其周边地区的户外度假聚集区的社会经济得到较多增长，一些地区在旅游开发历程中的不同时间节点的经济效益也有差别[23]。Ishii（2012）考察了发展旅游对泰国山地部落的影响，发现旅游业为当地少数民族社区提供了收入，但年轻人和妇女的收入比年长的男子更高，地方政策制定应考虑到这种基于种族、性别和法律地位的差异[24]。Choenkwan 等（2016）研究了泰国东北山区旅游胜地 Phu Ruea 地区发展山地旅游对农民获得经济收益的影响，发现大约 80% 的收入来自当地旅游经营服务及其附加产品的销售收入，并认为发展山地旅游是该地区较为成功的策略[25]。Mohammed（2016）通过调查访谈发现，奥布杜山旅游度假村的从业人员可能因过度依赖山地旅游业而限制其在其他产业发展的可能[26]。(3）社会和文化影响方面，Edwards（1988）从不同视角，综合考虑众多影响条件分析了山区旅游的社会环境影响[27]。Nyaupane（2005）通过对亚洲两个受欢迎的山地旅游目的地进行实地观察和调查、访谈发现当地山地旅游开发对两地传统民族文化的复苏有促进作用[28]。通过个案研究，William（2016）认为由于奥地利山地旅游发展良好，越来越多追求生活质量的中产阶级搬迁到了山地景区，迁移者和原生社区间的关系及景区的人地关系都发生了改变[29]。

国内研究主要集中在山地旅游开发对旅游资源、生态环境产生的负面影响方面，也有学者从经济、社会文化等维度研究了山地旅游发展带来的影响。(1）环境影响方面，李贞等（1998）基于植被生态环境质量和景色质量管理视角，以定量分析方法研究了旅游开发对丹霞山植被产生的影响[30]。刘丽丽（2005）以北京灵山为例，分析了多个时间发展节点的山地遥感数据，得出旅游开发可能产生以下影响：山地景区土地利用类型结构变化、亚高山草甸破坏、生态环境退化、水土流失日趋严重[31]。马国民等（2011）结合旅游生态足迹模型，对帽儿山旅游生态足迹进行研究，发现餐饮、交通及废弃物生态足迹占总旅游生态足迹比重达到92%，旅游对帽儿山生态环境及生态系统造成了较大影响[32]。郑玲玲等（2018）建立了一个指标体系分析旅游活动对森林公园生态环境的影响，结果显示游览频率与旅游影响系数、伴人植物比成正比，随着旅游开发规模的加大和游客人数的增加，森林生态环境受到了一定程度的影响[33]。(2）经济影响方面，陆林（1991）以黄山为例对山岳风景区国际旅游经济效益进行探析，发现可进入性差、知名度不高、旅游消费结构不合理、季节性明显、游客逗留时间短等对国际旅游效益产生了负面影响[34]。刘益（2006）研究了旅游开发对丹霞山景区及世外桃源景区社区居民经济产生的影响，认为旅游可以促进山地经济的发展，能够大幅度提高社区基础设施和公共服务水平[35]。武晓英等（2016）认为山地旅游发展可以带来经济效益，提高当地居民在旅游中的参与度可以有效帮助其脱贫致富，通过合理引导全民参与旅游、合理分配旅游利益能让山地旅游发展成果惠及最广大居民，实现旅游扶贫[36]。刘翘莹等（2018）认为发展山地旅游是贵州脱贫的重要手段，分析了社区居民如何通过山地旅游提高经济收益，提出对扶贫对象展开精准帮扶模式，以促进山区旅游经济发展[37]。(3）社会和文化影响方面，龚志强等（2006）认为庐山旅游开发导致牯岭镇城市化率越来越高，社区居民生活区与游客住宿区边界日益模糊，许多民工或个体旅游经商者成为长期的非常住人口[38]。陈嘉睿（2010）认为山地旅游开发导致游客量急剧增加，外界文化对山地旅游目的地本土文化产生冲击，提出大力发展节庆活动来增加山地文化影响力，在旅游产品设计、旅游产品线路规划中融入山地文化要素，在旅游全过程和全产业链中加入夹金山长征文化和嘉绒藏族文化内涵，打造特色旅游村寨等方法保持和传承当地文化[39]。向秋霜（2019）认为武陵山旅游开发有利于当地物质及非物质文化遗产的保护和传承，为民族文化的深入挖掘和活态传承提供了载体，但同时也存在旅游过度开发的问题，提出建立生态价值补偿机制以促进文化的保护传承和山区旅游的可持续发展[40]。

综上可知，山地旅游对环境的影响是国内外研究的集中方面，国外山地旅游影响研究在时间上较国内早、研究角度上较国内更为多元化，尤其是研究早期，国内相关研究主要集中在山地旅游对环境产生的负面影响上，山地旅游对经济、社会文化的影响研究相对较少，但随着时间的推移，国内外研究面不断拓宽，研究方法更为多元。山地旅游影响研究是学术界研究的热点问题，要注意到山地旅游不仅仅产生负面影响，也可能产生积极影响，这是今后研究应该多关注的方面。

1.2.1.3　山地旅游资源评价与规划开发

山地旅游开发规划依托于山地旅游资源，丰富的山地资源是进行山地旅游活动的前提，对山地旅游资源评价有利于对其进行更科学合理的开发。国外研究者多将先进的地理信息技术及其他空间科学技术运用到山地旅游研究中。Pyo（2005）运用对比分析和知识地图分析，认为发展山地旅游关键在于山地可进入性、山地旅游信息传播、山地特色旅游产品及优化季节性流量差[41]。Dye（2006）运用GIS技术对美国大雾山国家公园旅游者线路决策提供支持，对山地探险旅游做了规划[42]。Boller等（2010）对瑞士南部偏远山区徒步旅游发展进行了研究，结果表明完善的旅游交通基础设施有助于偏远山区旅游得到更好的开发[43]。Bülent等（2011）在对塞浦路斯Besparmak山脉旅游资源评估后，提出将地区旅游资源作为一个整体，并对其进行总体规划和开发山地生态旅游以实现可持续发展[44]；Mohammed（2016）认为山地旅游地区具有季节性明显、山地环境脆弱等特征，应立足这些特征进行山地旅游开发[26]。Stilianos等（2019）通过数据收集和调查分析，认为应该以改善森林基础设施和道路网络来加强山区旅游，发现案例地的山地森林休闲潜力需要中央管理部门和森林服务部门共同加以加强[45]。Christophe等（2020）以山区户外运动旅游登山向导和领队为研究对象，对瑞士案例与法国案例进行比较分析，研究表明户外运动专业已成为瑞士山区旅游活动的中心，发展专业向导有助于山区户外运动旅游的专业性开发[46]。

国内的研究重点是山地旅游资源的类型、特征及保护性开发。雍万里（1984）对武夷山山地景观及其风景区划做了讨论，并对武夷山山地旅游资源进行综合评价[47]。陈烈（1997）对山地旅游资源的基本特征做了探讨，并以北山太洋山地旅游区开发规划为例，提出山地旅游资源开发利用须注意的几个问题：①以市场为导向，设计相应的旅游产品；②重视区域经济、社会基础条件分析，与区域经济、社会发展相协调；③注重特色化开发山地旅游资源及其旅游产品，实现区域协调发展；④要重视科学决策与科学管理，要有科学的规划；⑤重视生态环境保护与防灾抗灾问题[48]。冯德显（2006）指出山地相较于其他地貌，其旅游资源融合了类型层次丰富、分布集中、资源复合型高、脆弱和不可逆、分布地带性明显等特性，建设山地景区需重点考虑旅游者精神需求，打造山地景区特色意境，必须重视多角度综合保护性开发[49]。石长波等（2009）通过建立属性层次分析模型（AHM），评价了黑龙江省山地旅游资源，并因地制宜提出了适合其资源属性的开发方案[50]。王国新等（2015）利用气候舒适度和雪线高度等指标，结合地理信息系统综合评价了临安山地气候旅游资源分布状况及海拔舒适区[51]。袁苈等（2017）基于主体认知元视角，以东道主、游客和专家三类主体角度构建了山地旅游资源评价体系[52]。郝永花（2019）以RMP理论为基础，分析了西藏日喀则市山地旅游发展条件，并有针对性地提出了旅游开发思路及开发策略[53]。武克军等（2019）运用定量方法从资源、环境、经济、社会健康四个角度对西北山岳旅游生态健康进行了分析，并对案例地提出了提升发展建议[54]。

对山地旅游资源的评价与规划开发是山地旅游研究的重点方向，主要涉及山地旅游资源评价、旅游规划、旅游资源和产品开发、山地旅游市场及旅游开发模式等方面，研究内容在不断地深入，研究方法也在不断创新。山地地区自然生态环境特殊，要坚持绿色发展、科学发展，加强对区域生态环境的保护，协调地方社区居民生存和发展权益，坚持可持续性发展。这也为本书玉龙雪山景区的开发方式提供了一定参考和借鉴。

1.2.1.4 山地旅游市场及旅游者行为研究

国外对山地旅游市场研究重点在于分析客源市场特征及如何将潜在游客转化为现实游客，研究比较关注不同游客群体特征和小众旅游者的个性特征对市场开发所产生的旅游效应。Richards（1996）调查了英国滑雪市场，结果显示旅游者目的地决策及其在旅游活动开展时间长度与旅游者自身滑雪技术水平存在反向关联[55]；Williams等（2002）研究者研究了非滑雪者山地滑雪旅游的意愿和感知，提出潜在滑雪爱好者的支持对于提高滑雪市场占领度有较大作用，认为年轻家庭和冒险者占潜在滑雪者的大部分[56]。Dinca等（2011）认为在罗马尼亚喀尔巴阡山脉发展旅游业是一项有价值的活动，并通过分析喀尔巴阡山脉国家公园的现有管理计划和发展战略提出如何让山地旅游市场获得健康、可持续的发展[57]。Steinicke等（2012）通过调查发现肯尼亚部分山地社区旅游收入及分配存在不合理现象，进一步研究显示，把社区当作旅游大本营，提高当地居民旅游参与度对促进山区旅游市场完善和山地旅游可持续发展有重要意义[58]。Siti 等（2015）对马来西亚参加山地旅游的徒步旅行者进行了调查分析，认为影响远足者前往山峰的因素主要有组织公司的效力、步道通行性、可感知的安全风险和山脉景观，其中山地景观是最重要因素[59]。Hussain 等（2019）对游客行为和旅游经营者对农村山区经济增长和可持续发展的贡献进行了研究，结果表明游客的意愿与农村山区可持续发展之间存在正相关关系，山区农村旅游为农村人口创造了更好的就业机会[60]。Suau-Sanchez 等（2019）对收集到的大型交通数据集进行回归分析，结果表明山区机场交通运输和基础设施对滑雪旅游地可进入性影响重大，是山区滑雪旅游市场的重要驱动因素[61]。

陆林（1997）研究了山岳旅游者动机行为与旅游者空间行为，认为观赏自然山地和风光、回归大自然等是其旅游主要动机[62]，而山岳旅游者的空间行为受到多方面的影响[63]。李景宜（2002）利用波士顿模型，分析了我国多个山地旅游目的地“黄金周”市场竞争态势及其转移，对不同时段各山地旅游目的地市场竞争的优势和劣势进行了讨论[64]。童春容（2013）以海螺沟景区为例分析了山地旅游者的交通行为[65]。胡明文等（2014）采用实地问卷调查方式，对武功山山地游憩市场及旅游者山地游憩行为特征进行了分析，结果表明山地游憩遵循距离衰减规律，由近及远市场规模渐小，山地游憩旅游者的活动偏好和出游动机高度一致，旅游者的满意度和重游意愿较高[66]。郑群明等（2016）运用问卷调查法调查了南昆山度假旅游者的出游动机，认为旅游者的山地度假旅游动机与决策行为存在相关[67]。张望星等（2019）对镇江市山地体育旅游市场进行剖析，探寻山地体育旅游市场存在的问题并提出了提升市场营销的策略[68]。

从国内外研究进展来看，除了上文的 4 个共同研究方向外，国外研究还较多涉及山地旅游营销及策略[69][70][71]，重视对山地旅游社区参与的研究[72][73][74]等；国内还比较关注山地旅游产品开发设计[75][76][77][78]、山地旅游可持续发展[79][80][12]等问题。

1.2.2 旅游发展驱动力研究

早期国外的旅游发展驱动力研究中，大多结合旅游发展规划、旅游资源评价及规划开发进行探讨，较少涉及对旅游发展驱动力的专门性系统研究。学者主要关注点在于单一的具体物质性旅游资源吸引要素，较少关注到社会文化、社会需求等抽象旅游吸引力，造成旅游理论研究与发展实际相脱节，陷入就资源论开发、就旅游论发展的局面。1990 年以后，系统论思想和方法得到较广泛应用，旅游系统的概念得以产生并发展起来。1979 年，Leiper 提出旅游系统模型，1990 年他对该模型做了新的阐释，认为人的需求、吸引物和信息共同构成旅游吸引系统，旅游吸引引导旅游需求变成旅游行为。整个旅游系统包括旅游业、旅游客源地、旅游目的地、旅游通道及旅游者五个要素，客源地和目的地通过旅游通道连接[81]。Hjalager（2002）认为旅游业发展驱动力的关键环节在于供给、调节等，同时包括诸多其他公共要素，提出从产业系统、技术系统、调节系统、基础设施系统整体考虑的旅游业创新及创新知识的传递机制系统模型[82]。韩国学者 Tae Gyou Ko（2005）提出旅游业是一个人类系统和生态系统构成的复杂系统，以解决多目标综合发展问题实现可持续发展，提出了旅游业可持续发展评价的概念模型[83]。Park 等（2009）使用因子聚类方法研究了韩国乡村旅游发展驱动力及驱动机制，对乡村旅游游客动机进行细分和剖析，提出以交流和促进战略及技术、适应当前市场为主导来使驱动机制变得更有竞争力[84]。Denicolai 等（2010）对意大利的旅游资源网络进行了实证研究，认为旅游资源网络是一个地区发展旅游的优势驱动力，认为旅游目的地管理方式可增强其驱动力[85]。Grünewald 等（2016）综合使用结构方程模型、实地调研、游客访谈等方法对野生动物旅游业进行了研究，发现生物多样性、景观特征及基础设施等因素是驱动非洲大草原国家公园野生动物旅游的重要因素[86]。Pongthanaisawan 等（2018）研究了城市发展生态旅游的驱动因素，分析了生态旅游发展的关键驱动力，从而为城市生态旅游可持续发展提供依据[87]。Bu 等（2020）使用结构方程模型研究了数字内容营销如何驱动美食旅游营销，结果发现内容娱乐、信息社会影响、自我表达、规范社会影响、社交互动对美食旅游产生了正向驱动力[88]。

系统梳理国内现有研究文献，发现研究者对旅游驱动力的研究可分为以下 3 个方面：

（1）旅游发展驱动力与系统模型研究。彭华（1999）开创性地提出了系统驱动论，他认为，旅游发展动力是一个互动程度较高的动力系统，系统包含旅游消费和旅游产品吸引，中介系统和发展条件共同联动构成。同时构建了由需求系统、引力系统、支持系统和中介系统组成的旅游发展动力系统结构模型[89]。袁国宏（2004）结合复杂适应系统理论，从矛盾的观点出发，提出旅游动力系统是由旅游者活动矛盾、旅游产业活动矛盾、旅游目的地居民活动矛盾、旅游目的地政府活动矛盾、客源地发生政府活动矛盾五大要素构成的系统，并建立了旅游业可持续发展的驱动机制[90]。张立生（2004）认为我国旅游业发展主要由政府决定，行政区域之间缺乏联系，彼此互不相通导致旅游地开发合作问题严重，在此基础上提出行政区域旅游发展动力机制模型。他认为经济发展是旅游业发展的根本动力，建立由经济驱动跨区域合作共同开发和管理旅游的机制是使行政区域间形成长效发展机制的关键[91]。陈德广（2007）研究了城市居民出游动机及特征，分析了城市居民社会经济状况与出游类型的关联，在此基础上提出了旅游发展微观驱动机制模型[92]。黄正文等（2010）对都江堰市经济开发区城市旅游发展驱动机制及其发展模式进行了分析[93]。任燕（2017）对西安旅游城市化过程做了定量分析，在此基础上构建了动力机制模型，认为西安市旅游城市化是在经济主导下的多种因素共同作用的结果[94]。游诗咏（2018）在其硕士论文中运用定量方法对广东城市旅游效率驱动机制进行了较为详细的分析[95]。

（2）旅游发展特定方面的驱动力和驱动机制研究。杨军（2006）提出了8个乡村旅游的驱动力因子，并根据动力系统特点给出相应的优化建议[96]。曹艳英等（2010）以自组织系统为理论依据，提出了区域旅游产业形成和发展的内生核心动力机制、外生支持促进机制及内外生因素耦合互动机制[97]。舒小林等（2013）基于生态文明视角，以贵州为例，提出了欠发达地区生态旅游发展模式及政府引导、市场主导的驱动机制[98]。张广海等（2015）研究了东部沿海地区新型城镇化的旅游驱动机制[99]。王馨等（2018）通过定量分析的手段，研究了江苏省13个城市旅游经济联系的空间结构及其动力机制，结果表明旅游知名度、交通可达性、经济发展差异是驱动旅游经济联系的主要因素[100]。朱艳莉（2018）从旅游扶贫角度分析了乡村旅游驱动力及驱动机制[101]。陈志军等（2019）以长沙市为实证案例，基于旅游吸引物、旅游区位、旅游支持因素、旅游需求、目的地管理、旅游供给、旅游创新和旅游地发展8个潜变量，采用结构方程模型（SEM）研究了乡村旅游地发展驱动因素及其驱动机制，认为驱动力的相互影响及主导驱动力阶段性转换推动了乡村旅游的发展[102]。王冠孝等（2020）在构建资源型地区旅游经济增长驱动机制理论模型的基础上，结合层次分析法和灰色关联分析法，定量分析了山西省旅游经济增长的驱动机制，并提出了培育其旅游经济增长新动能的对策[103]。

（3）景区旅游发展驱动力研究。大部分景区旅游发展驱动力的研究包含在旅游竞争力、旅游效率、旅游景区低碳行为等研究方向内，系统性的专题研究较为缺乏。张凌云（1989）[104]、保继刚（1994）[105]等学者分别从空间角度对景区类的旅游目的地竞争影响因子进行了分析。张朝枝（2003）运用形象本底分析等方法，以丹霞山、鼎湖山、岳阳楼、七星岩等景区为例展开研究和比较，认为市场需求是引起旅游地衰退和复苏的根本驱动力[106]。丁绍莲（2007）建立了自然保护区发展的动力系统结构模型并论述了其内部运作机制[107]。李晓琴（2013）认为旅游景区低碳转型应该从内外压力、综合状态、意识响应三个层面来构建旅游景区低碳转型动力机制模型，并划分出资源环境主导、运营消费主导、技术研发主导和机制创新主导四种驱动类型[108]。曹芳东等（2014）对国家级风景名胜区旅游效率的分析表明：经济发展水平、资源禀赋、产业结构、交通发展、信息技术及制度供给是影响旅游景区发展效率的重要驱动因素[109]。王凯等（2019）通过构建指标体系对世界自然遗产地张家界市的景区低碳行为绩效做了评估，认为景区投资者、景区管理处、游客和来自地方政府的压力是景区低碳行为的主要驱动因素[110]。

综上，学术界对于旅游发展驱动力的研究大部分是从宏观角度来分析的，研究视角集中在旅游动力系统模型建构或者旅游驱动机制、城市和乡村旅游发展驱动力及驱动因素、旅游发展空间格局变化驱动力及驱动机制等方面，较少涉及中微观层次的旅游发展驱动力研究。学者们对旅游发展驱动力从各个角度总结的驱动因素和驱动机制与本书研究主题玉龙雪山景区旅游发展驱动力变化研究较为紧密，为本书驱动因子指标体系建构及驱动力变化分析提供了思路和参考。

1.2.3 旅游景区投资研究

旅游产业日渐成为社会发展的热点话题，旅游业也成了投资的热点。旅游投资对经济的影响不言而喻，并且影响逐步扩大，旅游投资成为促进旅游业经济增长的重要一环。

国外学者对旅游景区投资的研究相对较早，主要从影响旅游景区投资的因素、旅游景区投资评价及方法、旅游景区投资的影响进行了研究。

1.2.3.1 影响旅游景区投资的因素研究

John Swarbrooke（2002）研究了旅游景区投资的影响因素后认为，组织与资源、产品、市场和景区的管理是影响景区发展的关键[111]。而Bornhors等（2010）也对旅游景区投资开发进行了研究，他们认为景区的位置、可进入性、景区产品和服务的吸引力、社区和游客支持是影响旅游景区投资开发能否成功的主要因素和关注点[112]。Kemal Kantarci在2007年还对资本性质和旅游景区投融资之间的关系进行了研究，他从景区项目管理的角度深入研究了资本性质对旅游景区投融资的影响并进行了深入探讨[113]。Ivo Kunst（2011）研究了地中海国家政府在发展旅游业中的作用，并从政治因素的影响入手，发现政府的投资和参与在地中海沿岸各国的旅游业投资中扮演着重要作用，而且有着深远的影响[114]。Rios Morales等（2011）研究了经济政策因素对旅游景区投融资的影响，并且发现良好的经济政策对旅游业投融资有着非常积极的作用[115]。

1.2.3.2 旅游景区投资评价及方法研究

一些外国学者研究发现，一些消费不足会导致总的需求不充足，而这些不足往往需要投资来进行补充，因此提出了乘数的概念来反映投资。Fletcher（1989）在研究评价旅游投资对经济产生影响时，对凯恩斯的乘数概念进行了扩展，缩小了乘数的适用范围，将国家的尺度缩小到区域来分析解释旅游投资影响[116]，从此，乘数理论慢慢成为一种研究旅游投资的分析工具。欧盟的国际组织（Tourism Intelligence International）也研究了一些慈善机构的旅游景区开发项目和慈善机构的旅游景区投资开发，并用项目周期管理、经济财务评价等方法对其进行评价。Chen、Arbor（2000）及Harold（2001）等对一些旅游景区项目的投资评价理论和方法进行了研究[117][118]。Vanhove等（2005）对旅游景区投资进行了深入研究，并且从微观、宏观双向角度去考虑评价旅游投资的评估方法，他认为运用净现值法、效益成本比率、内部收益率这些传统方法对旅游投资进行评估是不科学的，他提出了最适合评价旅游投资的方法是成本效益法[119]。

1.2.3.3 旅游景区投资的影响研究

Karin Mahony 等（2002）研究发现乡村旅游景区投资在政府部门支持和良好政策的鼓励下，会促进推动乡村经济和社会的快速发展，对于乡村的发展有着十分重要的积极的影响和推动作用[120]。Mainul Haque（2006）对景区住宿业投资现状和前景进行了研究，并通过实例研究澳大利亚旅游景区住宿业后发现，景区投资现状和前景之间的相互影响[121]。Kumi Endo（2006）研究了外资投资对旅游景区的影响，他认为引导利用外资可以促进景区乃至社会经济的发展，外资投资对于整个旅游业的发展有着重大的意义，同时外资投资还有很大的发展空间[122]。Larry Dwyer 等（2004）研究了外资投资带来的影响，他们对外资投资在旅游景区发展过程中的影响作用进行了探究，他们还提出了通过合理的引导利用，外资投资可以更好地促进旅游业的发展[123]。Alper Aslan（2014）在 2014 年研究了地中海旅游景区投资对当地经济的影响，并运用单位根检验和协调分析法等方法证明了旅游景区的投资发展促进了当地的经济发展[124]。

综上可知，国外学者对于旅游景区投资研究主要集中在投资的影响因素、旅游景区投资评价方法和景区投资影响方面。影响旅游景区投资的因素有诸多方面，景区管理、景区位置和服务、资本的性质及政治、经济政策都是影响景区投资的重要因素。从乘数理论到成本效益法，国外学者对旅游景区投资评价及方法研究也日益成熟。不论外资还是政府对景区的投资影响巨大，不仅可以促进景区的发展，而且还能带动社会经济的发展。

1.2.4 玉龙雪山景区旅游发展研究

玉龙雪山旅游发展研究视角主要集中在冰川旅游开发与保护、旅游开发战略、生态旅游发展及旅游规划研究四个方面。在冰川旅游开发与保护方面，李铁松（1999）对玉龙雪山资源特色及其价值做了探讨，提出在气候变化背景下冰雪旅游资源保护性开发和建立国家冰川公园的建议[125]。王世金等（2012）以玉龙雪山冰川地质公园为例，研究了气候变化背景下山地冰川旅游的发展现状，并提出了未来玉龙雪山冰川旅游应对全球变暖的响应机制和适应对策[126]，还研究了玉龙雪山景区冰川旅游资源的保护性开发[127]。在景区旅游开发方面，者丽艳等（2008）

论述了玉龙雪山景区品牌优质化战略设计，并针对景区发展存在的问题和威胁提出了优质品牌构建的建设思路和对策[128]。徐柯健（2008）对玉龙雪山旅游开发模式进行了具体分析，指出了该开发模式的优缺点并提出相关优化建议[129]。陈海鹰等（2015）对玉龙雪山社区旅游生态补偿贡献度做了调查分析，并深入了解了社区居民继续受偿意愿，同时提出了玉龙雪山社区旅游生态补偿的优化调整方案，以实现玉龙雪山景区的可持续发展[130]。在生态旅游开发方面，管宁生（1999）对玉龙雪山省级自然保护区的生态旅游资源做了分析和阐述，提出玉龙雪山可适当开展生态旅游[131]。刘冬等（2007）对丽江玉龙雪山生态旅游的背景分析和形象定位做了分析，并提出了相应的发展战略[132]。鲁芬（2017）分析了玉龙雪山景区的自然地理系统、社会文化系统和经济系统及受到多个系统影响的景区旅游业发展，对玉龙雪山景区系统状态生态化水平进行定量分析与评价，并总结了景区生态化建设中存在的问题和优化措施[133]。在旅游规划方面，段德罡等（2009）对“可逆式”旅游规划模式在玉龙雪山裸美乐峡谷旅游规划中的应用做了分析和论证[134]。陈东琳（2009）以丽江玉龙雪山玉湖村规划为例，研究了古村落的保护性开发和旅游规划的技术路线，并从宏观、中观、微观三个层面对古村落旅游开发规划设计提出对策建议[135]。宋巍（2018）以玉龙雪山冰川旅游景区为例，通过定性和定量分析方法，对“多园并存”下旅游景区空间规划冲突进行了研究，提出“两统一、一统筹、一协调”的规划协调技术路线，以此解决旅游景区多重规划属性下规划期限、规划范围、规划目标和保护分区产生的冲突，并从管理协调、统一服务平台、健全法规体系和落实监管责任等方面构建了“多园并存”旅游景区的协调实施机制[136]。邹琼等（2019）讨论了在气候变化影响下丽江玉龙雪山景区通过绿色交通、低碳建筑、废弃物处理、增加森林和湿地以及改善局地小气候等措施来保护景区资源、促进可持续发展所做的探索和实践[137]。

总体来看，玉龙雪山旅游研究视角较为集中，主要围绕冰川保护与开发、生态旅游发展和旅游规划等方向展开，尚未发现有对玉龙雪山景区旅游发展驱动力的相关研究，而弄清玉龙雪山山地景区旅游发展驱动因子及驱动力变化、趋势，有助于全面认清、推动景区发展的动力和驱动系统存在问题及改进方向，为玉龙雪山创新转型发展注入新鲜动力，发挥景区旅游资源和产品核心优势，延长景区生命周期，进而更好发挥其经济、社会、生态效益。

1.2.5 研究评述

国外对于山地旅游及山地旅游驱动力的研究在时间上较国内早，许多学者对其展开了较为全面的研究，国内相关研究起步较晚，仍处于发展阶段，但研究成果日渐丰富，尤其自2015年第一届国际山地旅游大会在贵州召开以来，山地旅游受到了社会各界以及学术界的广泛关注，山地旅游领域研究迅速成为热门方向，为本书研究及今后研究方向提供了研究方法和研究理论的借鉴。

（1）在山地旅游研究方面，国内外研究主要集中在山地旅游内涵界定、山地旅游影响研究、山地旅游资源评价与规划开发研究、山地旅游市场及旅游者行为研究等方面，国外相关研究的研究视角较为丰富，更加注重对山地社区的研究，研究成果较为系统全面；国内相关研究较多注重与山地旅游资源的评价与开发、山地旅游产品设计、旅游可持续发展与旅游安全等方面，鲜见山地旅游驱动力相关研究。相较于国外，国内山地旅游研究基础较为薄弱，研究的深度与广度仍然欠佳。

（2）在旅游驱动力研究方面，国外学者主要是在旅游驱动因素和动力系统方面有较深入的研究，系统论的思想和方法应用较多，较为全面地考虑了旅游驱动力的系统综合性；国内学者多是对影响旅游发展的具体要素分析，侧重于对城市旅游、乡村旅游和区域旅游的驱动力的分析研究，景区旅游驱动力研究还比较少。总体来看，国内学术界对旅游业发展提出了各种模型以探讨区域旅游业发展涉及的各种因素，一定程度上解释了驱动力构成及驱动系统内部的运作程序，但对各个子系统内部的要素构成及其作用机制还缺乏深入的阐释，且这些研究大多从宏观层次上分析城市、区域及国家旅游业发展驱动力及驱动机制，对微观层次的旅游者需求研究相对较少，研究还需进一步深入。

（3）在旅游景区投资研究方面，国外主要集中在影响旅游景区投资的因素、旅游景区投资评价及方法、旅游景区投资的影响等方面，内容较为丰富，方法也较为成熟。相关的影响因素分析、投资评价方法和投资影响可为本研究提供相关的理论借鉴及方法支撑。

（4）在玉龙雪山景区旅游发展研究方面，关于玉龙雪山旅游发展的研究成果较为丰富，但研究方向比较集中，主要关注点在冰川旅游研究、景区开发战略、旅游规划及生态旅游方面。总体来看，国内有关玉龙雪山旅游的研究范围还较为狭窄，缺乏全面性与系统性。

（5）在研究方法选择上，国外主要采用定性与定量相结合的方法，并以数理统计等定量研究方法为主，地理空间信息技术运用更为广泛，研究结果更加客观真实；国内相关研究使用实证分析、构建指标体系和模型应用等方法较多，并且也越来越注重定性描述与定量实证研究的结合，取得了较为丰富的成果。

目前国内外学术界对山地旅游、旅游发展驱动力及驱动系统的研究已较为成熟，取得了一定的研究成果，但将山地旅游与旅游发展驱动系统结合起来的研究尚不多见，对于微观层面上的旅游发展驱动力的研究还较为缺乏。基于这样的研究背景，本书重点探讨玉龙雪山山地景区旅游发展动力系统及驱动力内涵，分析玉龙雪山山地景区旅游发展驱动力的变化，并对玉龙雪山景区旅游发展驱动力进行综合评价，以期为山地景区的健康持续发展提供科学依据及今后相关研究提供参考与借鉴。

第2章 山地景区旅游发展驱动力与投资的相关概念与研究的理论基础

2.1 概念界定

2.1.1 山地旅游

山地旅游作为一种热门旅游形式，近些年来发展迅速，在我国旅游业中占据着重要的地位，其亲近、观赏、崇拜、热爱自然，倡导“天人合一”原生性的特征，日渐成为人们喜爱的一种休闲旅游方式，观光、康养、登山徒步、科考研学等广受欢迎的旅游项目都是山地旅游的代表。然而山地旅游这一概念在国内外学者中并未有一个较为统一的表述。一般来说，山地旅游都具有较为集中和丰富的达到一定游览条件、规模的山地自然旅游资源，交通等配套基础设施较为完善，游客可以进行餐饮、住宿、娱乐、康养、运动等。因此本书综合前人研究把山地旅游定义为：依托山体、水体、山地气候、丰富多彩的动植物、当地特色山地社会文化、生活习俗等多变复杂的山地自然资源和丰富独特的人文资源，开展观光游览、科考研学、休闲娱乐、康体养生、运动探险等多种特色旅游项目，可以满足从儿童、中青年到老年旅游群体的一种旅游形式。其旅游类型包括山地度假旅游、山地观光旅游、山地运动旅游、山地康养旅游、山地文化旅游等。

2.1.2 山地景区

山地景区指的是以山地地貌、自然景观、气候气象环境及山地人文历史文化为旅游资源，通过对自然山体开发利用形成的旅游设施齐全且能开展各项旅游活动的具有较为明确范围和空间的旅游活动场所。以山地为载体的开展各种旅游活动的场所都可以叫作山地景区。我国山地资源丰富，因此山地景区在我国众多类型旅游景区中占据较高的比例，道路不便、资源种类丰富、生态敏感脆弱、地形复杂等是山地景区一般共有的特点。

2.1.3　旅游驱动力

学术界关于旅游驱动力的研究方向主要是旅游吸引系统、旅游驱动要素和旅游动力模型等。国外旅游研究文献中尚未发现“旅游驱动力”的相关文献，也没有对旅游驱动力概念的明确解释。国内学者彭华教授在 20 世纪末首次对旅游驱动力概念进行了界定和阐述，并对旅游发展驱动机制和动力模型进行了研究，他认为旅游发展动力是一个由旅游消费牵动和旅游产品吸引所构成的、并由中介系统和发展条件所联系的互动型系统[89]，根据不同因素在区域旅游发展中的作用不同，提出旅游发展动力因素可分为主动因素和辅助因素。保继刚等（2005）探索了城市旅游驱动力的转化，认为每个城市旅游目的地的发展都存在相应的主导驱动机制，城市旅游的主导驱动机制因时间地点而变化，要实现可持续发展，城市需要根据外部环境和市场需求的变化，适时转变其主要驱动力[138]。鲍艳杰等（2006）在一定逻辑基础上分析了旅游发展本质，认为旅游发展的驱动力就是使旅游客流源源不断地流向目的地的力量，提出旅游地发展的直接动力来源是“旅游体验相对价值”，某旅游地的旅游体验相对价值越高，则旅游地发展就越快速[139]。结合本研究的研究内容和研究目的，本书将旅游驱动力界定为一定区域范围内推动旅游目的地发展的原因和动力，着重探讨山地景区旅游发展的驱动力变化，并对驱动力发挥效用进行评价，驱动力可以产生正向驱动作用，也可以产生负向驱动作用。

2.1.4　旅游投资

人们生活水平的不断提升，使旅游成为现代社会人们进行娱乐休闲的方式之一，把外出旅游当作人们生活的基本需求也毫不夸张，而旅游投资就可以提供旅游设施及服务、开发旅游资源来满足人们的这些旅游需求，可以说旅游业扩大发展以及旅游相关的经济、社会发展都离不开旅游投资。

从大的方向来说所有和旅游业发展相关联的投资都可以叫作旅游投资，但一般来说，根据旅游业及市场的需求和变化，通过资金、实物或无形资产的形式投入到旅游项目或者服务中，以期待在未来一段时间内，可以取得一定收益回报的经济行为就可以叫作旅游投资。

旅游投资主体也和投资主体类似，有政府也有国企、民间企业及外资等，投资的领域也因旅游业发展的阶段不同而不同，从旅游酒店、餐饮投资到旅游基础设施建设，从旅游景区旅游智慧系统到旅游目的地形象都有旅游投资的参与。

尽管旅游投资主体多样，投资方式及涉及项目也多种多样，然而由于旅游的特性，旅游产品或服务无法储存，生产和销售是在同一时间完成的，投资的风险高和收益无法确定也依旧存在。

2.1.5 景区投资

景区投资一般是指分析景区发展形势后，用资金、实物或者管理等形式促进景区的发展建设，同时期望在未来一段时间内获得一定收益的活动。景区固定资产的购买，基础设施建造，流动资产及债券、股票等有价证券的购买都可以认为是广义上的景区投资。而狭义上景区投资主要是指与景区项目建设相关的货币、实物或劳务以及形成和这些项目相关的固定资产、流动资产等直接投资。总体来说，固定资产的投资就是景区投资的主要形式，而景区的基础设施或者景区项目相关的配套设施是景区投资的主要表现形式。景区投资具有下面几个特点：

首先，复杂和综合性是景区投资面临的一大问题，景区集合“食、住、行、游、购、娱”功能为一体，景区内各产业交叉互融就使得景区投资十分复杂和综合。

其次，景区投资易受多方面影响，较为敏感。景区发展会受到内部或外部多个因素制约，社会经济、政策、文化等都会对景区的投资造成较大的影响。

再次，景区投资回收不确定，景区主要提供的旅游产品，因旅游的特性大多无形且不可储存或转移。被投资开发出产品后，无法进行转产且专用性强，如无人进行消费就毫无收益，其价值也无法通过运输转移到其他地方来体现，退出成本过高。同时大多景区淡旺季明显，淡季成本过高，而旺季又通过过量接待弥补，造成设施设备加速老化，降低了游客舒适体验度，使景区加速衰落，影响未来收益。

最后，景区投资需要投资额较大，综合效益很高。旅游景区依托旅游资源开发旅游产品，旅游产品不仅具有本身的价值，还包含了旅游资源的价值，同时需要大规模基础设施和相关配套服务和设备，因此需要规模较大的资金投入。相比普通的农业或者工业投资，景区投资对社会、经济、生态等综合效益带动性明显，带来更多的就业、收入增长、税收增加，而污染、噪声等负面影响也同样会比工业投资、农业投资小很多。

2.1.6　投资的分类

根据投资资金是否被直接利用，可以把投资类别分为直接投资和间接投资。直接投资就是投资者为获得直接的收益，投入的资金直接用于被投资者的生产活动中，如对被投资者进行固定资产投资，投入资金购买设备设施、房屋建造等，或者对被投资者流动资产投资，直接注入资金，以增加被投资者资产的流动性，维持正常生产活动。而间接投资则是进行股票或有价证券的投资，来取得收益。直接投资一般是对实物进行投资，间接投资一般是对资本进行投资。

依照资金来源的不同，又可以把投资类别分为公共投资、民间投资和引进外资三种投资分类。一般以政府为主体，用于社会公共性目的的投资都可以分为公共投资。而企业或其他经济组织的法人投资和个人投资又组成了民间投资，民间投资资金来自民间，受市场调控。投资资金来自外商或者外国政府以及国际机构的投资可分类为引进外资。相较政府为主体的公共投资公益性的目的，民间投资和引进外资更注重经济效益，是主要是以营利为目的的投资（见表 2–1）。

表 2–1　投资分类

<table>
<tr><td rowspan="3">投资资金
是否被直接利用</td><td rowspan="2">直接投资</td><td colspan="2">固定资产投资</td></tr>
<tr><td colspan="2">流动资产投资</td></tr>
<tr><td>间接投资</td><td colspan="2">股权、债券投资等</td></tr>
<tr><td rowspan="7">资金来源</td><td colspan="3">公共投资</td></tr>
<tr><td rowspan="3">民间投资</td><td rowspan="2">法人投资</td><td>企业投资</td></tr>
<tr><td>其他组织投资</td></tr>
<tr><td colspan="2">个人投资</td></tr>
<tr><td rowspan="3">引进外资</td><td colspan="2">外商投资</td></tr>
<tr><td colspan="2">外国政府投资</td></tr>
<tr><td colspan="2">国际机构投资等</td></tr>
</table>

资料来源：根据相关资料归纳整理。

2.2 研究的理论基础

2.2.1 旅游推—拉理论

旅游动机方面的推—拉理论来源于心理学动机研究方向的驱力理论和期待价值理论[140]。驱力理论认为，机体的缺乏感引起人的非选择性行为，即需要产生驱力。机体缺乏程度决定驱力强度，驱力引起行为，使需要得到满足，则驱力减少。若驱力减少，机体对令其减少的行为产生记忆，形成习惯，若机体遇到类似情境，这些行为会再次出现。驱力理论强调个体的活动和行为来自内在的动力并且具有非选择性。期待价值理论认为对达到目标的期待决定着行为，期待产生对回报的信念并由此激发行为。区别于驱力理论，期待价值理论将期待作为行为的力量，行为具有选择性。Tolman 将两大理论结合起来，认为动机可分为内在的和外在的，内在动机包含以驱力为基础的情感（推的）因素，外在动机包含认知（拉的）因素。Dann 将 Tolman 的观点应用到旅游领域，形成了旅游动机领域的推—拉理论（push - pull theory）[141][142]。该理论阐释了推的因素是指由于不平衡或紧张引起的动机因素或需求，它直接导致个体产生旅游意愿。推力是内在因素，是行为意愿对象，具有非选择性。拉的因素和吸引物及目的地属性具有高度关联性，受旅游者对目标属性认识的影响，影响目的地的选择。Dann 认为推力是旅游的内驱力，是旅游动机产生的本质因素，影响旅游者做出是否出游的决策，而拉力则是旅游目的地吸引物的吸引力，正是由于旅游吸引力的存在进而影响潜在旅游者做出去哪里旅游的决策。

一些学者在应用旅游推—拉动机模型开展研究时对其内涵进行了丰富和发展。如 Muzaffer Uysal 教授等对该理论中的“推力”和“拉力”因素展开了详细讨论，认为“推力”因素是旅游者个体内心深处无形的、内在的旅游需求，长期的日常生活、工作环境使旅游者产生一种想要逃避日常环境而去到其居住地以外的目的地出游的强烈愿望，如摆脱和逃离、休息和放松、冒险、追寻健康等内在需要；“拉力”因素是指某个特定的旅游目的地及其有形吸引物对旅游者的吸引使其离开居住地到目的地旅游的作用力，这些吸引力包括阳光、海滩、慢节奏的生活方式、旅游休闲接待服务设施、历史文化资源等。

对于旅游推—拉因素间的关系，学术界有两种观点：一种观点认为推和拉是独立的，其中以英国学者 Dann 为代表，他认为先有推力产生，后有拉力发生作用。推的因素促使个体做出外出旅游的决策，旅游者在做出旅行的决定后，拉的因素再起作用，影响个体决定将要去哪里旅游，从逻辑、时间和理论上来说，推力因素产生在前，拉力因素产生在后，它们存在一种先后顺序[142]。另一种观点认为推—拉两因素并非单独存在，而是具有高度关联性[143]，当内在驱动力产生作用，人们想要外出旅游的同时，旅游地即外部拉力也在运用各种营销手段宣传其旅游吸引物和旅游产品，进而将旅游者拉向特定的目的地。同理，潜在旅游者决定去哪儿的同时也会考虑其出游动机是什么。

推—拉理论应用到旅游研究领域时，对旅游动机及旅游发展驱动力的研究具有重要的理论指导意义。应用旅游推—拉理论中的“推力”因素可以解释人们为什么产生外出旅游愿望，“拉力”因素则可以用于解释人们为什么选择某个旅游目的地而不是其他旅游地。玉龙雪山作为典型的山地型旅游目的地，在选择与确定玉龙雪山景区旅游发展的驱动因子，构建全面、科学的旅游驱动力评价指标体系时需要充分考虑旅游推力因素和拉力因素所包含的具体方向，系统性分析各种因素对玉龙雪山景区发展产生的作用并对其进行针对性优化，以便更好地指导景区未来的建设与发展方向。

2.2.2　旅游地生命周期理论

旅游地生命周期理论（Tourism Area Life Cycle，TALC）用来描述旅游地系统动态演进过程。Christaller（1963）首次提出了旅游地生命周期的概念和理论，用以描述旅游地演进过程。他在研究欧洲的旅游发展时，观察到研究对象大致经历了一个类似的演进过程：发现、成长和衰落三个阶段[144]，一般认为这是研究旅游地生命周期的开始。此后，加拿大地理学者巴特勒（Butler）在前人研究基础上结合产品生命周期理论于 1980 年正式提出了旅游地生命周期理论[145]，引发了学术界的极大关注，之后旅游地生命周期理论被广泛应用在旅游研究中。该理论主要包含四个内容：第一，旅游地的时空变化形态，包括游客接待量随时间变化产生的“S”形变化以及旅游要素从核心到边缘的扩散；第二，旅游地演化路径具有较为明显的阶段性；第三，影响旅游地演化的基本要素；第四，旅游地演化的方向，即旅游地吸引力呈现一定规律的下降，人为的管理可实现复兴或者延长旅游地生命周期，但当突破最大旅游环境容量后，最终不可避免地衰退。巴特勒将旅游地的演化划分为 6 个阶段，即探索阶段、参与阶段、发展阶段、稳固阶段、停滞阶段、衰退或复苏阶段（见图 2-1），各阶段表现出不同的特征[146]，如表 2-2 所示。

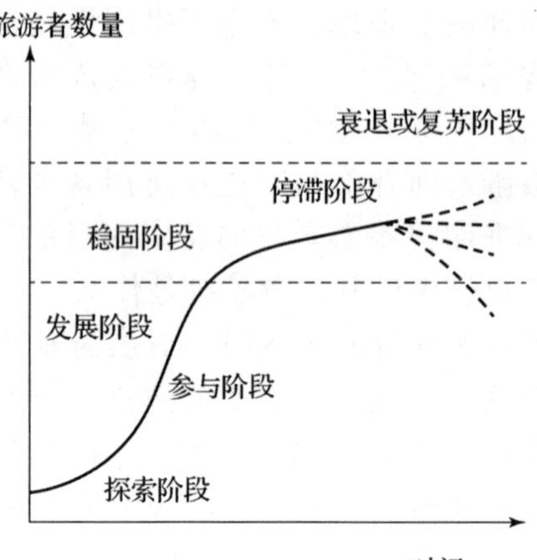

图 2-1　巴特勒旅游地生命周期[147]

表 2-2　旅游地生命周期的阶段特征[145]

阶段	发展特征
探索阶段	①少量的探险者偶然地光顾，没有公共设施；②到访者被旅游地的自然特色所吸引
参与阶段	①当地居民提供旅游基本设施；②确定的客源市场开始出现；③出现旅游季节，开始有了广告
发展阶段	①旅游设施优化，广告促销增加；②外地对旅游业的控制加大；③旺季旅游人数远超当地人口数量，致使当地人对旅游者产生敌对情绪
稳固阶段	①旅游业主导地方经济；②成熟的客源市场已经形成；③本地旅游设施变得陈旧、老化；④当地做出努力来延长旅游季节
停滞阶段	①旅游者数量及旅游容量达到顶峰；②旅游地形象已定型并广为人知，但不再时兴；③旅游设施的供应逐渐减少，转手率较高
衰退或复苏阶段	①旅游者被吸引到新的旅游地；②旅游设施逐渐被非旅游设施所取代；③旅游地变成了旅游贫民区或旅游活动完全消失；④采用适当的措施，如重新定位旅游吸引物、改善环境等，可能会出现不同程度的复兴

旅游地生命周期理论能够为旅游地旅游发展提供科学的理论指导及有效的预测，对旅游地发展阶段的科学研判与可持续发展具有重要意义。同样，该理论在山地旅游研究领域也得到了较好的应用。我国学者陆林[148]在 1997 年对安徽黄山、九华山进行了实证分析，以研究山地型旅游地生命周期，分析认为当时二者处于发展阶段且具有明显的阶段性特征，提出采取措施延长旅游者逗留时间是引导黄山、九华山旅游地生命周期向成熟阶段演化的主要方向。此外，杨效忠[149]等对浙江普陀山旅游地生命周期的研究也支持了巴特勒的旅游地生命周期的阶段划分。

玉龙雪山景区作为典型的山地型旅游目的地，其旅游发展遵循一般的旅游地发展规律，结合旅游地生命周期理论，本书认为景区先后经历了起步阶段（1984—1993 年）、发展阶段（1994—2004 年）、巩固阶段（2005—2011 年）、成熟阶段（2012 年至今）。起步阶段自 1984 年玉龙雪山省级自然保护区建立起至 1993 年玉龙雪山省级旅游开发区成立，该阶段仅有少量探险者以及景区开发踏勘人员进入，景区尚无公共设施。发展阶段自 1994 年起至 2004 年，当地居民开始提供基本旅游服务，客源市场逐渐形成，游客人数增长率高并且变化很大。巩固阶段自 2005 年起至 2011 年，玉龙雪山景区已形成较为成熟的客源市场，游客人数稳定增长，增长速度放缓。当前玉龙雪山景区旅游发展正处于成熟阶段，旅游设施变得老化，游客数量保持持续增长且增长率较为稳定，如何持续吸引游客，长期保持旅游发展竞争优势是景区面临的主要挑战。为此，应当正确判定玉龙雪山景区当前所处的发展阶段，借鉴旅游地生命周期理论来正确实施旅游营销与旅游规划。同时，为尽量延长旅游生命周期，应做好应对复苏阶段的准备，积极探索景区在当前阶段及下一个阶段的发展路径，重视景区旅游产品的创新，深入挖掘已有资源和未开发资源的潜能，完善旅游管理系统，进而提升景区核心竞争力，创新发展，避免衰退，保持景区旺盛而持久的生命力。

2.2.3　利益相关者理论

利益相关者理论又叫作利益主体理论。在 20 世纪 60 年代西方国家最早出现。斯坦福大学研究所在 1963 年一项研究中提出企业组织不可能在没有利益相关者的支持下生存和发展，利益相关者是除了股东以外的其他在企业组织运行中具有关键作用，并且和企业组织存在相同利益的一些团体。这是关于利益相关者理论最早的明确定义，虽然还有很多缺陷，但是面对当时具有统治地位的股东至上的西方公司管理理念，利益相关者理论的出现对其地位提出了挑战，并逐步促进了企业管理方式的改变。到了20世纪80年代，Freeman基于拥有资源的不同把相关利益者进行了分类，分为了所有权、经济依赖性、社会利益三类相关利益者。董事会成员、经理人等拥有公司股票为所有权利益相关者，与公司有经济往来的消费者、雇员、供应商、债权人等为经济依赖性利益相关者，而政府机关、媒体等与公司有社会利益的则被分为第三类社会利益相关者。随之他提出了较为被大众接受也具有代表性的利益相关者的广义定义，所谓的利益相关者就是参与一个企业组织的所有的个体和群体，这些个体和群体会在企业组织目标实现的过程中被影响，反之也会影响企业组织目标的实现。还有一些学者提出了合法性、权利性和紧迫性三种利益相关者分类方法，另一些学者在旅游者与社区居民研究中把利益相关者融入其中，也成为利益相关者理论指导旅游目的地发展的较早成果。随着时间的推进，利益相关者理论不仅在企业管理中得到了广泛的运用，在社会、环境等众多研究领域都得到了运用。世界旅游组织在1992年联合国环境发展大会上首次使用了旅游利益相关者这一概念，并在日后官方文献中使用，这也标志着利益相关者理论已经广泛运用到了旅游及其相关产业。我国学者也从20世纪90年代开始逐步在研究中应用到利益相关者理论。

旅游业是一个多元、综合、关联性很强的产业，它与各个相关产业都有着众多的联系，玉龙雪山景区作为一个热门的旅游景区同样如此。在如此众多行业汇集的景区，也存在众多的和景区发展关系密切的利益相关者，众多利益相关者利益需求不尽相同，如何调节各方利益、避免利益冲突阻碍景区投资带来的发展就显得十分重要。利益相关者理论可以很好地为玉龙雪山景区发展提供理论参考，同时也可为分析景区投资驱动因素和机理提供思路，还可为提升景区投资驱动效应提供策略。

2.2.4 区域经济学理论

区域经济学诞生于20世纪30年代，它是经济学不可缺少的一部分，结合区域空间去探索经济活动机制和变化的规律，也是空间经济理论长期用于实践形成的。区域经济发展和区际经济关系理论构成了区域经济学理论的核心。一个区域经济从较低水平往较高水平发展的过程就是区域经济发展理论反映的现象，同时也反映出区域投资的动态。区域经济发展理论还包含均衡和非均衡发展理论及增长极理论，对于区域经济发展问题，到底采用均衡发展理论还是非均衡发展理论，学者们意见尚未统一。非均衡发展理论对于区域经济快速发展促进效果明显，均衡发展理论对于区域经济长久稳定发展更有利，但不管哪种理论对于区域投资驱动效应的研究都有参考价值，取长补短相结合起来指导实践都可以更好地促进区域经济的发展。区域分工及经济传播理论共同组成了区际经济关系理论，它主要研究区域间各系统关系如何协调以及如何全面和谐发展的问题。其中区域分工使区域产能提升产品专业化，增强了区域内相互的关联性和依赖性。而区域经济传播理论又是区域内投资轨迹的体现，对于一个区域而言，资金注入引起区域经济变化，资金的投入也成为推动区域发展的强劲动力。

区域经济学理论对于投资驱动效应的研究作用明显，把玉龙雪山景区看作一个微型区域，投资行为仅是景区区域经济发展变化的表层现象，而景区区域经济发展变化才反映了投资推动景区发展的内在本质。资金是一个区域也是一个景区发展的关键因素，通过区域经济学理论指导可以更好解决投资带来景区内各部门协调统一、资金使用合理性、产业结构优化、景区基础设施建设等景区区域内的内在问题，为景区进一步提升景区投资驱动效应做指导。

2.2.5　旅游供需理论

旅游需求和旅游供给是旅游经济活动中两个最基本的因素，两者是一种对立统一的关系，旅游经济的运行就是两者矛盾运动的结果。

2.2.5.1　旅游需求

经济学上认为旅游需求是在一定时间和价格条件下，人们为了满足自身旅游愿望，根据一定支付能力所可能购买的旅游产品及其数量，即旅游需求是人们具有支付能力并且愿意购买旅游产品的需求[150]。旅游需求的影响因素包括旅游者自身的旅游愿望、旅游货币购买力、闲暇时间、个人身体、心理因素以及旅游地的可进入性等直接因素，也包括社会、经济、政治、文化、法律、自然、科技等多种因素的影响。由于受到主客观诸多因素综合影响，旅游需求处在不断的运动发展变化之中且表现出极大的弹性，呈现一定的规律性变化。因此，旅游研究有必要对旅游需求的诸多影响因素进行分析和研究，探寻旅游需求的这种规律性变化，这样才能对旅游需求做出准确的预测，正确把握旅游需求及其变化趋势。

影响旅游需求的因素众多，其中起决定性作用的主要是旅游产品的价格、人们的可支配收入和闲暇时间，因此旅游需求规律主要表现出旅游需求与产品价格、旅游者收入和闲暇时间的相关性和变动关系。即：

$$Q_d = f(P; I; T\cdots) \tag{2-1}$$

式中：Q_d指某种旅游需求；P 指某种旅游产品的价格；I 指旅游者的可支配收入；T 指旅游者的闲暇时间。

旅游需求规律表现为：若其他因素固定不变，人们对某一旅游产品的需求量随着该产品的价格变动呈反方向变化，随人们可支配收入和闲暇时间变动呈同方向变化。

2.2.5.2 旅游供给

旅游供给是主体在一定时期内以一定的价格愿意并有能力向旅游市场提供的旅游产品的数量[151]。旅游供给的主体是以旅游目的地为总体代表的旅游产品的供应者或经营者。旅游供给指旅游产品的供给，根据旅游目的地总体旅游产品的结构，旅游供给可以划分为基本旅游供给和辅助性旅游供给[151]。基本旅游供给指为满足旅游者需要为其直接提供的旅游产品，主要包括旅游资源、旅游设施和旅游服务，可以说基本旅游供给构成了旅游供给的核心部分；辅助旅游供给指旅游基础设施，直接服务于基本旅游供给。其特点在于旅游基础设施不专门为旅游者提供服务，服务对象主要是旅游地的居民，但旅游者来到旅游地同样会使用这些设施。辅助旅游供给是游客旅游活动顺利进行的基本保障，是旅游供给体系中必不可少的部分。旅游资源、旅游价格、社会经济、政府政策等因素都可以影响旅游供给。在旅游经济学中，旅游供给规律表现为：在其他条件不变的情况下，某旅游产品的供给量与该旅游产品的价格呈同方向变化，用函数式表示为：

$$S = f(P) \tag{2-2}$$

式中：S 指旅游供给量，P 指旅游产品价格，f 指两者之间的函数关系。

2.2.5.3 旅游供给与需求的矛盾

旅游供给与旅游需求是一对既对立又统一的矛盾体，旅游供给是旅游需求存在和实现的前提条件，反之，旅游需求也是旅游供给存在的前提。旅游供给的数量和规模受旅游需求影响，旅游需求的实现和满足程度依赖于旅游供给的数量和质量，供给与需求双方要求彼此适应。旅游业发展的不同时间段，二者的地位和作用也随之产生变化。旅游发展初期，旅游需求的增长和变化导致旅游供给在数量、质量及效率上的持续增长；当旅游业发展到一定程度后，旅游供给反过来又会刺激新的旅游需求产生，使旅游需求日益发展和演进[152]。这样，旅游市场中供给和需求处于不均衡—均衡—不均衡的运动过程，推动旅游供给不断向前发展。这种循环往复的状态称之为旅游供需矛盾，旅游供给和需求的矛盾主要体现在数量、质量、结构、时间和空间等方面。

本书参考旅游供需理论对玉龙雪山景区旅游发展驱动力进行研究，分析影响景区旅游需求和供给的因素，试图找出驱动因子及驱动力构成，根据它们对景区旅游发展的影响分析其驱动力变化过程并提出优化驱动力结构的对策。

2.2.6　凯恩斯投资理论

凯恩斯（Keyres）作为一名经济学家的主要贡献就是总结提出了边际效用消费倾向递减、资本边际效率递减以及灵活偏好这三大经济学规律。他编写的《就业、利息和货币通论》详细解释了随着社会经济的不断发展，资本边际效率和边际效用消费倾向在不断降低，消费的需求不足产生的投资不足，使人们储蓄不断增加以积累更多的资本，从而又进一步导致投资不足，人们积累的资本无法转化成有效的投资，投资的需求不足进而降低了投资者的投资吸引力，最终会导致投资严重不足，甚至断崖式持续降低，人们大规模失业，社会经济衰退，经济危机爆发。想要改变这种经济状态就要增加有效需求，改善社会就业情况，促进人们就业促进消费需求增加，人们平常的消费倾向在短时间内无法快速改变，因此投资的增加就成为促进需求最有效的方法，如基础设施大规模的开发建设就会刺激需求增加，就业机会不断增多，消费持续增加，投资不断增加，经济就可以得到不断增长，这就是著名的凯恩斯投资理论。当然，凯恩斯投资理论还存在着一些不足，后继的经济学家们不断研究、完善和发展凯恩斯投资理论，发现投资对经济和就业的不断增长有着十分重要的影响，人们投资和储蓄资本的不均衡造成经济的不断波动变化，政府宏观政策可以调整人们储蓄和

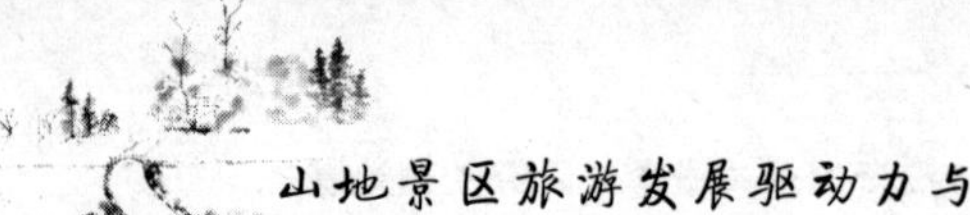

投资的均衡状态，从而调整经济状态使其达到长期的平衡和稳定，凯恩斯投资理论在解释了投资对于社会经济增长的重要性的同时，还从独特的投资视角分析研究了经济为什么会出现阶段性的波动以及如何实现社会经济动态长期稳定化的发展[153]。

第3章 玉龙雪山景区旅游发展驱动因子识别与判定

3.1 玉龙雪山景区旅游发展概况

3.1.1 景区基本概况

玉龙雪山位于青藏高原东南端，云南丽江玉龙纳西族自治县北部，属横断山系，经纬度范围为东经100°4′2″~100°16′30″、北纬27°3′2″~27°18′57″。玉龙雪山南北绵延35公里，东西宽13公里，北起大具乡附近的下虎跳峡口，西北临金沙江河谷，与哈巴雪山对峙，东麓是海拔约3000米的山间盆地甘海子，南面为丽江盆地，景区总面积415平方公里。玉龙雪山上有13座海拔5000米以上的高峰，自北向南一字排列，形成了雄伟宽阔的巨大山体，宛若一条银色巨龙腾跃飞舞，故称“玉龙”，主峰扇子陡海拔5596米，终年积雪，是我国位置最南的一座雪山，发育有亚欧大陆距离赤道最近的温带海洋性冰川。玉龙雪山景区具有良好的区位优势和交通优势，距丽江市区仅15公里，可进入性强，距离周边成渝城市群和黔、桂等地较近，加之毗邻东南亚国家，客源市场条件较为优越。

玉龙雪山是我国最早一批的国家级风景名胜区和国家5A级旅游景区，具有丰富的自然和人文旅游资源。其中自然旅游资源包括冰川、高山动植物、气候资源等，最具观赏价值的要数高山雪域景观、水域景观、森林景观和草甸景观；人文资源以纳西族民族风情、民俗文化和东巴文化为主，纳西古乐是国家级非物质文化遗产，东巴文被称为世界唯一存活着的（仍在使用）象形文字。依托多样化的旅游资源，玉龙雪山景区打造了冰川公园、冰川博物馆、印象丽江、甘海子、蓝月谷、白水河、云杉坪、牦牛坪等知名景点。本研究选取的案例地为国家5A级旅游景区——丽江市玉龙雪山景区，研究区范围主要是玉龙雪山景区所包含区域（见图3-1）。

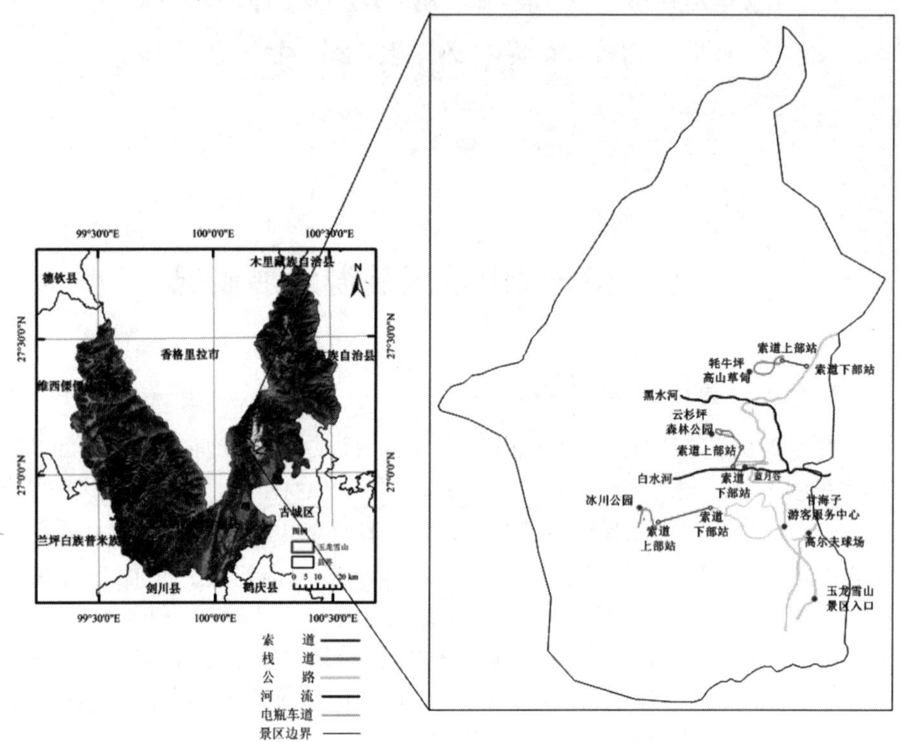

图3-1　玉龙雪山景区区位及研究区范围示意

3.1.2　旅游发展历程

玉龙雪山景区是丽江市旅游业发展初期开发的景区之一，目前已成为我国著名的雪山冰川旅游区，玉龙雪山旅游自开始开发建设至现在一直都受到云南省政府和丽江市政府的重视，早在1984年丽江地委秘书长和万宝就已明确提出要开发玉龙山旅游景区，此后丽江地区政府及旅游部门做了一系列准备工作。1992年12月省政府在丽江召开现场办公会提出开发建设玉龙雪山省级旅游度假区。依据旅游地生命周期理论并结合玉龙雪山景区旅游开发建设历程，将玉龙雪山景区旅游发展划分为起步、发展、巩固、成熟四个阶段（见图 3-2）。

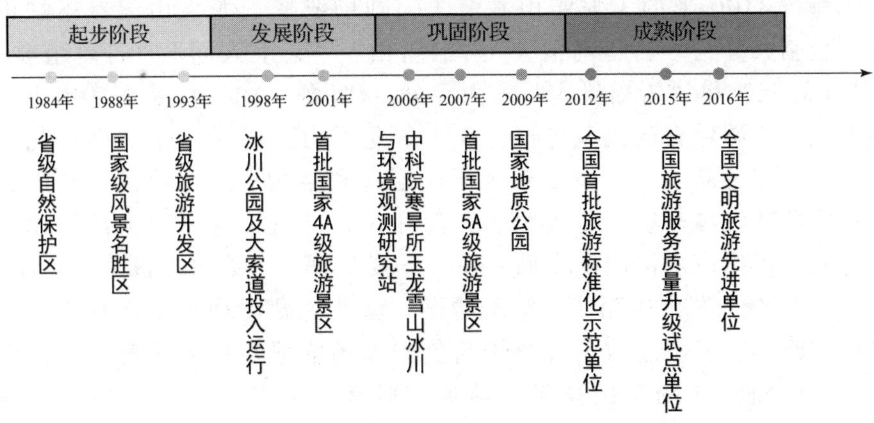

图 3-2　玉龙雪山景区旅游发展历程与发展阶段

玉龙雪山景区于 1984 年成立省级自然保护区，1988 年被列为国家级风景名胜区，1993 年成立了省级旅游开发区，1996 年玉龙雪山风景名胜区扩充增加金沙江虎跳峡游览线。1998 年玉龙雪山冰川公园及大索道投入运行，旅游业开始加速发展。2001 年成为国家 4A 级旅游景区，同年 11 月，与瑞士阿尔卑斯山马特宏峰结为友好山峰，2002 年通过国际 ISO 质量和环境管理体系认证审核。2006 年中科院寒旱所在玉龙雪山成立冰川与环境观测研究站；2007 年获批为首批国家 5A 级旅游景区；2009 年被评为全国文明风景旅游区工作先进单位，并被列为国家地质公园；2007—2009 连续三年荣获“中国青年喜爱的旅游目的地”；2012 年成功创建首批全国旅游标准化示范单位；2015 年被列为全国旅游服务质量升级试点单位；2016 年被评为旅游行业全国文明旅游先进单位、全国旅游扶贫项目示范单位等，玉龙雪山景区旅游业不断发展壮大，成为全国知名的山地旅游目的地。

经过 20 多年的开发建设，玉龙雪山景区旅游发展态势已颇具规模，旅游基础设施不断完善的同时，形成了众多优质旅游景点，其中，以冰川公园、牦牛坪高山草甸、云杉坪高山植物、蓝月谷高原湖泊、甘海子休闲度假区为代表。并且打造了一批优质旅游品牌，如《印象

·丽江》实景演艺、纳西东巴文化体验、甘海子雪山高尔夫俱乐部、蓝月谷（甘海子）户外婚纱摄影等高质量旅游产品。《印象·丽江》是由著名导演张艺谋执导的原生态大型白天实景演出节目，演出场地位于海拔3100米的玉龙雪山甘海子，剧场依托玉龙雪山天然雄峰设计。全剧共分为“古道马帮”“对酒雪山”“天上人间”“打跳组歌”“鼓舞祭天”和“祈福仪式”六大部分。《印象·丽江》是丽江本土民族文化与旅游融合的典范之作，成为玉龙雪山景区又一个具有文化艺术内涵的旅游品牌，丰富了景区产品层次和结构，是文化活化利用和提高旅游社区参与度的经典例子。蓝月谷景点以玉龙雪山山顶和冰川为背景，依托白水河四个水面——“玉液”湖、“镜潭”湖、“蓝月”湖和“听涛”湖开发而成。湖水清澈、湛蓝，湖岸周边草木林立，雪峰屹立四周，美不胜收。甘海子高尔夫球场依据当地天然地形设计建设，是亚洲唯一的雪山高尔夫球场，拥有“世界上最长的高尔夫球道——8548码”以及“世界上最长的五杆洞——711码”两项世界纪录，整体上提升了玉龙雪山景区的旅游品质。冰川公园位于主峰扇子陡正下方，依托玉龙雪山19条现代冰川中最大的一条冰川——“白水一号”冰川建设，游客需乘坐大索道方能到达冰川公园近距离观赏冰川姿态。冰川公园是玉龙雪山景区开发较早的主要景点，是景区游客最集中的区域之一，冰川公园大索道接待游客数量从2006年的66.2万人次增加到2019年的307.05万人次。目前，玉龙雪山景区已成为中国游客接待量最大的冰川旅游景区，通过旅游开发，带动了区域范围内19个村小组2500名社区居民参与旅游，2007年，玉龙雪山管委会通过成立社区旅游服务公司，开展旅游业反哺农业工作，产生了良好的社会经济效益，旅游业现已成为当地的支柱产业、富民产业。景区2019年接待游客502万人次，门票收入达3.75亿元，为丽江经济社会发展做出了巨大贡献。

3.2 旅游发展驱动因子分析

目前对于景区旅游发展驱动因子和驱动力的研究大多从旅游竞争力、旅游效率、旅游景区低碳行为等方向展开，张朝枝（2003）运用形象本底分析等方法，以丹霞山、鼎湖山、岳阳楼、七星岩等几个典型景区为例进行分析与比较，认为引起旅游地衰退和复苏的根本驱动力是市场需求[105]；曹芳东等（2014）认为经济发展水平、资源禀赋、产业结构、交通发展、信息技术及制度供给是影响国家级风景名胜区发展效率的重要驱动因素[108]；陈秋华等（2017）指出经济效益驱动和政府政策驱动是森林旅游景区低碳化发展的主要驱动要素[152]；山地旅游市场需求是玉龙雪山景区旅游发展的原始驱动力，最早的“山地旅游”最早也是由不同时代的“游客”引发，随后带来旅游要素聚集，形成山地旅游区。旅游需求是在特定时期内消费者愿意且能够购买的旅游产品的数量[154]。此外，基于彭华教授提出的系统驱动论，很多研究者从旅游发展动力系统的角度较为全面地建立了驱动因子指标体系。一般将旅游发展动力系统分为四个子系统，即推力（需求）系统、吸引（供给）系统、支持（保障）系统及中介（媒介）系统。推力系统大多包括经济发展、旅游市场需求、政府政策等指标，吸引系统则从旅游资源、旅游产品、旅游区位等方面考虑，支持系统从基础设施、旅游服务设施、政策环境及社会环境、安全保障及旅游企业管理等角度分析，中介系统涉及旅游广告、口碑、旅行社、旅游运输企业、新闻媒体宣传等内容。景区旅游发展其核心实际上也是旅游供给与旅游需求的矛盾运动，运用旅游系统论的思想指导，山地景区旅游发展动力系统由推力系统、吸引系统、支持系统和媒介系统四个子系统构成，各子系统内包括不同属性的驱动因子。那么山地景区旅游发展驱动因子大致可将旅游资源禀赋、旅游产品供给、经济发展、政策推动、市场需求、旅游设施、交通条件、旅游地环境、旅游管理及宣传营销等方面作为主要切入点进行分析。

山地旅游是依托山地自然环境开展，具有自然和人文相融合的特点，山地综合地域系统内各要素对旅游者和旅游设施有特殊要求，山地景区相对其他类型景区而言，具有与山地特殊自然地理环境相契合的特色，如海拔、地质地貌、高山气候以及随着山地高梯度效应而衍生的一系列自然和人文环境梯次变化等。所谓山地高梯度效应指的是随着山地的海拔、相对高度以及坡度、坡向变化而带来的自然—人文综合效应。它不仅包括山地本身的自然—人文综合效应，也包括对与之相邻的洼地（河谷或盆地）或平地（高原面、平原等）的自然—人文的综合效应。由于山地的高梯度差异的存在，使得山地气候、水文（包括冰雪圈）和生态环境在相对短的距离内出现了剧烈变化，界线较易变动，常常会加剧全球变化对山地生物多样性和生态环境系统及相应的人文社会系统的影响。这种影响是综合集成式的，形成了地球陆地表面独特的地—气—水—生—人的综合耦合系统及人地复合生态系统[160]。玉龙雪山作为一个典型的高山冰雪山地景区，将这些特点融入旅游资源、旅游产品、旅游交通、经济发展、旅游环境等驱动因子之中，与其他方面的因子一起共同构成玉龙雪山景区旅游发展的驱动因子指标体系的一级指标内容。

借鉴前人的旅游相关评价指标建设研究成果，同时考虑到山地环境的特殊性和玉龙雪山景区发展发展历程中相关旅游要素的变化，全面分析山地景区旅游发展动力系统中各个子系统的要素和内涵，确定玉龙雪山景区旅游发展驱动因子指标体系中一级指标为：山区经济发展、山地旅游市场需求、山区发展政策、山地旅游资源、山地旅游产品、山地旅游基础服务设施、景区自然生态环境、山地社会文化环境、景区人力资源管理、山地景区市场管理、山地景区危机与风险管理、现代信息技术应用、山地旅游交通、传媒传播。

驱动因子的二级指标是在一级指标上的细分，能更加直观地表明一级指标的具体内容，可作为一级驱动因子的评价指标。二级指标的选择综合参考了《旅游资源分类、调查与评价》（GB/T 18972—2017）和山地旅游开发潜力评价指标体系（王琦[155]、王娟等[156]、李婷[157]、许春霞[158]）、旅游景区竞争力评价指标体系（杨坤[159]、张喜喜[160]、侯文静[161]、祝爱民[162]、刘莉[163]）、旅游特色小镇发展动力机制评价指标（张安安[164]、夏正超[165]）、旅游发展驱动机制评价指标体系（安俊梅[166]、段兆雯[167]）等文献。研究对象不同，二级指标评价因子的选取和阐释则相应做出调整。结合对前人研究评价指标的分析，二级指标对一级指标须尽可能做到全面细分，且遵循科学性、数据的可获得性等原则，从而使二级指标能准确、全面、科学地反映一级指标的内容，以便为下一步定量分析打下基础。

综合考虑山地景区旅游发展的四个子系统，并以指标独立、代表性强、覆盖面广为指标构建原则，初步拟定 14 个一级指标以及在一级指标下所包含的 52 个二级指标，见表 3-1。

表 3–1　玉龙雪山景区旅游发展驱动因子初拟指标体系

目标层	一级指标	二级指标	来源依据
玉龙雪山景区旅游发展驱动因子 A	山区经济发展 B1	山区经济发展水平 C1	参考：安俊梅[166]（2008）；王娟等[156]（2019）等
		山地产业基础 C2	
		旅游对山地经济的作用 C3	
	山地旅游市场需求 B2	闲暇时间 C4	参考：祝爱民[162]（2017）；安俊梅[166]（2008）；王娟等[156]（2019）；刘莉[163]（2014）等
		客源地人均 GDP C5	
		游客旅游消费水平 C6	
		游客满意度 C7	
		景区知名度与影响力 C8	
	山区发展政策 B3	山区旅游发展政策 C9	参考：王娟等[156]（2019）；李婷[157]（2020）；祝爱民[162]（2017）；邵革军[168]（2015）等
		政府及企业资金投入 C10	
		旅游市场规范程度 C11	
	山地旅游资源 B4	山地自然旅游资源富集度 C12	参考：GB/T 18972—2017；侯文静[161]（2012）；王娟等[156]（2019）等
		山地人文旅游资源富集度 C13	
		山地旅游资源的独特性 C14	
		山地旅游资源的多样性 C15	
		山地旅游资源的功能价值 C16	
	山地旅游产品 B5	山地旅游产品组合度 C17	参考：张守信[169]（2014）；张喜喜[160]（2012）；夏正超[165]（2015）；李婷[157]（2020）等
		山地旅游产品数量 C18	
		山地特色旅游产品吸引力 C19	
		山地旅游产品价格水平 C20	
		景区旅游服务质量 C21	
	山地旅游基础服务设施 B6	山地基础设施 C22	参考：段兆雯[167]（2012）；侯文静[161]（2012）；祝爱民[162]（2017）；张东亮[170]（2006）等
		山地旅游服务设施 C23	
		山地旅游安全设施 C24	
	景区自然生态环境 B7	山地景区空气质量 C25	参考：张喜喜[160]（2012）；周彬[171]（2015）；许春霞[158]（2007）；祝爱民[162]（2017）等
		山地景区植被覆盖率 C26	
		山地景区生物多样性 C27	
		山地气候的舒适度 C28	
		山地景区的适游期 C29	

续表

目标层	一级指标	二级指标	来源依据
玉龙雪山景区旅游发展驱动因子 A	山地社会文化环境 B8	居民参与度 C30	参考：杨坤[159]（2012）；吴小同[172]（2020）；许春霞[158]（2007）；祝爱民[162]（2017）等
		居民旅游态度 C31	
		居民好客度 C32	
	景区人力资源管理 B9	山地旅游人才教育和培训 C33	参考：张喜喜[160]（2012）；李婷[157]（2020）等
		景区员工服务管理 C34	
	山地景区市场管理 B10	游客投诉与意见处理效率 C35	参考：张喜喜[160]（2012）；祝爱民[162]（2017）；李婷[157]（2020）等
		景区旅游市场营销 C36	
		山地资源管理与保护 C37	
	山地景区危机与风险管理 B11	山地户外应急救援能力 C38	参考：张喜喜[160]（2012）；李婷[157]（2020）等
		山地景区安全管理 C39	
		危机事件管理能力 C40	
	现代信息技术应用 B12	景区网站建设 C41	参考：刘爱丽[173]（2013）；张喜喜[160]（2012）；邓贤峰等[174]（2012）；汪侠等[175]（2015）等
		移动旅游平台建设 C42	
		数字虚拟旅游建设 C43	
		在线旅游服务 C44	
		景区综合智慧管理 C45	
	山地旅游交通 B13	外部交通可达性 C46	参考：杨媛媛[176]（2015）；李婷[157]（2020）；王娟等[156]（2019）等
		景区内部交通便利度 C47	
		多样化的山地交通方式 C48	
		景区内交通价格水平 C49	
	传媒传播 B14	新闻媒体关注度 C50	参考：安俊梅[166]（2008）；夏正超[165]（2015）等
		景区广告宣传力度 C51	
		景区旅游口碑 C52	

3.3 驱动因子指标体系的筛选与构建

3.3.1 专家意见征询过程

3.3.1.1 专家问卷的设计与发放

为保证指标体系的科学性以及各指标的可操作性，采用专家打分法获取对初拟指标的修改建议以对指标进行筛选，进而评价通过文献分析法所构建的初拟指标的合理性。本书邀请研究旅游管理、旅游地理、区域旅游发展与规划、山地旅游、文化地理等相关领域的专家共 20 人填写玉龙雪山景区旅游发展驱动因子指标筛选专家调查问卷，同时通过邮件、电话、面谈等方式对其中部分专家进行了访谈。专家调查问卷主要由三部分组成，第一部分为指标体系释义，用以向专家具体解释说明相关指标内容；第二部分为指标重要程度评分，用以评判所选指标对于玉龙雪山景区旅游发展的重要程度，借鉴李克特五点式量表，将指标重要程度划分为 5 个标准：非常重要（5 分）、比较重要（4 分）、一般（3 分）、不太重要（2 分）、不重要（1 分），专家根据此标准进行打分；第三部分为专家对指标体系的修改或补充意见。

专家调查问卷的发放以线上方式为主，通过邮件、微信等途径，一共发放 21 份调查问卷，回收 20 份，有效问卷 20 份，回收率 95.24%，有效率 100%。

3.3.1.2 问卷信度分析

信度分析即问卷的可靠性分析，通常认为，量表的信度系数大于 0.9 表示量表的信度很好；若信度系数在 0.8~0.9，表示量表的信度可以接受；若量表的信度系数在 0.7~0.8，则可能要调整一些项目；若量表的信度系数小于 0.7，表示量表需要删除部分项目。本书运用 SPSS 23.0 软件对回收的调查问卷进行信度分析，结果如表 3-2 所示。

表 3-2　可靠性统计量

项数	样本量	Cronbach α 系数
66	20	0.982

结果表示，包括一级指标、二级指标在内的所有项目信度系数都在0.9以上，回收的量表信度良好。

3.3.2 结果分析

根据专家打分结果，本次研究采用均值—方差分析法来评价专家对该指标体系的意见一致性程度，同时也可获得玉龙雪山景区旅游发展驱动因子指标选取的合理性结果。一般情况下，均值反映数据的集中程度，可表示专家意见是否集中，数值越大，表示专家意见集中度越高。变异系数表示专家意见协调程度，是专家评分波动性指标，变异系数越小，专家协调度越高，其计算公式为：变异系数 = 标准差/平均值。本书中数据保留标准为平均值 > 3.0，变异系数 < 0.3，各单项指标只有同时满足以上两个条件方能入选。

运用 Excel 对专家调查问卷数据进行处理和分析后，各项指标评价结果如表 3-3 所示。

表 3-3　专家意见征询结果

指标	平均值	标准差	变异系数
1.1 山区经济发展	4.15	1.06	0.26
1.2 山地旅游市场需求	4.45	0.97	0.22
1.3 山区发展政策	4.35	0.79	0.18
1.4 山地旅游资源	4.55	0.67	0.15
1.5 山地旅游产品	4.50	0.59	0.13
1.6 山地旅游基础服务设施	4.40	0.80	0.18
1.7 景区自然生态环境	4.50	0.74	0.16
1.8 山地社会文化环境	4.05	0.74	0.18
1.9 景区人力资源管理	3.75	0.83	0.22
1.10 山地景区市场管理	3.80	0.75	0.20
1.11 山地景区危机与风险管理	4.35	1.01	0.23
1.12 现代信息技术应用	3.90	1.04	0.27
1.13 山地旅游交通	4.55	0.59	0.13
1.14 传媒传播	4.25	0.83	0.20
2.1 山区经济发展水平	4.10	0.70	0.17

续表

指标	平均值	标准差	变异系数
2.2 山地产业基础	4.00	0.95	0.24
2.3 旅游对山地经济的作用	3.90	0.70	0.18
2.4 闲暇时间	3.90	0.70	0.18
2.5 客源地人均 GDP	3.80	0.68	0.18
2.6 游客旅游消费水平	4.05	0.59	0.15
2.7 游客满意度	4.45	0.80	0.18
2.8 景区知名度与影响力	4.50	0.97	0.22
2.9 山区旅游发展政策	4.35	0.79	0.18
2.10 政府及企业资金投入	4.35	0.79	0.18
2.11 旅游市场规范程度	4.20	0.81	0.19
2.12 山地自然旅游资源富集度	4.45	0.67	0.15
2.13 山地人文旅游资源富集度	4.00	0.89	0.22
2.14 山地旅游资源的独特性	4.70	0.71	0.15
2.15 山地旅游资源的多样性	4.20	0.81	0.19
2.16 山地旅游资源的功能价值	4.15	0.79	0.19
2.17 山地旅游产品组合度	4.45	0.74	0.17
2.18 山地旅游产品数量	3.80	0.81	0.21
2.19 山地特色旅游产品吸引力	4.75	0.54	0.11
2.20 山地旅游产品价格水平	3.95	0.74	0.19
2.21 景区旅游服务质量	4.45	0.67	0.15
2.22 山地基础设施	4.30	0.95	0.22
2.23 山地旅游服务设施	4.10	0.83	0.20
2.24 山地旅游安全设施	4.45	0.80	0.18
2.25 山地景区空气质量	4.35	0.73	0.17
2.26 山地景区植被覆盖率	4.15	0.73	0.18
2.27 山地景区生物多样性	3.80	0.75	0.20
2.28 山地气候的舒适度	4.50	0.67	0.15
2.29 山地景区的适游期	4.25	0.77	0.18
2.30 居民参与度	3.95	0.92	0.23
2.31 居民旅游态度	4.45	0.59	0.13

续表

指标	平均值	标准差	变异系数
2.32 居民好客度	4.25	0.83	0.20
2.33 山地旅游人才教育和培训	4.05	0.74	0.18
2.34 景区员工服务管理	4.10	0.77	0.19
2.35 游客投诉与意见处理效率	4.50	0.67	0.15
2.36 景区旅游市场营销	4.30	0.84	0.20
2.37 山地资源管理与保护	4.30	0.64	0.15
2.38 山地户外应急救援能力	4.45	0.80	0.18
2.39 山地景区安全管理	4.45	0.67	0.15
2.40 危机事件管理能力	4.35	0.85	0.20
2.41 景区网站建设	3.95	0.74	0.19
2.42 移动旅游平台建设	4.20	0.81	0.19
2.43 数字虚拟旅游建设	3.80	0.87	0.23
2.44 在线旅游服务	4.15	0.79	0.19
2.45 景区综合智慧管理	4.10	0.83	0.20
2.46 外部交通可达性	4.65	0.57	0.12
2.47 景区内部交通便利度	4.45	0.74	0.17
2.48 多样化的山地交通方式	4.00	0.95	0.24
2.49 景区内交通价格水平	4.05	0.80	0.20
2.50 新闻媒体关注度	4.10	0.83	0.20
2.51 景区广告宣传力度	4.20	0.75	0.18
2.52 景区旅游口碑	4.45	0.74	0.17

数据分析结果表明，驱动因子指标体系中所有指标的专家评分集中度和协调度都符合保留条件，没有需要删除的项。另外，根据专家问卷反馈情况，通过电话、微信联系等形式向专家请教及开展访谈后，综合参考专家们的反馈意见及建议，对初拟玉龙雪山景区旅游发展驱动因子指标体系做出以下修改：

（1）为增强驱动因子指标体系的逻辑性，使其层次结构更加合理、明晰，在指标体系中增加准则层，包括“山地旅游发展基础”“山地旅游吸引物系统”“山地旅游市场”及“山地旅游管理”四项。其中，“山地旅游发展基础”包含的一级指标有山区经济支撑、山区发展投入、山地旅游交通、景区自然生态环境、山地旅游社会环境、山地旅游基础服务设施；“山地旅游吸引物系统”包含山地旅游资源和山地特色旅游产品两个一级指标；“山地旅游市场”对应山地旅游市场需求指标；“山地旅游管理”包含山地旅游人才管理、旅游市场监督管理、现代信息技术应用、传媒传播 4 个一级指标。

（2）为便于理解和量化，将“山区发展政策”改为“山区发展投入”。

（3）由于文化环境较为抽象且难以量化评价，将“山地社会文化环境”改为“山地旅游社会环境”。

（4）将“景区人力资源管理”改为“山地旅游人才管理”，二者范围不同，人力资源管理使用范围太大，在这里使用人才管理更为合适，注重对山地旅游人才的教育和培训，这对景区旅游服务质量有重要影响。

（5）“山地景区市场管理”内涵范围过大，无法进行科学合理的评价，将其改为“旅游市场监督管理”，并将原指标体系中在“山区发展政策”一级指标下的“旅游市场规范程度”归类至“旅游市场监督管理”之下，因为旅游市场秩序不只是政府进行约束，旅游企业也可以参与并对其进行整改及日常监督管理。

（6）将“旅游对山地经济的作用”改为“旅游经济带动能力”。

（7）在“山地旅游市场需求”中增添“景区旅游总收入”和“景区接待旅游人数”两个指标，反映了山地景区市场规模的大小及旅游经济效益情况，对景区旅游可持续发展具有重要推动作用。

（8）删除较为模糊的、无法科学测量的“客源地人均 GDP”指标。

（9）删除“景区旅游口碑”指标，将原指标体系中“山地旅游市场需求”下的“景区知名度与影响力”归类至传媒传播一级指标之下。

（10）考虑到景区内部交通便利度已经包含多种交通方式的可选择性，将“多样化的山地交通方式”删除。

（11）删除“山地景区生物多样性”指标（与景区旅游发展驱动因素无太大相关性），并且生物多样性这一指标涉及物种遗传、生态系统等难以获得具体测量数据或测量难度巨大。

（12）删除“居民旅游态度”指标，因该指标与“居民好客度”“居民参与度”指标具有一定程度上的重叠。

（13）删除“景区员工服务管理”指标，将原指标体系中“山地旅游产品”下的“景区旅游服务质量”归类至“山地旅游人才管理”中。因员工服务管理与景区服务质量管理有一定重复。

（14）删除“山地旅游产品组合度”“山地旅游产品数量”“山地特

色旅游产品价格水平”指标，这些指标主观性较强，难以科学量化。它们都可以被整合至“山地旅游产品吸引力”指标中。同时将其扩充为“山地观光旅游产品吸引力”“山地休闲度假旅游产品吸引力”“山地娱乐体验产品吸引力”“山地文化艺术产品吸引力”“山地运动康体产品吸引力”“山地科研科考产品吸引力”六类旅游产品指标。

（15）删除“景区旅游市场营销”指标，与“景区广告宣传力度”指标存在一定重叠性，且前者边界模糊难以量化评价。

（16）删除“山地资源管理与保护”，在“景区综合智慧管理”中已有体现。

（17）删除“山地景区危机与风险管理”一级指标，因为该指标属于景区保障类因素，与景区旅游发展驱动力相关性不大。

（18）删除“数字虚拟旅游建设”指标，与“移动旅游平台建设”和“在线旅游服务”有一定重叠。

（19）由于“山地气候的舒适度”和“山地景区的适游期”两指标存在交叉因果关系，故删去“山地气候的舒适度”指标。

（20）现代信息技术应用指标下“景区网站建设”和“移动旅游平台建设”包含于“在线旅游服务”和“景区综合智慧管理”指标之中，故删去。

经过以上修改，将整理好的指标体系再次同专家咨询和讨论，经过多轮沟通调整，直至专家意见基本达成一致，确定了玉龙雪山景区旅游发展驱动因子指标体系的最终构成项，包括 4 个综合准则层指标、13 个一级指标和 41 个二级指标（见表 3–4）。

表 3–4 玉龙雪山景区旅游发展驱动因子指标体系

目标层	准则层	一级指标	二级指标
玉龙雪山景区旅游发展驱动因子 A	山地旅游发展基础 B1	山区经济支撑 C1	山区经济发展水平 D1
			山地产业基础能力 D2
			旅游经济带动能力 D3
		山区发展投入 C2	山区旅游发展政策 D4
			政府及企业资金投入 D5
		山地旅游交通 C3	外部交通可达性 D6
			景区内部交通便利度 D7
			景区内交通价格水平 D8

续表

目标层	准则层	一级指标	二级指标
玉龙雪山景区旅游发展驱动因子 A	山地旅游发展基础 B1	景区自然生态环境 C4	山地景区空气质量 D9
			山地景区植被覆盖率 D10
			山地景区的适游期 D11
		山地旅游社会环境 C5	居民参与度 D12
			居民好客度 D13
		山地旅游基础服务设施 C6	山地基础设施 D14
			山地旅游服务设施 D15
			山地旅游安全救援设施 D16
	山地旅游吸引物系统 B2	山地旅游资源 C7	山地自然旅游资源富集度 D17
			山地人文旅游资源富集度 D18
			山地旅游资源的独特性 D19
			山地旅游资源的多样性 D20
			山地旅游资源的功能价值 D21
		山地特色旅游产品 C8	山地观光旅游产品吸引力 D22
			山地休闲度假产品吸引力 D23
			山地娱乐体验产品吸引力 D24
			山地文化艺术产品吸引力 D25
			山地运动康体产品吸引力 D26
			山地科研科考产品吸引力 D27
	山地旅游市场 B3	山地旅游市场需求 C9	景区旅游总收入 D28
			景区接待旅游人数 D29
			闲暇时间 D30
			游客旅游消费水平 D31
			游客满意度 D32
	山地旅游管理 B4	山地旅游人才管理 C10	山地旅游人才教育和培训 D33
			景区旅游服务质量 D34

续表

目标层	准则层	一级指标	二级指标
玉龙雪山景区旅游发展驱动因子 A	山地旅游管理 B4	旅游市场监督管理 C11	游客投诉与意见处理效率 D35
			旅游市场规范程度 D36
		现代信息技术应用 C12	在线旅游服务 D37
			景区综合智慧管理 D38
		传媒传播 C13	新闻媒体关注度 D39
			景区广告宣传力度 D40
			景区知名度与影响力 D41

3.4 驱动因子指标阐释

玉龙雪山景区旅游发展驱动因子指标体系包括山地旅游发展基础、山地旅游吸引物系统、山地旅游市场和山地旅游管理 4 个综合准则层指标和山区经济支撑、山区发展投入、山地旅游交通、景区自然生态环境等 13 个不同准则下的一级指标以及 41 个不同范围和内涵的二级指标。表 3–5 为二级指标的具体释义。

表 3–5 玉龙雪山景区旅游发展驱动因子指标解释

具体指标	指标解释
山区经济发展水平	山区经济为山地旅游发展提供经济支撑程度
山地产业基础能力	山地产业（农业、工业、服务业）基础能力强弱
旅游经济带动能力	旅游对山地经济作用大小
山区旅游发展政策	山区发展政策为景区旅游发展提供支持和保障程度
政府及企业资金投入	政府及企业对景区开发建设的资金投入大小
外部交通可达性	景区外部交通可进入性
景区内部交通便利度	景区内部交通便利程度
景区内交通价格水平	景区内部景点之间交通价格是否合理
山地景区空气质量	景区空气质量状况
山地景区植被覆盖率	植被覆盖面积在研究区域的占比

续表

具体指标	指标解释
山地景区的适游期	景区全年适宜游览的时间
居民参与度	当地居民参与景区旅游工作情况
居民好客度	居民对外来游客的接纳态度
山地基础设施	水、电、通信、厕所等基础设施配备和覆盖情况
山地旅游服务设施	山地旅游服务设施的设置和分布状况
山地旅游安全救援设施	山地旅游安全和户外救援设施、设备等情况
山地自然旅游资源富集度	山地自然类旅游资源的丰度和疏密度
山地人文旅游资源富集度	山地民族文化等人文旅游资源的丰度和疏密度
山地旅游资源的独特性	山地旅游资源的珍稀与奇特程度
山地旅游资源的多样性	山地旅游资源类型多样性程度
山地旅游资源的功能价值	山地旅游资源的观赏、历史文化、科学艺术价值等
山地观光旅游产品吸引力	山地观光游憩类旅游产品的吸引力
山地休闲度假产品吸引力	山地休闲度假类旅游产品的吸引力
山地娱乐体验产品吸引力	山地娱乐体验类旅游产品的吸引力
山地文化艺术产品吸引力	山地民族文化、宗教、艺术类旅游产品的吸引力
山地运动康体产品吸引力	山地体育运动、健康疗养类旅游产品的吸引力
山地科研科考产品吸引力	山地科学研究、考察、科普教育类旅游产品的吸引力
景区旅游总收入	景区的旅游综合总收入情况
景区接待旅游人数	景区游客接待人数数量
闲暇时间	旅游者闲暇时间与出游机会大小
游客旅游消费水平	游客在景区的旅游消费水平
游客满意度	游客对景区整体满意程度
山地旅游人才教育和培训	景区对山地旅游发展专门人才的教育和培训
景区旅游服务质量	景区旅游服务质量水平
游客投诉与意见处理效率	景区对游客投诉与意见的处理效率
旅游市场规范程度	旅游市场规范程度和市场秩序状况
在线旅游服务	在线导游、导览、支付、投诉等服务获取的便捷程度
景区综合智慧管理	运用大数据、云计算等开展监管、预警、营销等管理

续表

具体指标	指标解释
新闻媒体关注度	新闻媒体对景区的关注度
景区广告宣传力度	景区对外投放广告宣传力度
景区知名度与影响力	景区知名度与对外界影响力大小

第4章 玉龙雪山景区旅游驱动力变化研究

4.1 旅游动力系统分析

玉龙雪山景区旅游发展动力系统由四个子系统构成，主要包括推力系统、引力系统、支持系统和媒介系统，各子系统又包含有一个或数个驱动力。推力系统主要对玉龙雪山景区旅游发展起推动作用，包括经济发展驱动力、政府政策驱动力和市场需求驱动力；引力系统对游客具有吸引作用，包括旅游资源驱动力和旅游产品驱动力；支持系统在玉龙雪山景区旅游发展中起支撑和保障作用，对应的是旅游环境驱动力，包括硬件环境和软环境①；媒介系统连接玉龙雪山景区旅游供给和需求市场，包括旅游交通驱动力和传媒传播驱动力。

4.1.1 推力系统分析

推力对玉龙雪山景区旅游发展起推动作用，主要分为外在推力和内在推力，外在推力包括山区经济发展和政府政策驱动力，内在推力主要是市场需求驱动力，三者共同构成推力系统。

4.1.1.1 经济发展驱动力

山区经济发展水平提高是实现山区各方面进步的前提，也是山地旅游开发的重要支撑条件，客源地经济发达程度与山地旅游需求具有高度关联性。旅游资源的开发利用需要经济基础保障，经济发展水平在很大

① 相对于硬件环境而言，软环境主要指物质条件以外的自然生态环境、社会环境、市场环境、文化环境以及政策管理环境等。

程度上影响对资金、技术、基础设施的利用效率，从而决定景区的开发方式和旅游发展效率。发达国家的旅游发展经验表明，人均 GDP 超过 3000 美元时，整个社会的旅游消费水平将会快速发展，当人均 GDP 超过 8000 美元时，人们对于休闲的需求将会极大提高[164]。2020 年，中国人均 GDP 为 10504 美元①。这意味着，社会对于休闲旅游的需求将会极大增加，加上我国本就庞大的国内旅游市场，将为推动山地旅游业发展提供强劲的动力。山地景区作为山地旅游发展的重要载体，拥有巨大的旅游需求市场。经济发展对山地景区旅游发展产生的推动力主要表现在两个方面：

一方面，国民经济的发展使人们的生活水平不断提高，可支配收入不断增加，加之闲暇时间的增多以及消费观念的改变，人们有能力和动机开展休闲旅游活动、参与山地旅游，进而推动山地旅游需求产生。

另一方面，经济的发展为完善和丰富山地旅游供给提供了重要的资金支持。第一，政府财政收入增加，为山地景区的持续开发建设提供了坚实的经济和物质基础，能够加强山地景区内部和外部的基础设施及配套服务设施的建设，科学引导规范景区旅游产业运作，为旅游者创造更好的旅游安全环境、卫生环境和旅游服务设施环境等。第二，经济发展的同时，科学技术水平也在快速发展。科技的进步为山地景区转型升级和创新发展提供技术支持，将现代科学技术手段运用在景区导游、导览、在线旅游服务和旅游产品创新等方面，从而最大化地利用山地旅游资源，为游客提供更好的智慧化服务体验，提高山地旅游产品的吸引力和生命力，进而丰富山地旅游的供给体系。

就玉龙雪山景区而言，我国拥有世界上最大国内旅游市场，加上经济发展助推人均收入水平的提高，山地旅游市场需求市场规模非常大。此外，玉龙雪山景区所在玉龙纳西族自治县整体经济发展水平虽然并不高，但是旅游业是县域支柱产业，旅游业所产生的大量收入与景区所在玉龙旅游股份有限公司利用投融资手段获取资金能够为景区持续发展和升级改造提供较为充足的资金支持。

4.1.1.2 政府政策驱动力

地方政府从宏观角度，为了促进山区经济社会发展，通过制定山区

① 数据来源：国家统计局网站，http://www.stats.gov.cn/。

旅游发展政策、组织编写山地旅游发展规划、建立高效的管理体制和对山地景区及旅游行业进行管理等方式，开发山地旅游资源，推动山地景区的发展。政府政策的支持和保障是促进山地景区发展的重要驱动力。主要体现在以下几个方面：(1) 政策制定。中央和地方政府协调区域、城乡发展，鼓励、支持山区发展旅游业而出台的相关政策、法规，指导山地旅游的开发建设，同时实施行业监督和管理，规范山地旅游发展秩序。(2) 山地旅游发展规划。既包括山区旅游业发展总体规划，也包括山地景区总体规划和详细规划。(3) 营销推广。政府代表地方旅游形象，通过策划山地旅游节庆节事活动，参加旅游交易会、旅游推介会，在传统媒体和互联网新媒体上对山地景区进行宣传和推广等营销活动，扩大了山地景区的影响范围，有利于激发和创造山地旅游需求。(4) 行业管理。包括对山地景区和旅游经营个体及旅游企业的管理，政府通过直接出台或间接引导行业颁布实施规范性要求，规范山地旅游市场秩序，提高旅游服务质量。(5) 政府投资及招商引资。政府直接或间接建设山地旅游发展基础设施及配套设施，优化旅游投资环境和营商环境，引进旅游企业投资开发建设山地景区，推动景区旅游快速发展。

旅游业作为玉龙纳西族自治县的支柱产业，政府政策一直以来都对玉龙雪山景区有着很大的支持作用，包括一般性旅游发展政策和专项旅游营销推广以及政府招商引资等，政策驱动力为玉龙雪山发展提供了重要的政策保障和支撑。

4.1.1.3　市场需求驱动力

旅游经济学认为，要产生旅游需求，需要同时满足旅游动机、旅游支付能力和闲暇时间三个条件。旅游动机是主观条件，旅游支付能力和闲暇时间是客观条件。旅游支付能力是促成旅游需求实现的基本条件，也在很大程度上决定了旅游需求的实现程度。闲暇时间指个体不受其他条件限制，完全可以自主自由支配的时间，主要对旅游者的旅行方式、旅游活动范围及需求时段产生影响。旅游动机是驱使人们产生对旅游的需要的内在驱动力。无论开展何种旅游活动都以旅游需要的存在为前提。其中，旅游需要是因，旅游动机是果，旅游动机是旅游需要的外在表现形式。本书主要讨论主观方面，即山地旅游需求动机的产生条件。

第一，2019 年年末，中国常住人口城镇化率已达 60.6%，超过 8.48 亿人居住在城镇。快节奏的都市生活和快速城市化带来的各类环境问题是城市居民产生“暂时逃离城市”的愿望，人们渴望回归自然，希望在人类活动较少的山地地区释放压力，亲近自然，放松自我，消除长期都市工作引发的身心疲劳。山地旅游活动类型丰富，具有很强的参与性和体验性，与城市居民的日常工作生活环境完全不同，因此人们总是对山地自然怀有无限向往和渴望，从而产生进行山地旅游活动的需求。

第二，旅游消费结构的改变为山地休闲度假旅游提供了广阔的市场空间和发展前景。当前旅游已进入大众旅游时代，旅游供给的内容和形式日趋丰富，旅游方式日趋多元，旅游品位提高，旅游市场细分化、高端化、个性化、多样化趋势日益显著，国内旅游正在从单一观光游逐步向休闲度假、康体运动、文化娱乐、深度参与的复合型旅游过渡。山地旅游的参与性、教育性、趣味性和差异性及其广阔的发展纵深空间与当前旅游需求是一致的，能够满足中国庞大的旅游度假需求及多样化的其他旅游需求，对各类旅游者都会产生强大的吸引力。

第三，突发性公共安全卫生事件对旅游业会造成极大影响，如突如其来的新冠肺炎疫情，使得全球旅游“停摆”，疫后恢复缓慢。一方面，受新冠状肺炎疫情影响，旅游消费市场萎缩，需求产生变化。城市中产和富裕阶层这类人群消费能力受影响较小，他们更加倾向于远离城市的山地度假旅游。另一方面，在疫情背景下，虽然也对山地旅游造成很大冲击，但在一定程度上，山地旅游可能受益于疫情带来的新情况。对于许多旅行者和游客来说，山是广阔的空间、干净的水、新鲜的空气、和平与宁静的环境、没有人群与污染或者说人群密集度很低、接近自然、发现未被破坏的景观和受保护的物种、开展广泛的户外运动的代名词。疫情防控常态化背景下人们更加关注身体健康，基于此，偏向于体育、探险、亲近自然的山地旅游综合户外项目可能会成为旅游热点。疫情之后，涌现的康养旅游需求与山地旅游的核心优势恰如其分地匹配。

玉龙雪山是典型的山地景区，并且拥有较好的发展基础，目前已进入旅游发展成熟阶段。山地旅游市场需求和旅游消费结构变化也在倒逼景区转型升级，景区要在山地旅游产品和服务上加大创新力度，对已有资源和产品进行改造和升级，深入挖掘未开发或浅开发文化和旅游资源，主动创造更丰富的旅游产品供给，满足市场多样化、个性化需求。

4.1.2　引力系统分析

山地景区引力系统是旅游者选择玉龙雪山景区的决定因素，是促使人产生旅游动机并开展旅游活动的主要吸引物，也是景区旅游发展的基础条件和核心吸引因素。引力系统由旅游吸引物要素构成，在本书中，山地旅游吸引物系统由山地旅游资源和山地旅游产品两项指标构成。山地旅游资源是玉龙雪山景区吸引系统的基本和先决条件，山地旅游产品是依托资源并对其进行开发组合的产物，是对旅游者产生吸引力的直接驱动力。

4.1.2.1　旅游资源驱动力

山地旅游资源是玉龙雪山景区旅游吸引力的根本来源，景区拥有丰富且独特的山地自然旅游资源和人文资源。自然资源以冰川资源和森林资源为主，人文资源以纳西族民族民俗和东巴文化为主，其中冰川地貌景观是景区发展和核心资源。此外，还有河流湖泊、雪山、高原牧场、高山动植物、森林及草甸等水域景观、生物景观及山地立体气候景观。纳西族民族民俗风情、东巴文化、爱情传说、神话则构成了玉龙雪山独有的人文景观。这些旅游资源共同组合形成了玉龙雪山景区对游客的核心吸引要素。玉龙雪山景区旅游资源具体分类及代表景点如表 4-1 所示。

表 4-1　玉龙雪山景区山地旅游资源

类型	主要旅游资源	资源特色	代表性旅游景点
地文景观	玉龙十三峰、白水河 1 号和 2 号等 19 条现代冰川地貌景观群、古冰川 U 形谷景观	中国纬度最低的冰川旅游地，主要发展雪山览胜、冰川观光、科考科普等生态旅游产品	冰川公园、蚂蝗坝、干河坝、扇子陡、绿雪奇峰等
水域景观	白水河 1 号和 2 号等现代冰川、高山湖泊、河流	白色河床上的宝石蓝水景，清冽明净，秀丽神奇	甘海子、白水河、黑水河、冰塔林、蓝月谷玉液湖、镜潭湖、听涛湖、雪麓湖、牦牛坪高山湖泊

续表

类型	主要旅游资源	资源特色	代表性旅游景点
生物景观	栎林、云杉林、高山杜鹃灌丛、高山草甸、花卉、牦牛等高山动植物生态景观	“冷杉抱绿雪飞龙，圣洁伊甸第三国”	云杉坪、牦牛坪、跌鹿坪、里纳比格等
天象与气候景观	日出（落）、朝（晚）霞、云海、烟雨等	日照金山、高山云海，具有动态美	玉龙十三峰
人文景源	现代公园、博物馆、纪念碑柱、遗址遗迹、民族风俗节庆、民间文艺、神话传说、游乐园区等	结合雪山冰川资源打造的现代公园、运动场地及世界记忆遗产纳西族东巴文化	冰川博物馆、瑞士马特宏风情园、雪山高尔夫、《印象丽江·雪山篇》
旅游商品	名贵中药材、牦牛肉制品、民族服饰、东巴特色工艺品（木质艺术品、东巴造纸）	既可观赏，也具有实用性，可开展观光、体验、购物等旅游活动	甘海子、东巴谷

资料来源：根据玉龙雪山景区详细规划（2006—2020 年）整理而成。

4.1.2.2 旅游产品驱动力

旅游产品是人们选择山地景区的直接驱动力。为充分发挥山地旅游资源优势，基于不同类型的旅游资源打造高质量山地旅游特色产品并形成产品组合，做到人无我有、人有我优、人优我精，有助于丰富山地旅游市场供给，增强旅游产品对游客的吸引力。

旅游产品吸引包括物质性吸引和非物质性吸引。首先，在物质性吸引方面，利用特色资源开发高品质旅游产品，同时在山地旅游开发过程中与其他特色产品的整合联动形成产品组合，激发山地旅游动机，提升山地旅游产品的竞争力，也能适应更广阔的市场需求。如自然风光型与民族文化型产品相组合，结合玉龙雪山优势资源冰川、森林、草甸与纳西民族民俗文化合理设计山地景区产品组合，二者在空间和形式上的叠加，为吸引更加广阔的旅游市场提供动力。此外，在不断优化山地旅游产品结构的基础上，根据产品建设规划配套相应的旅游服务设施，围绕若干个旅游产品集聚区，完善提升吃、住、行、游、购、娱六大方面的要素类产品，为游客提供更加便捷和舒适的旅游体验，从而大幅提高山地旅游产品吸引力和市场竞争力。其次，非物质性吸引因素指山地旅游产品的品牌价值因素。良好的旅游产品品牌是吸引旅游者的主要驱动力，是玉龙雪山旅游景区整体品牌形象的重要内容支撑。2018 年中国质量认证中心评估“玉龙雪山”区域品牌价值为 153.94 亿元①，玉龙雪山品牌价值在参评服务业品牌中位列云南省第一，已成为区域知名品牌，正在打造中国乃至世界知名品牌。经过多年宣传，玉龙雪山品牌形象获得了较高的市旅游市场认可度，成为景区吸引山地旅游需求的重要驱动力。

4.1.3　支持系统分析

支持系统指山地景区旅游发展的大环境，本书将其概括为旅游环境驱动力。旅游推力、引力系统对玉龙雪山景区旅游发展起着主要动力的作用，而旅游环境在景区发展中处于强辅助地位，限制或约束山地旅游产品的生产和供给，山地旅游决策行为和旅游活动质量深受旅游环境影响[166]。从物质形态上来看，可将支持系统分为硬件环境和软环境支持，硬件环境指山地景区硬件设施建设，主要包括基础设施建设、服务设施建设等；软环境主要包括自然生态环境、社会环境、旅游市场环境、旅游管理系统建设和政府政策引导等。

4.1.3.1　硬件环境

（1）基础设施建设。基础设施主要包括道路及交通配套设施、通信、水电设施等。山区受限于地形、气候等因素，基础设施建设通常较为落后，但山地景区发展旅游这些基础条件不可或缺。玉龙雪山景区是全球较为少见的邻近城市型雪山，景区距丽江城区仅 15 公里，交通条件较好，并且经过 20 多年的开发建设，通信、水电等其他基础设施也较为完善，为景区吸引游客和旅游服务体验提供了有效的保障。

---

① 丽江新声．玉龙雪山旅游区品牌价值上升 40 多亿 最新测算结果 153.94 亿元［EB/OL］. https://www.sohu.com/a/248731018_225061.

（2）服务设施建设。山地旅游服务设置主要包括餐饮、住宿、购物、娱乐设施以及开展特殊山地户外运动的专项旅游服务设施和景区户外救援、安全防护等安全设施。玉龙雪山景区周边有诸多高端康养度假型酒店，甘海子游客中心有雪厨5596、蓝月谷水月阁特色餐厅等，玉龙雪山大索道是世界上最先进也是海拔最高的索道之一。景区内部各主要游客活动区域的服务设施能够满足大部分游客的需求。

4.1.3.2 软环境

（1）自然生态环境。优良自然生态环境是山地景区天然所有的特点，山地特殊的生态系统具有敏感性和脆弱性，山地景区的开发建设尤其要注意对生态环境的保护。保存完好的、具有原真性的生态系统和自然环境不仅是玉龙雪山景区吸引游客的关键，也是实现景区可持续发展的必要条件。

（2）社会环境。主要指当地居民对待山地景区旅游开发的态度和对待外来旅游者的接纳程度。外来旅游者大量进入玉龙雪山景区，带来环境恶化、物价飞涨、道路拥挤等问题，社区居民在旅游发展过程中，应得到相应旅游开发生态补偿，通过旅游开发中获得收入、得到就业机会等旅游正效应以获得居民对玉龙雪山景区旅游开发的支持。那么，让社区居民参与到旅游开发和管理中，使他们从山地旅游开发中获益，才能使山地旅游可持续发展。因此，山地社区居民对山地旅游的态度也是推动玉龙雪山景区发展的重要驱动力。

（3）旅游市场环境。旅游市场环境对玉龙雪山景区旅游服务质量和服务水平的提高有直接性的影响。政府应当制定相关政策法规、标准等来规范山地旅游市场，并联合旅游企业对山地旅游市场进行整顿，为玉龙雪山景区发展营造一个良好的市场环境。

（4）旅游管理系统建设和政府政策引导。科学的管理系统包括顺畅协调的管理机制、高效的服务体系、高素质的人才支撑等。加强对山地旅游行业的管理包括对景区景点和旅游经营户的管理。此外，玉龙雪山景区相关旅游企业管理方面需要形成高效的企业内部运营管理机制和景区管理规范与服务标准。政府政策引导与企业高效管理能够有效促进玉龙雪山景区与地方社会、经济、文化、环境的协调发展。

4.1.4　媒介系统分析

山地旅游的媒介系统是联系客源市场和玉龙雪山景区的中间环节，主要包括传媒传播及其向特定目标群体提供的信息服务以及将山地景区与客源地联系起来的旅游交通。本书将其概括为传媒传播驱动力和旅游交通驱动力。一方面，媒介系统向客源市场推出山地旅游产品及旅游服务信息，另一方面将客源市场的需求信息反馈到山地景区，旅游需求信息和消费偏好又会指导山地旅游产品的开发和更新。媒介系统是连接玉龙雪山景区旅游客源和消费市场的桥梁，通过旅游者的流动能够将旅游各个环节联系起来，是整个动力系统中最灵活、传输效率最高的环节，也是玉龙雪山景区旅游发展动力系统的重要组成部分之一。

4.1.4.1　传媒传播驱动力

广告是介绍旅游产品及服务、旅游品牌及形象的一种对外宣传形式，是向旅游客源地居民推广宣传山地景区相关信息的重要途径。玉龙雪山景区旅游产品通过广告形式对所有可能的客源地市场进行推广，使潜在旅游者了解、获知旅游信息，扩大景区的知名度和影响力，刺激旅游者产生旅行愿望。目前玉龙雪山景区的主要宣传方式有户外广告、印刷品广告、互联网广告等，在新媒体和自媒体时代，运用大数据进行精准智慧推广和以游客口碑为基础进行口口相传越来越重要，并且产生了巨大的影响力，数据的真实性和游客亲身游历景区的体验对潜在游客来说具有更高的可信度。

此外，由于山地景区多处在信息相对闭塞的环境中，往往存在对外宣传力度不足，外界对其知之甚少的问题。现代新闻传媒对景区的报道和传播作用不可忽视。通过广播、电视、杂志等传统媒体以及微信、微博、抖音、门户网站等新媒体、自媒体进行宣传，不仅能达到传播范围广、时间长的效果，同时也能覆盖不同人群，提高宣传可信度，使玉龙雪山景区实时动态广为人知，引导人们形成山地旅游消费观念和品牌认知。目前，玉龙雪山景区在传统媒体宣传的基础上，形成了以微信公众号（丽江玉龙雪山、玉龙雪山景区）、官方网站（www. lijiangtour. com）、微博（丽江玉龙雪山 YLXS）、抖音（玉龙雪山景区 ylxs5a5131068）、今日头条（玉龙雪山旅游景区）等渠道广泛的新媒体传播宣传形式。

4.1.4.2 旅游交通驱动力

山地旅游交通是旅游要素流动的载体，山地旅游者通过交通在客源地和目的地之间实现空间联系，是山地旅游产业要素的重要组成部分，是推动山地景区旅游发展的重要驱动力之一。山地景区旅游交通包括景区外部交通和景区内部交通，外部交通指客源地到达景区的交通方式及便捷度，内部交通指景区内部的交通方式及舒适度、娱乐体验性等。受限于地形地貌，山地旅游交通可能是山地景区发展的瓶颈和障碍。旅游交通通达性对人们的旅游目的地选择决策和出游率有着深刻影响。丽江从发展旅游业之初，至今已形成航空、高铁、公路相辅相成的立体交通体系，景区可进入性大大提高；玉龙雪山景区内部交通方面也逐步形成环保车、索道、电瓶车、自驾车等多样化的交通可选体系，内外交通联合，为保证景区旅游供给、拓展山地旅游市场奠定了坚实的基础。

4.2 旅游驱动力变化

4.2.1 经济发展驱动力[①]

经济发展驱动力的变化主要从两方面来分析，一是国家总体经济状况，二是玉龙纳西族自治县地方经济发展水平，前者在一定程度上反映了国民的旅游消费能力，后者则代表山区地方经济基础支持能力和产业基础能力。首先，在玉龙雪山景区旅游发展历程（1984 年至今）中，中国经济总量一直保持增长态势且增速位居世界前列，国内生产总值从 1. 6 万亿元增长到 101. 5 万亿元。人民生活水平得到极大提高，居民可支配收入从 478. 6 元增至 32189 元。数据显示，我国 2019 年国内游客量达 60. 1 亿人次，综合旅游收入 57251 亿元，约合人均出游 4. 3 次，消费 4100 元。人们从关注生存性需要逐步转向享受型需要。山地旅游包容性强、参与性高，国民日益增长的旅游消费需求为玉龙雪山景区发展提

---

① 数据来源：本部分数据来源于历年中国国民经济和社会发展统计公报、丽江年鉴、丽江市和玉龙县历年国民经济和社会发展统计公报、玉龙县历年政府工作报告等。

供了源源不断的客源。其次，玉龙县（2002 年以前为丽江纳西族自治县）整体经济也在稳步增长，地区生产总值从 1996 年 8. 8 亿元增长至 2020 年 90. 1 亿元，经济总量的增加为政府增加对景区投资和高效管理提供了有力的支撑。此外，玉龙县（原丽江纳西族自治县）产业结构也在不断优化，1996 年工农业总产值几乎等于国民生产总值，第三产业极为薄弱，难以为山地旅游发展提供保障和支持。随着服务业及旅游业的发展，2020 年，三次产业结构比为 19∶34∶47，第三产业增加值达 39. 5 亿元，服务业配套能力得到极大提升，为玉龙雪山景区山地旅游业的发展提供了较为完善的保障，成为玉龙雪山景区旅游发展的强大驱动力。

4. 2. 2　市场需求驱动力

改革开放之初，我国国内旅游市场规模很小，普通人对旅游还没有明确的概念，此时就谈不上对于旅游的需求，那时的旅游以公务差旅活动为主。玉龙雪山 1984 年成立自然保护区，随着综合国力提升，居民收入提高，国内旅游市场需求逐渐增加。1993 年，国务院转发《关于积极发展国内旅游业的意见》，此后政策成为驱动旅游需求产生的原因之一。早期的旅游活动以观光旅游为主，持续至 21 世纪第一个十年，国内旅游市场消费需求出现新的变化，消费升级带动旅游产业快速发展，人们对山地旅游的需求更加多元化、综合化，游客不再满足于传统观光，而是追求个性化体验和旅游经历的获取。过去是走马观花式的旅游或者赶鸭子式的跟团游，现在已不能满足人们的旅游消费习惯。人们更加喜欢灵活地安排出游时间和线路，体验不同山地的风土人情，注重精神旅游与视觉旅游并重。因此，户外运动、探险探秘、山地赛事、野外拓展等复合型旅游及其产品才能满足综合化、个性化强的市场需求。而玉龙雪山旅游开发之初主要以山地观光游为主，后来开发了娱乐体验、文化艺术、山地运动等旅游产品，并逐渐形成了较为丰富的产品层次，较好地满足了山地旅游市场需求。

此外，山地区域长期以来被认作是可以亲近自然、感知文化、锻炼身体、净化心灵的美好之所，在快速城市化的今天，城镇居民在收入、学历不断提高的背景下，他们更加偏好更为丰富且深入的旅游体验。“山”作为与“城”差异显著且内涵丰富的适宜旅游地，山地旅游的参与性、教育性、趣味性和差异性及其广阔的发展纵深空间与其旅游需求是一致的，尤其对城市居民的吸引力更将与日俱增。由此可见，山地旅游将是旅游业的主导趋势之一。在疫情背景下，对于许多旅行者和游客来说，山地空间广、人员稀少、没有污染、接近自然。健康旅游受到更多关注，包括体育、探险、养生、亲近自然的山地户外旅游项目和度假基地可能迎来新的需求高峰。玉龙雪山景区是典型的山地自然与人文资源都非常丰富的山地景区，综合上述分析，市场需求的变化对玉龙雪山景区发展的驱动作用将会日益增强。玉龙雪山景区不断开发新的山地旅游产品和服务也在这种需求变化背景下得到了较好发展，同时增强了景区的旅游供给能力。

4.2.3 政府政策驱动力

一方面，自玉龙雪山省级自然保护区建立以来，云南省政府及丽江地方政府逐渐认识到玉龙雪山的旅游开发价值并着手对其进行管理和开发，先后设立玉龙雪山省级自然保护区管理局、玉龙雪山景区管委会、玉龙雪山国家级风景名胜区管理局等行政管理部门，对景区实行规划和管理。自玉龙雪山景区开发利用以来，丽江地方政府就十分关心和重视玉龙雪山的发展，并在实地调查和系统收集玉龙雪山景区旅游资源资料的基础上，邀请旅游规划专家对玉龙雪山景区旅游开发可行性做了研究，同时编制景区发展规划文本。

另一方面，由于玉龙雪山属典型高山旅游区，又属于省级自然保护区，具有重要的生态保护价值和意义。对其进行旅游开发需要尤其注重对生态系统和环境的保护。云南省及丽江地方政府先后编制了《云南省三江并流国家重点风景名胜区管理规定》《丽江玉龙雪山及古城旅游区环境保护规划》等文本，用以指导对景区进行科学、合理、环保的开发及项目建设。自玉龙雪山景区发展旅游业以来，政府政策对景区的支持力度都保持在较高水准，各个时间阶段可能政策支持重点和方向不同，但总体来看，随着玉龙雪山景区的快速发展，到目前已成为丽江乃至云南旅游的一张亮丽“名片”，政策对于景区旅游发展的驱动力在逐渐加强，并且根据景区发展状况有针对性地进行相关政策调整，以推动景区做大做强，成为丽江及云南旅游业的重要支撑之一。有关玉龙雪山景区旅游开发政策见表4-2。

表 4–2　玉龙雪山景区旅游开发政策一览表[172]

时间	政策/规划	机构设置
1993 年以前	《丽江地区行政公署关于申请将“丽江玉龙雪山风景旅游度假区”列为国家级旅游度假区的报告》《玉龙雪山旅游开发区可行性研究报告》《丽江玉龙雪山风景名胜区总体规划（1990—2010）》	成立玉龙雪山省级旅游度假区、成立“玉龙雪山旅游开发管理委员会”“玉龙雪山省级旅游度假区管理委员会”，对旅游区资源进行管理开发和实施行政管理职能
1994 年	《云南省丽江玉龙雪山国家级风景名胜区玉龙雪山景区干海子旅游度假区总结结构控制规划及纳西东巴山庄详细规划（1997—2010）》	—
1995 年	《关于丽江玉龙雪山风景名胜区总体规划的批复》《玉龙雪山风景名胜区总体规划》《丽江玉龙雪山旅游区建设管理暂行规定》	—
1996 年	《丽江玉龙雪山旅游开发区启动区控制性详细规划（1996—2010）》	—
2000 年	《丽江地区 2000 年旅游发展规划》《丽江玉龙雪山旅游区规划管理暂行规定》	丽江玉龙雪山旅游股份有限公司设立，随后 2004 年上市
2005 年	《丽江市下虎跳峡旅游景区总体规划》	玉龙雪山景区管委会在市委、市政府的领导下，组建成立了玉龙雪山景区投资管理公司，以发挥融资、投资管理职能作用，加快景区的保护和开发建设
2006 年	《玉龙雪山保护管理条例》《玉龙雪山景区总体规划（2006—2020）》《玉龙雪山景区详细规划》《丽江玉龙雪山旅游区环境保护管理暂行规定》	—

续表

时间	政策/规划	机构设置
2008 年	推行“大玉龙”景区整合政策	推行“大玉龙”景区整合，经营权由独立经营转为玉龙雪山景区投资管理有限公司统一经营管理
2009 年	《云南丽江玉龙雪山省级自然保护区总体规划（2009—2020 年）》	—
2010 年	《丽江玉龙雪山旅游标准化试点具体工作计划》《玉龙雪山旅游区全面推进全国首批旅游标准化试点工作实施方案》	玉龙雪山省级旅游开发区管委会加挂玉龙雪山风景名胜区管理局牌子
2013 年	《云南省玉龙雪山风景区修建详细规划》	—
2016 年	《玉龙雪山云杉坪景点游览设施改造整治工程对玉龙雪山省级自然保护区生物多样性影响评价报告》	—
2017 年	进一步修订完善《玉龙纳西族自治县玉龙雪山保护管理条例》《丽江玉龙雪山景区环保资金管理办法》和《丽江玉龙雪山省级旅游开发区管理委员会工程项目实施管理暂行办法》	—
2018 年	云南省政府提出对丽江玉龙雪山景区门票索道票价做出降价调整	—

从历年玉龙雪山景区旅游发展政策或者规划中可以看出，开发初期，政策主要集中在旅游投融资、基础设施建设和景点开发上，中后期更加注重对景区生态环境的保护以及对旅游资源的充分开发利用和管理，打造符合生态旅游要求以及随着市场需求变化而进行的旅游产品。鼓励景区向多元化、综合型方向发展，注重对旅游市场的调查，因时、因地对景区发展做出规划和管理，确保玉龙雪山景区健康可持续发展。

4.2.4　旅游资源驱动力

山地旅游资源对游客的吸引是玉龙雪山景区发展的核心依托，景区拥有类型丰富、独特的山地自然旅游资源和人文资源。自然资源以冰川地质资源和森林资源为主，人文资源以纳西族民族民俗和东巴文化为主，其中冰川地貌景观是景区发展和核心资源。此外，还有河流湖泊、雪山、高原牧场、高山动植物、森林及草甸等水域景观、生物景观及山地立体气候景观。纳西族民族民俗风情、东巴文化、爱情传说、神话则构成了玉龙雪山独有的人文景观。总体来说，自然旅游资源在景区发展历程中本身变化不大，但存在资源开发程度的不同。人文旅游资源方面，随着地方政府对传统民族文化和非物质文化遗产的清查和保护力度的加大，越来越多的人文资源得到保护和开发利用，丽江纳西族文化和东巴文化以及玉龙雪山特有的爱情、神话传说等非物质性资源对景区的发展可能产生更大的推动作用。

相对于森林草甸、河流湖泊、纳西民族文化等资源来说，冰川资源是玉龙雪山景区旅游发展过程中变化最大的，高山动植物和人文旅游资源短期内不会有太大变化。但雪山冰川对气候变化较为敏感，全球变暖等气候变化会加剧玉龙雪山冰川的消融，导致雪线上升。气候变化对玉龙雪山的影响是多方面的，从冰川方面来说，气候变化导致玉龙雪山冰川面积减少，1957 年雪山冰川总面积为 11.6 平方公里，到 2001 年年末冰川面积减小到 5.3 平方公里，21 世纪后呈现出面积减少加速趋势，仅 2001—2009 年间冰川面积就减小了 0.88 平方公里，年均减少 0.138 平方公里，玉龙雪山 19 条冰川中的 6 条已经完全消失，冰川平均末端海拔自 1957 年以来都在上升，平均末端海拔已由 4450 米上升至 4771 米[137]。冰川旅游资源的减少将导致玉龙雪山景区景点吸引力下降，部分年份和季节降雪减少甚至没有降雪，不仅影响景观观赏度，也会对游客选择景区景点产生负面效应。

4.2.5　旅游产品驱动力

玉龙雪山 1993 年成立省级旅游开发区，1994 年玉龙雪山景区正式对外开放。景区在开发之初以观光旅游、冰川旅游作为主打产品。同年云杉坪索道投入运营，游客可乘坐索道到达云杉坪欣赏森林、草甸景观。1998 年冰川公园（海拔 4680 米）和玉龙雪山大索道投入运营，大索道从海拔3000多米上升至4506米，途经森林、冰川等景观，游客可从海拔4506米徒步攀登至4680米处，对游客具有很强的吸引力。2003年蓝月谷项目动工建设，蓝月谷景点依托白水河四个水面——“玉液”湖、“镜潭”湖、“蓝月”湖和“听涛”湖，在湖岸四周建设游步道和木质栈道，高山雪峰、湛蓝的湖水和繁茂的植被组合形成一幅天然山水画卷。山地自然观光类旅游产品目前开发较为成熟的景点包括甘海子、冰川公园、蓝月谷、云杉坪、牦牛坪等。2000年玉龙雪山甘海子地区成立雪山高尔夫俱乐部，2002年开始试营业。包含雪山高尔夫在内，加上其他探险、登山、越野跑赛事、户外远足、滑雪等构成了玉龙雪山山地运动型旅游产品的主要内容。2006年，为丰富山地旅游产品类型，为游客提供更加多元化的旅游产品，景区与张艺谋导演合作打造了大型文化艺术实景演出《印象丽江·雪山篇》，开发建设民族文化旅游基地。民族文化与地方宗教文化、山地手工艺品、山地农耕文化、牦牛养殖及纳西神话、爱情传说等共同构成了玉龙雪山景区的文化特色，形成各种类型的山地文化艺术旅游产品。体验经济时代，游客需求更加细分化、专门化和个性化，人们对科普科研类旅游产品热情高涨。2014年，依托丰富的冰川地质地貌资源，玉龙雪山景区推出科普科考类旅游产品，玉龙雪山国家地质公园、冰川地质博物馆正式向公众开放。冰川地质博物馆以现代化的科技手段、互动化、多样化的方式展现玉龙雪山地质多样性和生物多样性，构建了一个集科学性、观赏性和趣味性于一体的冰川地学知识体系。此外，景区近年来还打造了冰川公园滑雪体验、蓝月谷服装租赁拍照、玉龙雪山婚纱摄影（户外摄影）等娱乐体验类产品。2017年在甲子村成立的丽江甘子甘坂婚纱摄影公司，为游客提供全套的化妆、服装、车辆、摄影等一条龙服务。2008年开始，联合雪山周边东巴谷、玉水寨、玉峰寺等7个景区，推行“大玉龙”联合经营模式，形成以玉龙雪山景区为核心的山地旅游综合产品体系，提供更为丰富的山地旅游产品组合。

综合上述分析不难看出，玉龙雪山景区旅游产品体系从最初的单一冰川观光旅游逐渐发展至现在，形成集观光、文化、运动、探险、娱乐、科普等功能于一体的复合型旅游产品体系，包括山地运动康体类、山地观光游憩类、文化艺术类、山地休闲度假类、娱乐体验类和科研科考类旅游产品。旅游产品驱动力从单一驱动转变为综合驱动，既丰富了游客体验，又为玉龙雪山景区可持续发展提供了强劲的驱动力。

4.2.6　旅游交通驱动力

交通是玉龙雪山景区旅游发展过程中关键性的基础设施，是连接景区和外界的重要旅游通道和枢纽。交通通达度、乘坐舒适度对游客旅游目的地决策有直接影响，同时也会影响游客旅游体验。受限于地形条件，2006 年景区开发早期交通基础建设较为落后，外部仅有一条省道大丽公路经过形成南北纵向联系。2013 年，玉龙雪山景区交通条件得到较大改善和提升，玉龙雪山—大具—鸣音—奉科的旅游公路建成，丽江口岸机场已开通直飞北京、上海、广州、重庆、成都、深圳等 13 个主要客源城市的航班，开通丽江—香港、丽江—台北、丽江—新加坡、丽江—韩国首尔的直航，但可进入性仍然有待提高。丽江市仅有公路和民航两种游客运输方式，民航直飞航班较少，旅游集散功能较弱，公路存在发展“瓶颈”，旅游交通驱动效应未得到有效释放。到 2020 年，丽江已拥有航空、铁路、高速公路等多种交通方式选择，综合交通运输体系初步形成，极大提高了丽江旅游的可进入性。公路方面，丽江有至昆明、大理等枢纽旅游城市的高等级公路，高速、国道、省道交织形成了公路路网格局。2010 年丽江站开通，2019 年丽江进入动车时代，铁路运输能力不断提升。航空方面，自 1995 年丽江三义机场正式通航以来，旅游运输人次数从 1.87 万人次增长至 2019 年的 717.39 万人次，增长比例达 400%，年均增长 16.7%，飞机已经成为游客进入丽江的主要交通方式。丽江市现已拥有 2 个机场，其中一个为 2015 年通航的宁蒗泸沽湖机场，航空线路覆盖了京津冀、长三角、成渝等主要城市群，远距离运输旅客能力得到极大提升。

公路和民航是游客进入丽江的主要交通选择。丽江公路客运量从 2009 年的 1485.36 万人次增长至 2015 年的 3459 万人次，后期随着铁路、民航的运力提升，公路客运量下降至 2019 年的 2440 万人次。丽江机场经过一期、二期、三期的整改扩建之后，旅客运输能力显著增加，丽江民航客运量从 2009 年的 229.54 万人次增至 2019 年的 717.39 万人次（见图 4-1）。

景区内部交通方面，在旅游开发早期，景区内部道路仅由一条大丽公路呈枝状放射，尚未形成环线，各景点都走回头路，加之大丽公路两侧车辆无序停放，导致交通拥堵较为严重。1995 年景区东线公路基本建成，2003 年在景区南部入口处建成东线公路复线，可对进出核心景区的车辆分流。同时存在景区道路等级低、路况较差的情况。多年来，景区通过多种方式完善提升内部交通条件，提高道路通畅度。包括推出大玉龙旅游环线，修建雪山游客步行游道、调整环保运输方式，增加索道运力等措施。目前景区内部交通以公路运输为主，拥有 85 辆环保大巴，建立了自甘海子游客集散中心至冰川公园、蓝月谷（白水河）、云杉坪索道下站、牦牛坪景点的环保专线。索道方面，为了减少客流集中度，提供舒适的旅游体验，同时提高游客运输能力，玉龙雪山景区分别对云杉坪、牦牛坪、冰川公园三条索道进行技术改造，云杉坪索道运力达到 1500 人/小时，冰川公园索道运力从 420 人/小时提升至 1200 人/小时，牦牛坪索道运力达到 420 人/小时。此外，蓝月谷景点还开通有电瓶车游览专线，围绕蓝月谷三个小型湖泊设置有游客步行栈道。未来还将建设丽江综合轨道交通 1 号线，线路起点设定在玉龙雪山新建游客中心，终点位于玉龙雪山甘海子，全长 20 公里，总规划面积 450 亩。这样，游客可选择环保观光车、电瓶车、索道等交通工具游览景区，构建形成多样化、特色化的立体交通体系。

从玉龙雪山景区外部交通可达性和内部交通通达性来说，近年来景区旅游交通条件得到大幅度的提升，立体化、综合性的交通运输体系和游客游玩交通体系已初步建成，旅游交通对景区发展的驱动力不断增强，为玉龙雪山景区旅游发展提供了充足的发展动力和交通保障。

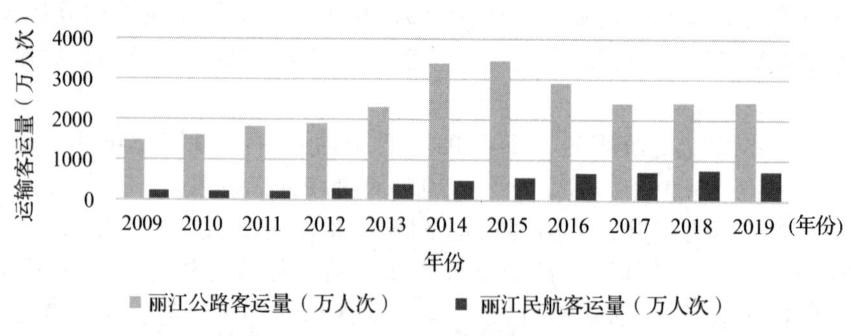

图 4-1　2009—2019 年丽江市公路客运量与民航客运量①

① 数据来源：丽江市历年国民经济和社会发展统计公报、丽江 LJG 历年生产统计简报、中国民航西南地区管理局信息网。

4.2.7　旅游环境驱动力

玉龙雪山景区整体旅游环境自开发之初到如今发生了巨大的变化。1995年景区旅游发展刚刚起步，仅从玉龙雪山省级旅游度假区启动区3.5平方公里开始建设水、电、道路、通信、排污等基础设施，逐步完成前期开发准备工作。从1995年到2003年的发展阶段，景区成立玉龙雪山旅游索道公司，开发了冰川公园、云杉坪森林公园、牦牛坪高山草甸公园、白水河水域景观等景点及其配套旅游服务设施建设，完成了云杉坪旅游索道、玉龙雪山旅游索道、牦牛坪旅游索道、玉龙雪山国际高尔夫球场、雪山花园别墅等一批基础设施和服务设施。2003年8月，蓝月谷项目动工，为改善游客旅游体验环境，新增修建电瓶车道、游步道等服务设施及旅游配套设施、旅游安全应急救援设施等。自2008年整合推行“大玉龙”品牌建设以来，玉龙雪山景区进入提质升级发展新阶段，这一阶段，景区管委会完成了管理职能系统性改革，企业完成了优胜劣汰系统性重构，景区补充了行政管理机构。旅游业反哺农业改革成效显著，社区老百姓撤出旅游服务业，改为由景区经营管理公司统一管理，社区居民得到旅游发展补贴资金并且可以在景区经营管理公司就业，居民对旅游业的支持和对游客的服务都得到很大提升，旅游社会环境得到优化、旅游管理系统工作效率得到提升。同时景区开展智慧旅游、实行实名制售票改革、分时段预约游览、景区标准化体系建设、厕所革命、索道5S改造、整合餐饮资源环境、设立文创商业街、完善文化旅游服务设施、旅游市场综合整治等一系列全域旅游改造提升。自然生态环境方面，玉龙雪山从开发之初就坚持以自然为本，坚守绿水青山生态红线，先后实施了“绿色交通”“冷湖效应”“森林消防”和“绿洲效应”四大环保工程，以达到减少景区旅游交通排放，增加景区降雨量和空气湿度，保护生态环境和冰川、森林资源，调节景区气候的目的。优良的自然生态环境是游客选择玉龙雪山景区的重要动力之一，也是景区可持续发展的关键性支持要素保障。

总的来说，玉龙雪山景区的旅游环境，包括基础设施建设、服务设施建设、自然生态环境、社会环境、旅游市场环境和旅游管理等各个方面，在景区开发三十余年来都保持正向发展趋势，对景区旅游发展起到了重要的支持和保障作用。

4.2.8 传媒传播驱动力

随着现代信息技术的发展和应用，传媒传播驱动力在玉龙雪山景区发展历程中发生了巨大的变化。在1993年之前的起步阶段，景区还未进行大规模的开发，仅仅是作为省级自然保护区，仅有少量科研工作者和少数探险旅游者进入玉龙雪山开展相关活动，也未对外界进行旅游宣传。1993年景区成立省级旅游开发区后，开始进行基本的基础设施和旅游设施建设，同时，由于景区具有独特的冰川资源，对外界潜在旅游者具有天然的吸引力，这个阶段景区对外宣传方式和宣传内容有限，以传统媒体如电视、杂志等为主发布相关旅游信息。2004年之后的巩固阶段，景区的营销和宣传手段更加多样化，游客口碑对旅游市场的影响力越来越大，丽江旅游公司先后创立或投资控股地方旅行社，通过旅行社的营销渠道进行旅游产品的推广和宣传。2008年，玉龙雪山联合周边7个景区推行“大玉龙”品牌战略，推出大玉龙旅游主品牌，将包括玉龙雪山景区在内的8个景区作为子品牌。“大玉龙”品牌营销有助于提高玉龙雪山的品牌知名度和品牌价值，使其形成清晰的产品序列，并通过媒体宣传和渠道拓展将大玉龙品牌推广开来。在这个阶段，玉龙雪山景区在营销策略上创新突破，主要体现在分众传播、特色活动和渠道拓展三方面，同时重点加强对境外的宣传促销力度。分众传播即景区营销针对每个具体细分市场特点，选择最适合的媒体，采用该市场的潜在消费群体容易接受的方式，开展促销宣传活动。如面向国内市场，重点与中央电视台和新浪、BAT等知名门户网站建立合作关系。特色活动指景区与优秀旅游策划公司建立长期合作关系，保证景区营销活动的创意和创新，主要体现在将景区营销和民族文化、体育赛事和影视作品相结合，既突出了景区自身资源特色，又紧跟时代热点，保持景区宣传的国际性、时尚性、学术性。渠道拓展指通过创新多种渠道，采取联合方式宣传。如在本地市场联合相关机构共建全市旅游营销联合体，跟其他景区建立联合营销体系；完善外地市场旅游分销体系，在北京、上海、广州成立旅游办事处，与当地龙头旅行社合作开展联合促销；在周边市场，与四川等地的景区和旅行社合作，推出跨省旅游线路。近年来，景区一方面加强传统宣传促销方式，通过在成都、西安、上海等地举行旅游景区市场营销座谈会和旅游产品交易会、推介会等，与玉龙雪山景区重点客源城市构建合作共赢的合作机制，加强旅游经济交流合作，以实现互送客源，互相借鉴旅游发展经验的目的。另一方面，积极主动利用现代新媒体和自媒体开展传播宣传，完善景区官方网站，在微信公众号、微博、抖音、今日头条等互联网平台更新旅游信息。先后举办了玉龙雪山全国手机微视频和抖音大赛、玉龙雪山杯微电影大赛等宣传促销活动，极大提升了玉龙雪山的知名度和影响力。

综合上述分析可以看出，玉龙雪山景区的宣传营销方式从开始的传统媒体单一化宣传逐步发展到如今的传统媒体和新媒体、自媒体多渠道、全天候、全覆盖的立体宣传营销，构建了完善的传媒传播推广体系，所产生的传播驱动力也得到极大增强，为旅游者选择山地景区提供了丰富的信息获取来源。

4.2.9　旅游管理驱动力

玉龙雪山地域属性复杂，同时有自然保护区、风景名胜区、旅游开发区、当地社区等多个身份属性，在景区旅游开发早期，其相关事务涉及多个部门，主要包括玉龙雪山省级旅游开发区管理委员会（以下简称管委会）、玉龙雪山省级自然保护区管理局、玉龙雪山国家级风景名胜区管理局、玉龙山社区办事处等。其中，玉龙雪山省级自然保护区管理局成立于 1984 年，主要负责保护区野生动植物资源和生态环境保护管理，对保护区内旅游项目经营可行使许可等方面的管辖监督权[5]；景区管委会 1995 年成立，是丽江市政府的派出机构，对景区旅游开发和经营等事务统一管理。玉龙山社区办事处是玉龙县政府的派出机构，负责玉龙雪山区域内的社区建设发展事务。而玉龙雪山国家风景名胜区管理局业务管理权归属于丽江市政府住建部门。此时分散管理、多头管理现象相当普遍，加之宽泛化的管理模式，使玉龙雪山景区旅游相关事务处理效率十分低下，此时旅游管理驱动力对于景区发展的作用有限，甚至会产生负向效应，阻碍景区发展。1995 年丽江玉龙雪山旅游索道有限公司成立，2001 年公司整体变更设立综合性旅游企业集团——丽江旅游股份有限公司，负责景区旅游实业经营与旅游文化开发和项目投资。2004 年公司在深圳证券交易所上市，景区融资能力得到极大提升。

一方面，玉龙雪山景区旅游发展中后期为了提升管理效率和能力，先后成立了丽江玉龙雪山景区投资管理有限公司，丽江玉龙雪山旅游开发有限责任公司，玉龙雪山高尔夫俱乐部，丽江玉龙雪山旅游观光车、电瓶车有限公司，丽江甘子甘坂婚纱摄影有限公司，丽江玉龙雪山印象旅游文化产业有限公司，天意集文创街等十多个企业，基本做到覆盖景区旅游服务经营体系的方方面面，形成以丽江旅游股份公司为中心、其子公司或控股公司为支撑的旅游企业经营管理系统。

另一方面，景区多年来致力于完善公共管理体系，以实现景区一体化综合管理。目标是建立综合协调管理体系，景区总体上由管委会、保护区管理局实行统一行政管理，实现由微观管理向宏观管理转变，建立高效统筹、规范协调的行政管理体系。其他景区公共管理体系还包括由安全巡逻队、森林消防队、急救中心、交警大队、派出所等单位联合负责的安全救援应急管理体系；由环卫队、自然保护区管理局、风景名胜区管理局、森林公安分局、土地管理分局、道路养护对等单位联合负责的环境保护体系；由监督执法科、市场监管分局、旅游巡回法庭、质量监督中心等单位联合负责的安全生产管理体系及旅游市场监督和规范体系；在“数字玉龙”信息化管理系统的基础上发展起来的智慧旅游景区管理体系；此外还包括行业自律与文明旅游体系以及社区治理体系。尤其是在社区治理体系上的创新。一是在2007年改革社区群众管理和直接经营模式，成立社区旅游服务公司，让群众退出直接从事旅游经营服务活动，恢复社区农牧业生产。实施“旅游业反哺农业”改革，建立社区管理新机制，包括以景区旅游收入直接补贴社区群众和为其提供旅游经营服务就业岗位。二是创新社区管理体制，聘请社区19个村社组长，成立社区群众参与旅游服务管理协调小组，开展村民自律工作，确保景区正常经营秩序。社区治理体系的两大创新减少了当地居民对旅游业开发和对游客的排斥并使其支持和参与到旅游发展中来，使景区的社会效益和经济效益得到较好的平衡。

通过上述分析，能够发现玉龙雪山景区通过多年以来在旅游管理系统的完善和优化上所采取的一系列措施，在景区旅游发展历程中发挥着越来越大的驱动作用，“玉龙雪山管理模式”的改革和创新是整个景区管理制度和体制机制日益健全的重要推手，是景区旅游管理驱动力不断增强的动力之源。

4.3　不同发展阶段的旅游驱动力变化

4.3.1　旅游发展阶段划分

参考 Butler 旅游地生命周期理论旅游地发展不同阶段特征，结合玉龙雪山景区旅游发展实际情况和历年来景区接待游客统计数据（见图 4–2），将玉龙雪山景区旅游发展阶段划分为起步（1987—1993 年）、发展（1994—2004 年）、巩固（2005—2011 年）和成熟（2012 年至今）四个阶段。

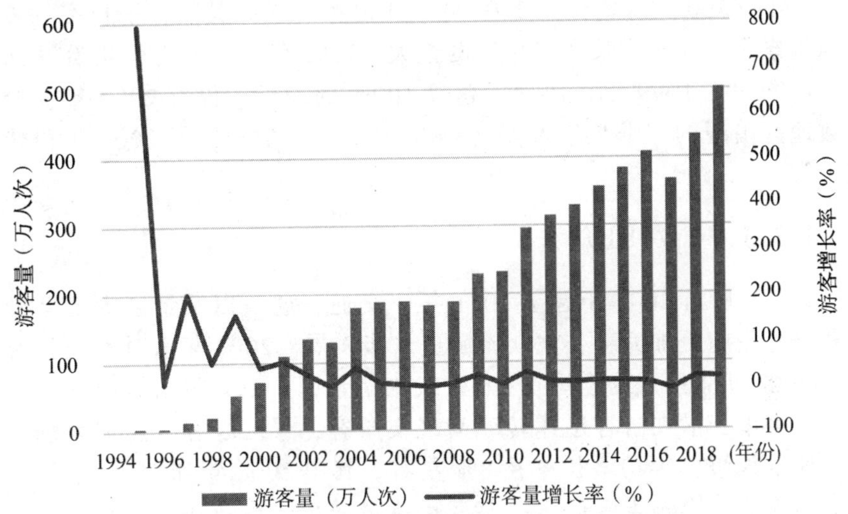

图 4–2　玉龙雪山景区历年接待游客人数变化

资料来源：根据玉龙雪山景区管委会提供资料整理。

4.3.1.1　起步阶段

该阶段自 1984 年玉龙雪山省级自然保护区建立起至 1993 年玉龙雪山省级旅游开发区成立。此阶段是玉龙雪山大规模开发前的基础设施建设阶段，包括水电、通信、排污、道路平整等，低投入、低产出是这一阶段的特征。此阶段也是丽江旅游业的起步探索阶段，旅游市场尚未成熟。仅有少部分零散旅游者、博物学者、山地探险者以及少量科学考察人员前往玉龙雪山进行相关活动。

4.3.1.2 发展阶段

发展阶段自1994年起至2004年，1994年10月云南省政府在丽江召开滇西北旅游规划会议，决定重点开发丽江地区旅游业，并建设玉龙雪山省级旅游度假区，这对玉龙雪山开发建设具有决定性的推动作用。这一阶段景区基础设施逐渐完善，先后开发了玉龙雪山冰川公园、云杉坪森林公园、牦牛坪高山草甸公园、白水河水域景观等景点，并修建了云杉坪、牦牛坪和冰川公园三条索道，建设了雪山高尔夫等一批重大旅游项目。从玉龙雪山景区游客接待量（见图4-2）可以看出，自1994年玉龙雪山景区正式对外开放，游客人数迅速增长，接待人数在十年间从1994年的4700人次增长至2004年的180万人次。其间，增长率一直保持高位水平，同时增长率变化幅度很大，1999年之前有三个年份（1995年、1997年、1999年）出现了超过100%的增长。仅有2003年受全国多数地区出现的“非典”疫情影响出现小幅负增长，但2004年很快恢复正常。

4.3.1.3 巩固阶段

这一阶段自2005年起至2011年，交通、通信以及景区内部基础设施和服务设施更加完善，大众旅游进一步发展。2003年蓝月谷项目开发直到2007年景区成为全国首批5A级旅游景区，玉龙雪山景区逐渐提高对外知名度，潜在游客迅速转变为现实游客，景区游客量总体增加，但增长速度放缓，年均增长率在8%左右。其中2008年和2010年丽江遭遇自然灾害，影响景区运营，游客接待量减少，在2009年和2011年出现两次较大幅度增长。该阶段玉龙雪山景区开始转型发展，从初级的观光旅游模式向深层次的休闲体验旅游发展模式转变，2006年推出《印象·丽江》大型文化实景演艺项目，推动旅游与文化及其他产业融合发展。推行“大玉龙”景区整合策略，改革景区管理，整顿旅游市场，改造提升景区软硬件设施。

4.3.1.4 成熟阶段

基于景区发展实际，把2012年至今这一阶段划分为成熟阶段。玉龙雪山景区在该阶段游客接待量保持着稳定增长，增长率稳定在5%~15%，2018年和2019年两年增长率超过了15%，在2019年全年接待游客量突破了 500 万人次，进入了长时间的稳定发展期。2017 年游客量出现负增长，原因是 2017 年是丽江旅游行业负面新闻频发，对游客前往丽江的意愿和决策造成了较为严重的影响。到 2018 年玉龙雪山景区实施了门票和索道费用下调政策，游客人数开始回升。通过对景区由内到外的整体性变革，同时开展智慧旅游、全域旅游建设，实行实名制售票改革、分时段预约制、标准化体系建设、厕所革命、索道 5S 改造、整合餐饮资源、深灰色里文创商业街等系统性改造升级，玉龙雪山景区正在形成可持续发展的新动力，步入全新的旅游时代。

4.3.2　不同发展阶段旅游驱动力变化

前部分内容对玉龙雪山景区旅游发展驱动力变化的分析主要从横向角度探讨每一个驱动力在景区旅游发展历程中如何变化。本部分将从纵向也就是时间发展角度讨论景区在每个发展阶段中的历时性驱动力变化。主要通过访谈、问卷调查以及资料数据收集等方法分析景区在每个发展阶段中其主要驱动力发生了何种变化。笔者在 2020 年 10 月 13 日至 20 日前往丽江玉龙雪山开展调研，问卷调查及访谈对象为景区管委会旅游管理人员、政府旅游部门工作人员，并通过资料收集得到大量一手资料数据。

由于自 1984 年玉龙雪山自然保护区建立至 1993 年玉龙雪山旅游开发管理委员会成立这段时间，玉龙雪山处于旅游开发前的准备论证阶段，这一阶段后期，丽江地区成立了旅游开发办公室并对玉龙雪山的风景名胜资源进行实地踏勘和调研。以此为基础提出《玉龙雪山开发建议书》，并促成时任云南省副省长到玉龙雪山考察，于次年（1992 年）在丽江召开现场办公会，由此拉开玉龙雪山旅游开发大幕。1994 年 10 月滇西北旅游规划会议在丽江召开，云南省政府决定重点开发丽江旅游区并建设玉龙雪山省级旅游度假区。此外，从 1992 年到 1995 年这段时间，景区利用云南省政府 1000 万元旅游开发基金借款完成了大量的基础设施建设以及其他前期开发准备工作。

起步阶段前往玉龙雪山的大多是国内外科研院所的科学考察队伍或国内大专院校的教学实习人员以及探险家到此开展探险、探奇活动。还有国内外专业登山队、探险队在玉龙雪山进行登山活动，据《玉龙山志》记载，国内外先后有 17 支队伍试图登顶玉龙雪山主峰扇子陡（海拔 5596 米），但均告失败。包括 1984 年至 1986 年日本登山队和美国皮特登山队的多次尝试，1988 年丽江地区体委组织的登山队开展攀登。此外，1985 年丽江县被列为乙类对外开放地区，1992 年、1993 年两年，玉龙雪山接待了 1 万余人的海外游客团队。通过梳理该阶段玉龙雪山的发展进程，在 1994 年正式对外开放前，玉龙雪山景区的主导旅游发展驱动力可以总结为旅游资源驱动力和政府政策驱动力。旅游资源主要包括低纬现代海洋性温冰川、古冰川遗迹、完整的高山垂直带自然景观、丰富的高山植被类型和珍稀濒危动植物资源，这也是玉龙雪山自然保护区的主要保护对象。

4.3.2.1 问卷调查与数据评价分析

调查问卷结合线下和线上调查方式，发放对象为对玉龙雪山景区旅游发展历程十分熟悉和了解的资深旅游管理人员。通过对他们中部分人士的访谈得知，在起步阶段（1987—1993 年）景区尚未得到开发，1992 年、1993 年才开始做一些开发前的准备工作，因此问卷主要包括 1994 年之后的三个阶段内容。该问卷采取线下走访发放与线上发放结合的方式，一共发放 10 份旅游管理人员调查问卷，回收 9 份，有效调查问卷 8 份，问卷有效回收率 88% 。使用 SPSS 23.0 软件对问卷进行信度分析，结果显示信度系数为 0.941，大于 0.9，表明研究数据信度较好，可用于进一步分析。对玉龙雪山景区旅游发展驱动力变化问卷调查评分结果数据进行均值计算，结果如表 4-3 所示。

表 4-3　玉龙雪山景区旅游发展驱动力变化问卷评分结果

一级指标	发展阶段	巩固阶段	成熟阶段
山区经济支撑	2.58	3.38	4.25
山区发展投入	2.44	3.50	4.25
山地旅游交通	2.54	3.50	3.96
景区自然生态环境	3.94	4.13	4.31
山地旅游社会环境	2.88	3.69	4.25
山地旅游基础服务设施	2.50	3.96	4.63
山地旅游资源	3.63	3.93	4.28
山地特色旅游产品	2.31	3.46	4.08
山地旅游市场需求	2.68	3.80	4.46

续表

一级指标	发展阶段	巩固阶段	成熟阶段
山地旅游人才管理	2.63	3.69	4.31
旅游市场监督管理	2.94	3.75	4.56
现代信息技术应用	2.31	3.31	4.56
传媒传播	2.50	3.63	4.63

注：该表格结果根据各项一级指标下的二级指标打分数据取均值而得。

表 4–3 得分结果代表各项一级指标在各个发展阶段所发挥驱动作用的大小，评价按 5 分制，得 1 分代表驱动作用非常小，以此类推，得 5 分代表驱动作用非常大。表中大部分指标直接对应前文进行驱动力横向变化分析时的一个指标，少部分指标共同组合形成某个驱动力指标。为了便于对驱动力变化进行下一步分析，将所有一级指标进行分类整合，形成表 4–4。

表 4–4　玉龙雪山景区旅游发展驱动力变化结果

驱动力	发展阶段	巩固阶段	成熟阶段
经济发展驱动力	2.58	3.38	4.25
政府政策驱动力	2.44	3.50	4.25
市场需求驱动力	2.68	3.80	4.46
旅游资源驱动力	3.63	3.93	4.28
旅游产品驱动力	2.31	3.46	4.08
旅游交通驱动力	2.54	3.50	3.96
旅游环境驱动力	3.11	3.93	4.40
旅游管理驱动力	2.63	3.58	4.48
传媒传播驱动力	2.50	3.63	4.63

4.3.2.2　评价结果分析

（1）旅游资源驱动力在发展阶段驱动作用得分最高为 3.63 分，其次是旅游环境驱动力 3.11 分，说明在该阶段玉龙雪山景区旅游发展的驱动力以旅游资源驱动为主，旅游环境驱动为辅。独一无二的冰川资源仍然对游客具有巨大的吸引力，这一阶段景区完成了三条索道的建设，基础设施和服务设施得到快速提升，加上优良的自然生态环境，使得景区游客量在2001年就突破了100万人次，2004年已达到180万人次。另外，虽然旅游管理和传媒传播驱动力作用得分相对较低，但也在该阶段发挥了很大作用。1996年丽江发生7.0级大地震，玉龙雪山在震中附近，地震给刚起步的景区造成了巨大损失，玉龙雪山旅游开发区管委会、开发总公司在震后紧急投入抗震救灾工作，经过紧急抢修的云杉坪索道在震后第四天便恢复营运，显示出景区管理团队的强大组织能力和管理能力。另外，1999年世界园艺博览会在昆明举办，丽江抓住机遇，迅速采取措施为玉龙雪山景区提高知名度，打开国内市场，当年游客量增长率达154.75%。世博会后，2000年景区完成了一系列重大旅游宣传促销活动组织，如在首届中国昆明国际旅游节中，由丽江行署主办的丽江东巴国际文化旅游节取得良好效果，为2001年景区接待游客突破100万人次提供了充足的动力。

（2）巩固阶段驱动作用得分最高的是旅游资源和旅游环境驱动力，均为3.93分，市场需求得分3.80紧随其后。说明该阶段旅游资源和旅游环境是其主导驱动力，市场需求为次要驱动力。2006年玉龙雪山景区推出《印象·丽江》雪山实景剧，创造性地将民族文化与旅游相结合，丰富了景区的资源和产品类型。2007年玉龙雪山景区开始实施旅游业反哺农业改革，2700多名社区百姓撤出旅游服务业，由景区从旅游营收中拿出一部分直接补贴社区百姓，同时吸纳他们进入景区服务管理岗位。这一举措不仅解决了景区无序经营的乱象，也使得社区居民对待旅游开发的态度大有改观，旅游环境条件得到改善。2008年开始推行“大玉龙”景区整合项目，目的是为了做大做精“大玉龙”品牌，与玉龙雪山周边景区实现资源共享及合理配置。由此丰富玉龙雪山旅游资源和产品层次，整合打造优质化、多元化的线路产品，建设精品景区，为游客提供更多的可选择性，丰富游客体验，满足多元化、个性化的山地旅游市场需求。

（3）自2012年开始至今，景区发展已进入成熟阶段。作为世界少有的邻近城市型雪山，玉龙雪山景区已成为丽江、云南的旅游名片，乃至中国的旅游窗口。这一阶段，景区的内部和外部各方面条件都已建设到了较高水平，可以看到驱动力评分结果除旅游交通以外都达到了4分以上，说明各个驱动力都对玉龙雪山发展产生了较大的推动作用。其中，传媒传播驱动力得分最高为4.63分，其次是旅游管理和市场需求驱动力，分别为4.48分和4.46分。景区旅游发展转变为以传媒传播驱动力为主导、旅游管理和市场需求为辅助的综合性驱动阶段。在当前山地旅游市场竞争变得愈发激烈的背景下，景区的对外营销宣传变得无比重要，目前景区已构建了旅行社垂直分销为主体、联合地方营销和客源地营销的类型多样、层次丰富的营销宣传渠道，形成了以传统媒体和新媒体、自媒体相结合的立体式营销宣传方式。这一阶段景区旅游发展进入转型发展关键阶段，改革景区管理体系，理顺管理体制，加强景区营销中心建设，传媒传播驱动力得到增强。

（4）纵观玉龙雪山景区30多年的发展历程，其发展驱动力处于一个动态变化过程中，由最初的旅游资源、政府政策驱动力为主导，发展阶段演变为旅游资源驱动力为主，旅游环境驱动力为辅，巩固阶段变化为旅游环境、旅游资源驱动力为主导，市场需求驱动力为辅，到了成熟阶段则形成以传媒传播驱动力为主，旅游管理和市场需求驱动力为辅，其他驱动力共同作用的综合性驱动过程。从景区内部来说，这体现了景区管理制度和体系的不断健全、完善以及对资源、产品的整合、提升，对景区软硬件环境的不断优化。从外部环境来说，体现了山地旅游市场需求的变化带来市场导向性的增强以及经济、政策、社会环境的良好发展态势对景区旅游发展的保障和支持。

第 5 章 玉龙雪山景区旅游发展驱动力评价

5.1 评价指标选取的原则

玉龙雪山景区旅游发展已进入成熟阶段，其发展驱动力不再是单一某方面的作用，而是多方面共同发挥作用、综合性的驱动力推动景区发展。同时景区目前处于探索转型升级新方向阶段，对其旅游发展驱动力进行综合评价有利于找出景区玉龙雪山景区在新形势和新环境下的优势与劣势。评价指标的选择需要结合山地旅游特性和景区旅游发展一般共性，综合考虑山地型旅游景区的各方面影响因素，为构建科学合理的山地景区评价指标体系，需遵循以下原则。

5.1.1 科学性与可操作性原则

科学性原则要求深入了解山地景区开发建设环境和发展规律，科学客观地选取真实反映山地景区发展驱动力的影响因素及评价指标，避免出现片面、重复、缺漏等问题，确保构建具有理论依据和层次清晰的指标体系。可操作性原则即为保证指标体系具有实际操作意义和可行性，要求结合评价具体实施过程，选择适合的评价方法，选取数据较容易获取、易于计算、具有代表性和普适性的指标。考虑到多维度指标获取数据的方法不同，应保证数据来源的权威性和可靠性，如涉及问卷评价等相对主观的评价方法则应保证问卷基数及其信效度。

5.1.2 定量与定性结合原则

为确保评价体系的全面和客观，减少主观评价的影响，在保证指标可操作性的同时，应尽量使用能获得统计数据的定量评价指标。定性指标多用于感知判断，如产品吸引力和游客满意度等难以量化的指标可通过专家调查问卷和游客调查问卷得到评价结果。依据具体问题具体分析原则，尽量基于实际数据或通过数据计算而得的指标进行量化，其他相对主观的指标可针对具体评价目标设置主题问卷。结合定量与定性评价指标以确保最终评价结果的可量化表达，进而使综合指标体系标准化后达到科学评价玉龙雪山景区旅游发展驱动力作用的目的。

5.1.3　全面性与代表性原则

全面性原则要求系统、全面考虑影响玉龙雪山景区旅游发展全过程，涵盖全要素的影响因子，各影响因子相互组合或相互独立形成多层次的指标体系，确保该体系能全面反映出景区旅游发展驱动力的结构和变化。但同时不能过分强调面面俱到，以免造成指标内涵重复或过于繁杂。应结合具体评价对象的基本特征，有针对性、侧重性地遴选对某一方面影响较大的、有代表的指标，使各指标、各层级相互独立又相互联系，组合形成综合评价指标体系服务于评价工作。

5.2　确定评价指标体系

第 3 章运用德尔菲法做了玉龙雪山景区旅游发展驱动因子指标体系的构建工作，筛选确定了驱动因子指标体系的内容和层次。其中大部分一级指标与驱动力指标为直接对应关系，旅游管理驱动力指标由山地旅游人才管理、旅游市场监督管理和现代信息技术应用三个指标构成，旅游环境驱动力指标由景区自然生态环境、山地旅游社会环境、山地旅游基础服务设施三个指标构成。由此可以确定玉龙雪山景区旅游发展驱动力评价指标体系，见表 5–1。

表 5–1　玉龙雪山景区旅游发展驱动力评价指标体系

<table>
<tr><th>目标层</th><th>准则层</th><th>一级指标</th><th>二级指标</th></tr>
<tr><td rowspan="5">玉龙雪山景区旅游发展驱动因子 A</td><td rowspan="5">山地旅游发展基础 B1</td><td rowspan="3">经济发展驱动力 C1</td><td>山区经济发展水平 D1</td></tr>
<tr><td>山地产业基础能力 D2</td></tr>
<tr><td>旅游经济带动能力 D3</td></tr>
<tr><td rowspan="2">政府政策驱动力 C2</td><td>山区旅游发展政策 D4</td></tr>
<tr><td>政府及企业资金投入 D5</td></tr>
</table>

续表

目标层	准则层	一级指标	二级指标
玉龙雪山景区旅游发展驱动因子 A	山地旅游发展基础 B1	旅游交通驱动力 C3	外部交通可达性 D6
			景区内部交通便利度 D7
			景区内交通价格水平 D8
		旅游环境驱动力 C4	山地景区空气质量 D9
			山地景区植被覆盖率 D10
			山地景区的适游期 D11
			居民参与度 D12
			居民好客度 D13
			山地基础设施 D14
			山地旅游服务设施 D15
			山地旅游安全救援设施 D16
	山地旅游吸引物系统 B2	旅游资源驱动力 C5	山地自然旅游资源富集度 D17
			山地人文旅游资源富集度 D18
			山地旅游资源的独特性 D19
			山地旅游资源的多样性 D20
			山地旅游资源的功能价值 D21
	山地旅游市场 B3	旅游产品驱动力 C6	山地观光旅游产品吸引力 D22
			山地休闲度假产品吸引力 D23
			山地娱乐体验产品吸引力 D24
			山地文化艺术产品吸引力 D25
			山地运动康体产品吸引力 D26
			山地科研科考产品吸引力 D27
		市场需求驱动力 C7	景区旅游总收入 D28
			景区接待旅游人数 D29
			闲暇时间 D30
			游客旅游消费水平 D31
			游客满意度 D32

续表

目标层	准则层	一级指标	二级指标
玉龙雪山景区旅游发展驱动因子 A	山地旅游管理 B4	旅游管理驱动力 C8	山地旅游人才教育和培训 D33
			景区旅游服务质量 D34
			游客投诉与意见处理效率 D35
			旅游市场规范程度 D36
			在线旅游服务 D37
			景区综合智慧管理 D38
		传媒传播驱动力 C9	新闻媒体关注度 D39
			景区广告宣传力度 D40
			景区知名度与影响力 D41

5.3　评价权重确定

5.3.1　构建层次结构模型

确定评价指标体系后，为明确每一个指标对玉龙雪山景区旅游发展驱动力作用程度的大小和对指标进行权重赋值。文章结合层次分析法与德尔菲法，制作专家权重问卷以获取专家指标赋值。层次分析法是将研究问题层次化，把研究对象进行层级分解之后再综合，从而使复杂问题条理化，以便进行后续逐级数据处理。为了明确研究目的，本书以目标层、项目层、因子层三个层次建立层次结构模型（见图 5-1），随后开展各层次指标两两比较，构造判断矩阵，通过逐级相对重要程度比较来确定评价指标的最终权重。

5.3.2　专家问卷数据处理

本书采用 5 级标度尺制作了专家权重调查问卷，即判断矩阵打分表。同时，邀请云南财经大学、云南师范大学、南京师范大学、云南农业大学、广西教育学院以及重庆科技学院等研究领域为地理学、旅游管理、区域资源开发与管理等方向的专家、博士进行打分。问卷共发放 15 份，回收有效问卷 14 份，有效率为 93% 。

玉龙雪山景区旅游发展驱动力评价A
经济发展驱动力B1
政府政策驱动力B2
旅游交通驱动力B3
旅游环境驱动力B4
旅游资源驱动力B5
旅游产品驱动力B6
市场需求驱动力B7
旅游管理驱动力B8
传媒传播驱动力B9
山区经济发展水平C1
山区产业基础能力C2
旅游经济带动能力C3
山区旅游发展政策C4
政府及企业资金投入C5
外部交通可达性C6
景区内部交通便利度C7
景区内部交通价格水平C8
山地景区空气质量C9
山地景区植被覆盖率C10
山地景区的适游期C11
居民参与度C12
居民好客度C13
山地基础设施C14
山地旅游服务设施C15
山地旅游安全救援设施C16
山地自然旅游资源富集度C17
山地人文旅游资源富集度C18
山地旅游资源的独特性C19
山地旅游资源的多样性C20
山地旅游资源的功能价值C21
山地观光旅游产品吸引力C22
山地休闲度假产品吸引力C23
山地娱乐体验产品吸引力C24
山地文化艺术产品吸引力C25
山地运动康体产品吸引力C26
山地科研科考产品吸引力C27
景区旅游总收入C28
景区接待旅游人数C29
闲暇时间C30
旅客旅游消费水平C31
游客满意度C32
山地旅游人才教育和培训C33
景区旅游服务质量C34
游客投诉与意见处理效率C35
旅游市场规范程度C36
在线旅游服务C37
景区综合智慧管理C38
新闻媒体关注度C39
景区广告宣传力度C40
景区知名度与影响力C41

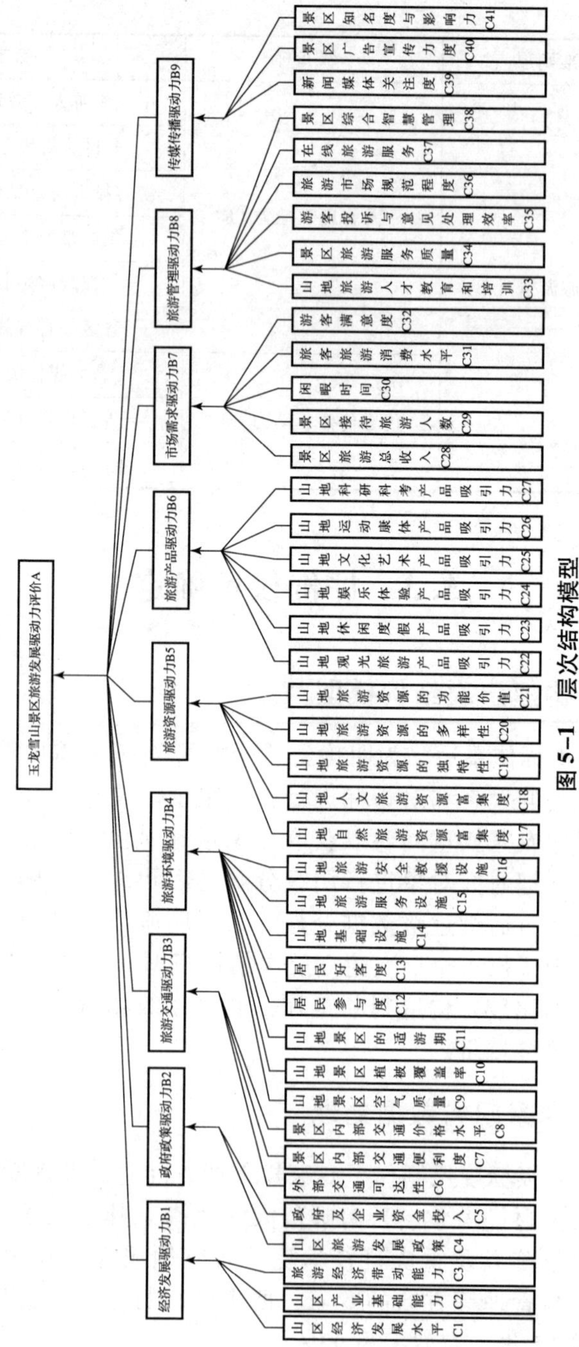

图 5-1 层次结构模型

考虑到专家在权重评分部分可能存在较大的差异导致评价数据离散程度过大，因此设置如下取值规则：变异系数作为数据离散程度的标志，变异系数 >1 属于强变异，变异系数在 0.1 到 1 之间属于中等变异。根据 14 份专家问卷评分实际结果，采用变异系数 1 对最终取值进行调整：若变异系数 <1，取平均值，平均值若大于 1，采取四舍五入，小于 1 则选择与其最接近的分数评分；若变异系数 >1，此时均值代表性不强，发现结果中众数出现频率较高，取众数为最终评分。经此规则处理后的专家问卷数据整理结果如表 5-2 所示。

表 5-2　玉龙雪山景区旅游发展驱动力评价因子专家权重评分数据处理

“两两相比”的因子	众数	平均值	变异系数	取值
B1：B2	3	3.356	0.767	3
B1：B3	1/5	2.672	1.151	1/5
B1：B4	1/3	3.181	1.022	1/3
B1：B5	1/5	1.719	1.668	1/5
B1：B6	1/7	2.244	1.346	1/7
B1：B7	1/7	1.631	1.672	1/7
B1：B8	1	3.086	1.029	1
B1：B9	7	3.596	0.829	4
B2：B3	1/3	2.226	1.401	1/3
B2：B4	3	2.962	1.011	3
B2：B5	1/7	1.649	1.755	1/7
B2：B6	1/3	1.876	1.632	1/3
B2：B7	1/3	1.518	1.824	1/3
B2：B8	3	2.644	0.861	3
B2：B9	1/3	2.116	1.085	1/3
B3：B4	5	3.725	0.783	4
B3：B5	1/3	1.053	1.708	1/3
B3：B6	1/5	1.438	1.310	1/5
B3：B7	1	1.914	1.301	1
B3：B8	7	3.895	0.725	4

续表

“两两相比”的因子	众数	平均值	变异系数	取值
B3 : B9	3	3.171	0.811	3
B4 : B5	1/5	1.064	1.367	1/5
B4 : B6	1/3	1.512	1.294	1/3
B4 : B7	1/7	1.250	1.217	1/7
B4 : B8	5	3.029	0.682	3
B4 : B9	5	3.163	0.780	3
B5 : B6	3	2.314	0.852	2
B5 : B7	3	2.098	1.040	3
B5 : B8	7	3.777	0.702	4
B5 : B9	5	3.689	0.667	4
B6 : B7	1	1.910	0.874	2
B6 : B8	5	3.548	0.652	4
B6 : B9	3	2.838	0.720	3
B7 : B8	5	4.524	0.524	5
B7 : B9	3	3.429	0.759	3
B8 : B9	1/3	1.986	1.088	1/3
C1 : C2	3	2.148	1.060	3
C1 : C3	1/3	1.818	1.095	1/3
C2 : C3	5	2.452	0.808	2
C4 : C5	1/7	2.803	1.020	1/7
C6 : C7	7	6.000	0.327	6
C6 : C8	7	6.571	0.205	7
C7 : C8	7	4.571	0.615	5
C9 : C10	3	3.476	0.701	3
C9 : C11	1/3	1.999	1.300	1/3
C9 : C12	3	4.405	0.674	4
C9 : C13	3	3.705	0.800	4
C9 : C14	1/5	1.422	1.619	1/5

续表

“两两相比”的因子	众数	平均值	变异系数	取值
C9：C15	1/5	1. 443	1. 732	1/5
C9：C16	1/9	1. 863	1. 335	1/9
C10：C11	3	1. 877	1. 121	3
C10：C12	3	2. 920	0. 910	3
C10：C13	1/3	1. 590	1. 203	1/3
C10：C14	1/5	1. 084	1. 762	1/5
C10：C15	1/5	1. 494	1. 410	1/5
C10：C16	1/9	1. 201	1. 683	1/9
C11：C12	3	2. 514	0. 962	3
C11：C13	5	2. 895	0. 886	3
C11：C14	1/3	1. 043	1. 393	1/3
C11：C15	1/5	0. 542	1. 356	1/5
C11：C16	1/3	0. 500	1. 449	1/3
C12：C13	1/3	1. 790	1. 220	1/3
C12：C14	1/3	0. 839	2. 061	1/3
C12：C15	1/5	0. 291	0. 710	1/3
C12：C16	1/3	0. 547	1. 340	1/3
C13：C14	1/5	0. 441	1. 616	1/5
C13：C15	1/3	0. 508	1. 418	1/3
C13：C16	1/3	0. 551	1. 326	1/3
C14：C15	5	2. 834	0. 672	3
C14：C16	5	2. 349	0. 828	2
C15：C16	1	2. 362	0. 988	2
C17：C18	3	3. 857	0. 468	4
C17：C19	1/3	0. 881	1. 540	1/3
C17：C20	1/3	1. 403	1. 025	1/3
C17：C21	1/5	1. 022	1. 431	1/5
C18：C19	1/5	1. 647	1. 210	1/5

续表

“两两相比”的因子	众数	平均值	变异系数	取值
C18：C20	1/3	0.894	1.509	1/3
C18：C21	1/3	0.809	1.680	1/3
C19：C20	3	4.143	0.436	4
C19：C21	5	3.032	0.680	3
C20：C21	1/3	2.410	1.211	1/3
C22：C23	3	2.773	0.762	3
C22：C24	1	2.291	1.042	1
C22：C25	1	1.886	1.057	1
C22：C26	1/5	2.078	1.120	1/5
C22：C27	3	2.630	0.822	3
C23：C24	7	3.714	0.769	4
C23：C25	1/3	4.167	0.786	4
C23：C26	3	3.229	0.846	3
C23：C27	3	4.238	0.597	4
C24：C25	3	2.705	0.662	3
C24：C26	1/3	2.015	1.108	1/3
C24：C27	5	3.644	0.658	4
C25：C26	1/5	1.497	1.407	1/5
C25：C27	3	2.305	0.920	2
C26：C27	3	3.952	0.614	4
C28：C29	5	3.648	0.829	4
C28：C30	1/3	3.752	0.844	4
C28：C31	3	1.777	1.306	3
C28：C32	1/5	1.926	1.579	1/5
C29：C30	1/3	3.324	0.815	3
C29：C31	1/3	1.663	1.631	1/3
C29：C32	1/3	1.472	1.837	1/3
C30：C31	1/3	1.811	1.383	1/3

续表

“两两相比”的因子	众数	平均值	变异系数	取值
C30：C32	1/5	1.302	1.799	1/5
C31：C32	3	2.233	1.139	3
C33：C34	1/3	0.690	1.399	1/3
C33：C35	1/3	0.456	1.556	1/3
C33：C36	1/3	1.180	1.454	1/3
C33：C37	1/3	0.456	1.556	1/3
C33：C38	1/3	0.462	1.536	1/3
C34：C35	1	2.990	0.938	3
C34：C36	3	3.095	0.899	3
C34：C37	5	3.905	0.607	4
C34：C38	5	3.124	0.849	3
C35：C36	3	2.543	0.733	3
C35：C37	3	2.667	0.743	3
C35：C38	5	2.924	0.746	3
C36：C37	1	2.222	0.941	2
C36：C38	1	2.784	0.929	3
C37：C38	1/5	1.186	1.000	1
C39：C40	5	2.743	0.915	3
C39：C41	1/7	0.947	1.571	1/7
C40：C41	1/7	0.377	0.883	1/3

5.3.3　计算评价指标权重

使用 Yaahp10.3 软件录入上表最终评分取值，经检验并得出判断矩阵的一致性，结果显示所有判断矩阵的一致性比例 CR 值均小于 0.1，表明数据是合理的。录入数据形成矩阵后软件对每一个判断矩阵进行计算，得到各层指标的组合权重，准则层指标结果由项目层指标计算得出。计算结果见表 5-3、表 5-4、表 5-5。

表 5–3　准则层指标对总目标的权重排序

一级指标	权重
山地旅游吸引物系统	0.4769
山地旅游发展基础	0.2893
山地旅游市场	0.1493
山地旅游管理	0.0844

表 5–4　项目层指标对准则层指标的权重排序

二级指标	权重
旅游资源驱动力 B5	0.2693
旅游产品驱动力 B6	0.2076
市场需求驱动力 B7	0.1493
旅游交通驱动力 B3	0.1322
旅游环境驱动力 B4	0.0723
传媒传播驱动力 B9	0.0535
经济发展驱动力 B1	0.0451
政府政策驱动力 B2	0.0397
旅游管理驱动力 B8	0.0309

表 5–5　因子层指标对项目层指标的权重排序

三级指标	权重
山地旅游资源的独特性 C19	0.1210
外部交通可达性 C6	0.0858
山地旅游资源的功能价值 C21	0.0736
山地休闲度假产品吸引力 C23	0.0648
山地运动康体产品吸引力 C26	0.0645
游客满意度 C32	0.0484
景区旅游总收入 C28	0.0475
景区知名度与影响力 C41	0.0371

续表

三级指标	权重
景区内部交通便利度 C7	0. 0369
政府及企业资金投入 C5	0. 0348
游客旅游消费水平 C31	0. 0305
山地自然旅游资源富集度 C17	0. 0304
山地旅游资源的多样性 C20	0. 0294
山地娱乐体验产品吸引力 C24	0. 0267
山地观光旅游产品吸引力 C22	0. 0267
山地产业基础能力 C2	0. 0238
山地基础设施 C14	0. 0213
山地旅游服务设施 C15	0. 0159
山地文化艺术产品吸引力 C25	0. 0151
旅游经济带动能力 C3	0. 0150
山地人文旅游资源富集度 C18	0. 015
景区接待旅游人数 C29	0. 0145
山地旅游安全救援设施 C16	0. 0138
景区旅游服务质量 C34	0. 0112
山地科研科考产品吸引力 C27	0. 0099
景区内部交通价格水平 C8	0. 0095
景区广告宣传力度 C40	0. 0093
闲暇时间 C30	0. 0084
游客投诉与意见处理效率 C35	0. 0074
新闻媒体关注度 C39	0. 0070
山区经济发展水平 C1	0. 0063
山地景区的适游期 C11	0. 0062
山地景区空气质量 C9	0. 0052
山区旅游发展政策 C4	0. 0050
旅游市场规范程度 C36	0. 0047

续表

三级指标	权重
居民好客度 C13	0.0044
山地景区植被覆盖率 C10	0.0029
景区综合智慧管理 C38	0.0029
在线旅游服务 C37	0.0029
居民参与度 C12	0.0026
山地旅游人才教育和培训 C33	0.0018

5.3.4 权重评价结果分析

（1）准则层权重分析。从表 5-3 可以看出，山地旅游吸引物系统所占权重最高为 0.4769，其次为山地旅游发展基础，权重为 0.2893，山地旅游市场权重为 0.1493，权重占比最小的是山地旅游管理，为 0.0844。其中，山地旅游吸引物系统包括山地旅游资源和山地旅游产品两项指标，说明山地旅游资源和产品在玉龙雪山景区旅游发展中发挥驱动作用最大。山地旅游资源是景区发展的根基，产品是依托旅游资源开发出来的对游客产生直接吸引力的具体项目。山地旅游吸引物系统既是景区发展的核心和根本，也是游客做出旅游目的地决策的主要因素。山地旅游发展基础的权重较高，其包含经济、政策、交通和环境等要素，说明在景区旅游发展过程中基础设施及经济政策环境也发挥着相当重要的作用，山地旅游发展基础是景区旅游开发的重要支持和保障，没有这些基础，即使有再好的资源也难以得到良好的开发和利用。山地旅游市场需求是玉龙雪山景区保持活力和生命力的不竭动力，而山地旅游管理则在宏观和微观上整体对景区旅游开发建设中的方向和问题进行把握，保证景区与时俱进，促进景区可持续健康发展。

（2）项目层指标权重分析。项目层指标指具体某一项驱动力对于推动玉龙雪山景区旅游发展的所占权重比例大小。从表 5-4 可以看出，旅游资源驱动力和旅游产品驱动力所占权重最大且较为接近。分别为 0.2693、0.2076，说明旅游资源是景区开发的核心，产品是直接面向游客的已开发旅游资源，同样处于主导地位。另外是市场需求驱动力，所占权重为 0. 1493，仅次于产品权重，表明游客对于山地景区的市场需求是推动景区发展的重要因素。受限于地形条件，交通往往是山地景区发展的瓶颈，但在景区发展历程中，交通运输承担着连接旅游客源地和目的地的重要功能，因此旅游交通驱动力权重达到 0. 1322。旅游环境直接对游客旅游体验产生影响，因此所占权重也较大。传媒传播在景区当前旅游转型升级发展阶段显得尤为重要，而经济发展、政府政策等驱动力在成熟阶段发挥作用较小，权重较低。其中，旅游管理驱动力所占权重最低，但随着景区发展以及其他同类型景区的崛起，旅游管理所能发挥的作用和影响力将越来越大。

（3）因子层指标权重分析。经济发展驱动力所属指标中（见表 5-6），山地产业基础能力所占比重最高为 0. 5278，其次是旅游经济带动能力和山区经济发展水平，表明玉龙雪山景区的发展与地方产业基础有较高关联，通过提升产业基础能力，为服务业和旅游业提供坚实的物质基础和良好的产业配套环境条件十分重要。此外，旅游对地方经济的带动能力权重也较高，表明当山地旅游业在地方经济发展中所占比重越大，地方政府和旅游相关部门就会重点推动旅游业发展，可能投入更多资金和政策支持。玉龙雪山景区所在玉龙纳西族自治县处于高原山区，地方经济相对落后，景区的发展更多依靠企业投资和外部融资，地方政府对景区的资金投入较为有限，因此山区经济发展水平所占权重较低。

表 5-6　经济发展驱动力下级指标权重系数

经济发展驱动力 B1	W_i
山区经济发展水平 C1	0. 1396
山地产业基础能力 C2	0. 5278
旅游经济带动能力 C3	0. 3325

政府政策驱动力所属指标中（见表 5-7），政府及企业资金投入权重是山区旅游发展政策的 6 倍多，说明在玉龙雪山景区发展过程中资金投入比政策支持要重要得多。这是由于山地景区开发需要大量前期资金投入进行基础设施建设，同时中后期也要注入资金进行后续景区旅游环境改善。

表 5-7　政府政策驱动力下级指标权重系数

政府政策驱动力 B2	W_i
山区旅游发展政策 C4	0.1250
政府及企业资金投入 C5	0.8750

旅游交通驱动力所属指标中（见表 5-8），外部交通可达性所占权重最高（0.6491），其次是景区内部交通便利度（0.2790），景区内部交通价格权重最小。这说明对于山地景区交通来说，外部交通可达性是最重要的因素，这与实际上的大多数山区都存在交通条件较差的问题相符合，同时景区内部交通建设发展同样所占权重不小，应当重视内部交通发展。

表 5-8　旅游交通驱动力下级指标权重系数

旅游交通驱动力 B3	W_i
外部交通可达性 C6	0.6491
景区内部交通便利度 C7	0.2790
景区内部交通价格水平 C8	0.0719

旅游环境驱动力所属指标中（见表 5-9），山地基础设施、山地旅游服务设施以及山地旅游安全救援设施所占权重较高，三个指标占比达到总数的 70%，而其他景区生态环境和社会环境相关指标所占权重较小。表明对玉龙雪山来说，基础设施和旅游服务设施是最重要的，其次是山地旅游安全救援设施等这一系列的硬件环境建设，是景区发展的重要保障，其他指标则是发展辅助因素。

表 5-9　旅游环境驱动力下级指标权重系数

旅游环境驱动力 B4	W_i
山地景区空气质量 C9	0.0715
山地景区植被覆盖率 C10	0.0407
山地景区的适游期 C11	0.0852
居民参与度 C12	0.0355
居民好客度 C13	0.0613

续表

旅游环境驱动力 B4	W_i
山地基础设施 C14	0.2939
山地旅游服务设施 C15	0.2204
山地旅游安全救援设施 C16	0.1914

旅游资源驱动力所属指标中（见表 5–10），山地旅游资源的独特性所占权重最大（0.4492），接近一半，其次是山地旅游资源的功能价值，所占权重为 0.2733，山地旅游资源的富集度和多样性所占权重较小。说明玉龙雪山景区拥有的独特冰川旅游资源是景区的核心资源吸引物，其他旅游资源的功能价值也对景区发展产生了重要推动作用。需要注意的是，山地自然旅游资源富集度所占权重约为山地人文旅游资源的 2 倍，表明景区自然类旅游资源比人文类资源发挥了更大驱动作用。

表 5–10　旅游资源驱动力下级指标权重系数

旅游资源驱动力 B5	W_i
山地自然旅游资源富集度 C17	0.1128
山地人文旅游资源富集度 C18	0.0555
山地旅游资源的独特性 C19	0.4492
山地旅游资源的多样性 C20	0.1092
山地旅游资源的功能价值 C21	0.2733

旅游产品驱动力所属指标中（见表 5–11），首先山地休闲度假产品吸引力所占权重最高，其次是山地运动康体产品，这两个指标所占权重都在 0.3 以上，表明山地休闲度假和运动康体产品是玉龙雪山的重要产品支撑，应当大力支持其发展。山地观光旅游产品和山地娱乐体验产品吸引力权重均在 0.128 以上，观光、娱乐和文化艺术类产品是玉龙雪山利用自身资源优势打造的独特山地景区产品，是构成景区多元化产品系列的重要组成部分。

表 5–11　旅游产品驱动力下级指标权重系数

旅游产品驱动力 B6	W_i
山地观光旅游产品吸引力 C22	0.1284
山地休闲度假产品吸引力 C23	0.3120

续表

旅游产品驱动力 B6	W_i
山地娱乐体验产品吸引力 C24	0.1285
山地文化艺术产品吸引力 C25	0.0727
山地运动康体产品吸引力 C26	0.3107
山地科研科考产品吸引力 C27	0.0477

市场需求驱动力所属指标中（见表 5-12），景区旅游总收入和游客满意度所占比重较高，都在 0.3 以上，表明景区发展离不开持续的资金投入，因此景区旅游收入权重较高；同时游客满意度是游客在景区旅游体验的直接显性指标，在整体中所占权重最高，对景区可持续发展起着重要作用。游客旅游消费水平所占权重为 0.2042，景区接待旅游人数和闲暇时间所占权重较小，说明游客在景区的消费水平也会在较大程度上影响景区发展，旅游人数和游客闲暇时间相对于市场需求驱动力上级指标来说，对玉龙雪山的旅游发展驱动作用较小。

表 5-12　市场需求驱动力下级指标权重系数

市场需求驱动力 B7	W_i
景区旅游总收入 C28	0.3183
景区接待旅游人数 C29	0.0973
闲暇时间 C30	0.0562
游客旅游消费水平 C31	0.2042
游客满意度 C32	0.3241

旅游管理驱动力所属指标中（见表 5-13），景区旅游服务质量所占权重最高，其次为游客投诉与意见处理效率、旅游市场规范程度、景区综合智慧管理、在线旅游服务、山地旅游人才教育和培训。前两个指标均与景区旅游服务质量及旅游市场秩序相关，表明玉龙雪山景区的发展离不开高质量的旅游服务和优良的旅游市场环境，这两个指标同样与游客旅行体验有着直接影响关系，提供高质量的旅游服务是景区可持续发展的生命力，也是景区管理最需要重视的部分。当然，如今我们已身处信息时代，景区的数字化、智慧化建设管理正在起着越来越大的作用，而专业的山地旅游人才是保证景区管理和服务的必不可少的条件，因此也将在未来为景区发展提供持续推动力。

表 5-13　旅游管理驱动力下级指标权重系数

旅游管理驱动力 B8	W_i
山地旅游人才教育和培训 C33	0.0572
景区旅游服务质量 C34	0.3640
游客投诉与意见处理效率 C35	0.2388
旅游市场规范程度 C36	0.1529
在线旅游服务 C37	0.0932
景区综合智慧管理 C38	0.0940

传媒传播驱动力指标中（见表 5-14），景区知名度与影响力所占权重最高（0.6941），其次是景区广告宣传力度（0.1744）、新闻媒体关注度（0.1315）。这说明随着玉龙雪山多来的建设、发展，加上同类型山地景区的日益崛起，在山地旅游市场竞争中，景区知名度和影响力对景区发展驱动作用最大。其次，为保持对客源市场显在和潜在游客的持续吸引力，景区需要加大对外的广告宣传力度并注意提高新闻媒体的关注度，这在如今的新媒体、自媒体传播时代显得尤为重要。

表 5-14　传媒传播驱动力下级指标权重系数

传媒传播驱动力 B9	W_i
新闻媒体关注度 C39	0.1315
景区广告宣传力度 C40	0.1744
景区知名度与影响力 C41	0.6941

5.4　旅游发展驱动力综合评价模型的建立

经过计算，得出评价指标体系的各级指标权重结果，以此可建立玉龙雪山景区旅游发展驱动力评价体系，该评价体系用于评价景区旅游发展驱动力系统的各部分作用强度，为景区转型升级和可持续发展提供具有一定数据支撑的优化方向、建议对策。完整的评价指标体系及各项指标组合权重见表 5-15。

表 5–15　玉龙雪山景区旅游发展驱动力评价指标体系及各项指标权重

<table>
<tr><th>目标层</th><th>准则层</th><th>一级指标</th><th>权重</th><th>二级指标</th><th>权重</th></tr>
<tr><td rowspan="27">玉龙雪山景区旅游发展驱动力评价 A</td><td rowspan="16">山地旅游发展基础 B1</td><td rowspan="3">经济发展驱动力 C1</td><td rowspan="3">0. 0451</td><td>山区经济发展水平 D1</td><td>0. 0063</td></tr>
<tr><td>山地产业基础能力 D2</td><td>0. 0238</td></tr>
<tr><td>旅游经济带动能力 D3</td><td>0. 015</td></tr>
<tr><td rowspan="2">政府政策驱动力 C2</td><td rowspan="2">0. 0397</td><td>山区旅游发展政策 D4</td><td>0. 0050</td></tr>
<tr><td>政府及企业资金投入 D5</td><td>0. 0348</td></tr>
<tr><td rowspan="3">旅游交通驱动力 C3</td><td rowspan="3">0. 1322</td><td>外部交通可达性 D6</td><td>0. 0858</td></tr>
<tr><td>景区内部交通便利度 D7</td><td>0. 0369</td></tr>
<tr><td>景区内交通价格水平 D8</td><td>0. 0095</td></tr>
<tr><td rowspan="8">旅游环境驱动力 C4</td><td rowspan="8">0. 0723</td><td>山地景区空气质量 D9</td><td>0. 0052</td></tr>
<tr><td>山地景区植被覆盖率 D10</td><td>0. 0029</td></tr>
<tr><td>山地景区的适游期 D11</td><td>0. 0062</td></tr>
<tr><td>居民参与度 D12</td><td>0. 0026</td></tr>
<tr><td>居民好客度 D13</td><td>0. 0044</td></tr>
<tr><td>山地基础设施 D14</td><td>0. 0213</td></tr>
<tr><td>山地旅游服务设施 D15</td><td>0. 0159</td></tr>
<tr><td>山地旅游安全救援设施 D16</td><td>0. 0138</td></tr>
<tr><td rowspan="11">山地旅游吸引物系统 B2</td><td rowspan="5">旅游资源驱动力 C5</td><td rowspan="5">0. 2693</td><td>山地自然旅游资源富集度 D17</td><td>0. 0304</td></tr>
<tr><td>山地人文旅游资源富集度 D18</td><td>0. 0150</td></tr>
<tr><td>山地旅游资源的独特性 D19</td><td>0. 1210</td></tr>
<tr><td>山地旅游资源的多样性 D20</td><td>0. 0294</td></tr>
<tr><td>山地旅游资源的功能价值 D21</td><td>0. 0736</td></tr>
<tr><td rowspan="6">旅游产品驱动力 C6</td><td rowspan="6">0. 2076</td><td>山地观光旅游产品吸引力 D22</td><td>0. 0267</td></tr>
<tr><td>山地休闲度假产品吸引力 D23</td><td>0. 0648</td></tr>
<tr><td>山地娱乐体验产品吸引力 D24</td><td>0. 0267</td></tr>
<tr><td>山地文化艺术产品吸引力 D25</td><td>0. 0151</td></tr>
<tr><td>山地运动康体产品吸引力 D26</td><td>0. 0645</td></tr>
<tr><td>山地科研科考产品吸引力 D27</td><td>0. 0099</td></tr>
</table>

续表

目标层	准则层	一级指标	权重	二级指标	权重
玉龙雪山景区旅游发展驱动力评价A	山地旅游市场 B3	市场需求驱动力 C7	0.1493	景区旅游总收入 D28	0.0475
				景区接待旅游人数 D29	0.0145
				闲暇时间 D30	0.0084
				游客旅游消费水平 D31	0.0305
				游客满意度 D32	0.0484
	山地旅游管理 B4	旅游管理驱动力 C8	0.0309	山地旅游人才教育和培训 D33	0.0018
				景区旅游服务质量 D34	0.0112
				游客投诉与意见处理效率 D35	0.0074
				旅游市场规范程度 D36	0.0047
				在线旅游服务 D37	0.0029
				景区综合智慧管理 D38	0.0029
		传媒传播驱动力 C9	0.0535	新闻媒体关注度 D39	0.0070
				景区广告宣传力度 D40	0.0093
				景区知名度与影响力 D41	0.0371

指标体系权重确定之后，对其中每一项评价因子层指标选择适宜的方法进行评分，将各项指标评分值乘以对应组合权重并汇总求和，计算最终得分。玉龙雪山景区旅游发展驱动力综合评价模型可用如下公式表示：

$$S = \sum_{i=1}^{n} D_i W_i \tag{5-1}$$

式中，S 为评价指标体系综合得分，D_i 为各项因子层指标得分均值，W_i 为因子层指标对应权重。

采取 5 分制评价各项因子层指标进行评分，同时对评价结果划分等级，玉龙雪山景区旅游发展驱动力评价综合得分在 4~5 分为一级，表示综合驱动力处于优质协调，驱动作用大；得分在 3~4 分为二级，表示综合驱动力处于中度协调，驱动作用较大；得分在 1~3 分为三级，表示综合驱动力不协调，驱动作用较小。

5.5 评价方法与指标赋分标准

5.5.1 指标评价方法

在选择玉龙雪山景区旅游发展驱动力评价体系指标评价方法时应结合各项具体指标的属性和类型，本书选择问卷评价和资料数据分级评分方法。问卷分为游客问卷、专家问卷以及景区管理人员问卷，对回收问卷的评分结果取其算数平均值作为该项得分值。资料数据评价通过景区管委会、景区官方网站、统计年鉴、统计公报等渠道获取数据。考虑到实际操作性和指标数据的可获取性，本书指标量化评价方法如表5-16所示。

表5-16 因子层指标具体评价方法

评价指标	评价方法
山区经济发展水平D1	资料数据评价
山地产业基础能力D2	资料数据评价
旅游经济带动能力D3	资料数据评价
山区旅游发展政策D4	资料数据/景区管理人员问卷
政府及企业资金投入D5	资料数据评价
外部交通可达性D6	游客问卷打分
景区内部交通便利度D7	游客问卷打分
景区内交通价格水平D8	游客问卷打分
山地景区空气质量D9	资料数据评价
山地景区植被覆盖率D10	资料数据评价
山地景区的适游期D11	资料数据评价
居民参与度D12	居民问卷
居民好客度D13	游客问卷打分
山地基础设施D14	景区管理人员问卷
山地旅游服务设施D15	景区管理人员问卷
山地旅游安全救援设施D16	景区管理人员问卷

续表

评价指标	评价方法
山地自然旅游资源富集度 D17	专家打分法
山地人文旅游资源富集度 D18	专家打分法
山地旅游资源的独特性 D19	专家打分法
山地旅游资源的多样性 D20	专家打分法
山地旅游资源的功能价值 D21	专家打分法
山地观光旅游产品吸引力 D22	专家打分法
山地休闲度假产品吸引力 D23	专家打分法
山地娱乐体验产品吸引力 D24	专家打分法
山地文化艺术产品吸引力 D25	专家打分法
山地运动康体产品吸引力 D26	专家打分法
山地科研科考产品吸引力 D27	专家打分法
景区旅游总收入 D28	资料数据评价
景区接待旅游人数 D29	资料数据评价
闲暇时间 D30	游客问卷打分
游客旅游消费水平 D31	游客问卷打分
游客满意度 D32	游客问卷打分
山地旅游人才教育和培训 D33	资料数据/景区管理人员访谈
景区旅游服务质量 D34	游客问卷打分
游客投诉与意见处理效率 D35	资料数据评价
旅游市场规范程度 D36	游客问卷打分
在线旅游服务 D37	资料数据评价
景区综合智慧管理 D38	景区管理人员问卷
新闻媒体关注度 D39	资料数据评价
景区广告宣传力度 D40	景区管理人员问卷
景区知名度与影响力 D41	游客问卷打分

5.5.2　指标赋分标准

玉龙雪山景区旅游发展驱动力评价指标赋分标准和已发放的调查问卷参考了《旅游资源分类、调查与评价》（GB/T 18972—2017）以及相关研究文献中的指标评分等级标准，一般分为五个等级，每项指标最高得5分，最低得1分。由于问卷中指标已进行相应评价赋分，表5–17主要给出通过资料数据评价方法进行评价的指标赋分标准。

表5–17 玉龙雪山景区旅游发展驱动力评价数据指标赋分标准

评价指标	量化标准				
	驱动作用非常大（5分）	驱动作用比较大（4分）	驱动作用一般（3分）	驱动作用比较小（2分）	驱动作用小（1分）
山区经济发展水平	经济发展水平高，完全能支撑山地旅游发展	经济发展水平较高，能较高支撑山地旅游发展	经济发展水平中等，基本能支撑山地旅游发展	经济发展水平较低，对山地旅游发展支撑有限	经济发展水平低，不能支撑山地旅游发展
山地产业基础能力	非常强	较强	一般	较弱	弱
旅游经济带动能力	旅游收入占本县经济比重≥15%	10%≤旅游收入占本县经济比重<15%	5%≤旅游收入占本县经济比重<10%	3%≤旅游收入占本县经济比重<5%	旅游收入占本县经济比重<3%
政府及企业资金投入	非常高	较高	一般	较低	低
山地景区空气质量	一级	二级	三级	四级	五级
山地景区植被覆盖率	植被覆盖率≥90%	植被覆盖率70%~90%（含70%）	植被覆盖率50%~70%（含50%）	植被覆盖率30%~50%（含30%）	植被覆盖率<30%
山地景区的适游期	≥300天/年	250~300天/年（含250天）	150~250天/年（含150天）	100~150天/年（含100天）	<100天/年
景区旅游总收入	年收入≥10亿元	7亿元<年收入<10亿元（含7亿元）	4亿元<年收入<7亿元（含4亿元）	1亿元<年收入<4亿元（含1亿元）	年收入<1亿元

续表

评价指标	量化标准				
	驱动作用非常大（5 分）	驱动作用比较大（4 分）	驱动作用一般（3 分）	驱动作用比较小（2 分）	驱动作用小（1 分）
景区接待旅游人数	年接待量在 50 万人次以上（含）	年接待量在 30 万人次以上（含）	年接待量在 20 万人次以上（含）	年接待量在 10 万人次以上（含）	年接待量在 3 万人次以上（含）
游客投诉与意见处理效率	非常高	较高	一般	较低	低
在线旅游服务	在线旅游服务非常便利	在线旅游服务比较便利	在线旅游服务一般便利	在线旅游服务不太便利	在线旅游服务不便利
新闻媒体关注度	非常高	较高	一般	较低	低

资料来源：引自吴小同．云南省玉龙雪山旅游区山地旅游产品开发适宜性评价研究［D］．昆明：云南财经大学，有修改。

5.6　问卷调查与数据评价分析

基于上文提出的评价模型，采取定量与定性结合的方式，主要以问卷法和资料数据评价法对各项指标进行评价。通过前往玉龙雪山景区开展实地调查并结合互联网对相关资料数据进行收集，同时，通过对游客、景区管理人员、政府旅游部门人员、旅游专家进行访谈并发放问卷，结合线上与线下的方式发放和回收问卷，深入了解景区旅游发展历史和现状。将回收数据分类整理后，运用评价模型计算最终评价得分。

5.6.1　游客调查问卷统计分析

笔者于 2020 年 10 月 15 日至 22 日前往玉龙雪山景区进行为期一周的实地调查并发放问卷，通过线下和线上同步发放的方式，累计发放游客问卷 472 份，其中，有效问卷 458 份，有效回收率为 97% 。

（1）问卷信度分析。使用 SPSS 23.0 软件对问卷进行信度分析，结果如表 5-18 所示。

表 5-18　游客问卷可靠性统计量

项数	样本量	Cronbach α 系数
18	458	0.801

结果显示，信度系数值为0.801，大于0.8，表明回收的量表信度良好，可作为下一步分析基础。

（2）游客基本信息统计。对游客年龄、性别、学历、职业、收入等基本信息整理统计后，可以看出：年龄上，18~25 岁和 26~44 岁的中青年游客占绝大部分（见图 5-2）；出游人数中女性比男性多（见图 5-3），出游意愿更强；职业上，学生占比最大，其次是私营企业员工，自由职业者，公务员、事业单位员工和国有企业员工（见图 5-4），并且与学历和月收入具有一定相关性，本科或大专游客占大多数（见图 5-5），游客学历层次整体较高；月收入方面以中低收入为主，3000 元及以下的游客占 41.48% ，3001~5000 元占 24.67% （见图 5-6）；游客来源方面，国内市场以云南和四川游客为主，此外，国内中远途游客多来自广东、河南、贵州、山东、湖北、江苏等地（见图 5-7），总体上客源地域结构较为丰富，市场辐射范围广。

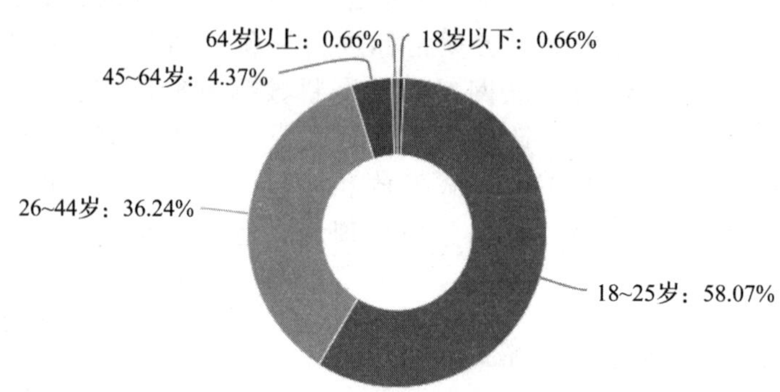

图 5-2　游客年龄调查统计

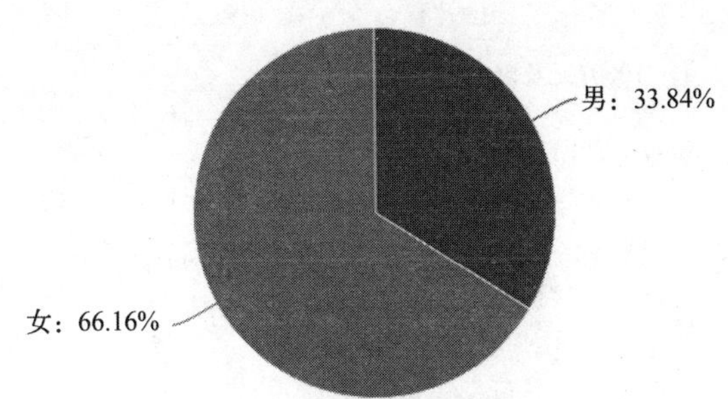

图 5–3　游客性别调查统计

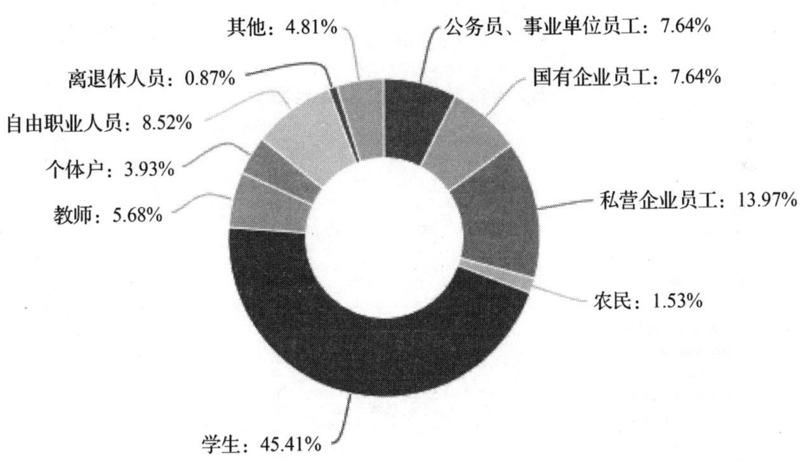

图 5–4　游客职业调查统计

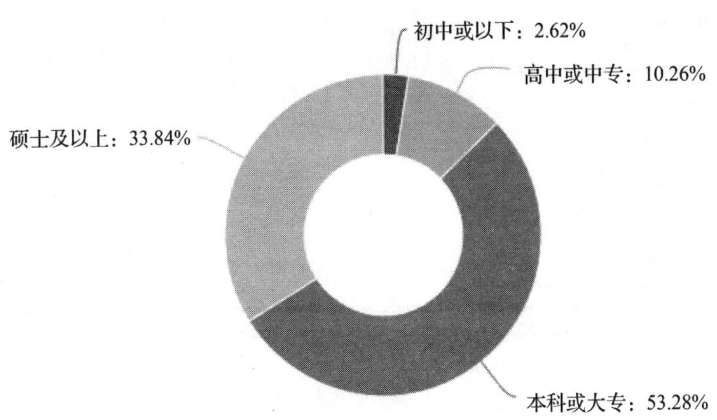

图 5–5　游客学历调查统计

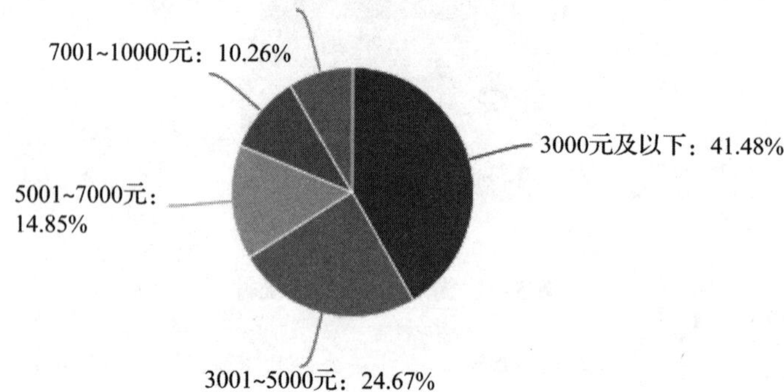

图 5-6 游客月收入调查统计

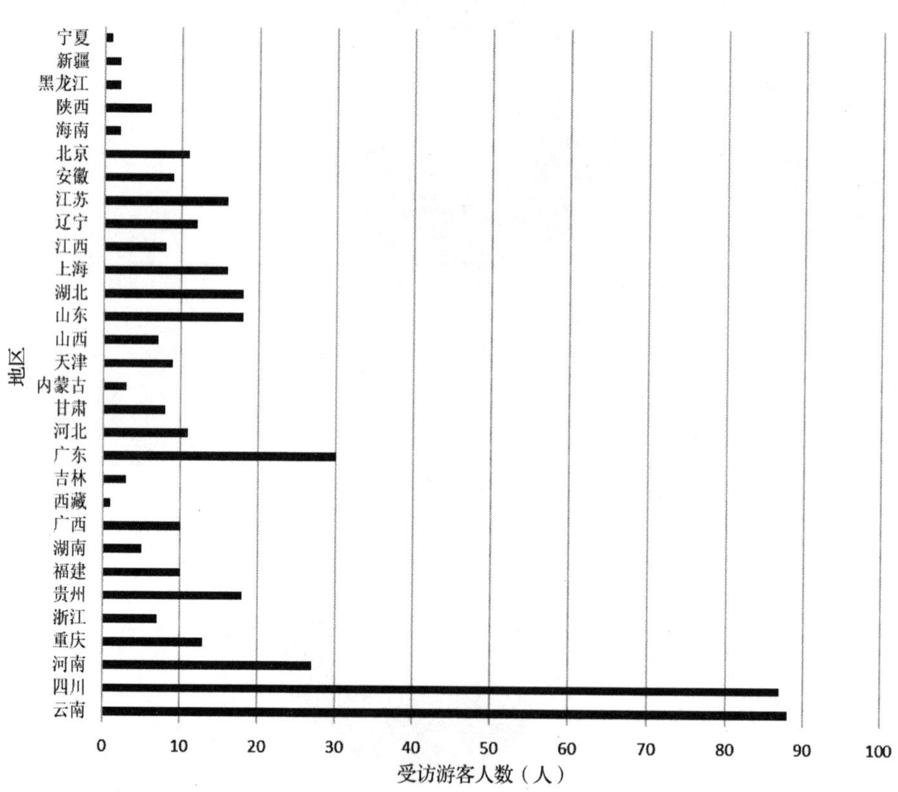

图 5-7 游客客源地分布情况

（3）游客评分结果统计。对游客问卷涉及的具体指标评分结果经整理计算后，结果如表 5-19 所示。

表 5-19　游客问卷评分结果

因子层指标	评分均值
外部交通可达性 D6	3.95
景区内部交通便利度 D7	3.95
景区内交通价格水平 D8	3.48
居民好客度 D13	3.89
闲暇时间 D30	3.53
游客旅游消费水平 D31	3.63
游客满意度 D32	3.84
景区旅游服务质量 D34	3.76
旅游市场规范程度 D36	3.83
景区知名度与影响力 D41	4.12
山地基础设施 D14	4.57

5.6.2　景区管理人员问卷统计分析

玉龙雪山景区旅游发展驱动力评价——旅游管理人员调查问卷与前文所分析的玉龙雪山景区旅游发展驱动力变化调查问卷同时发放，主要以线下走访发放为主，一共发放景区管理人员问卷 14 份，回收有效调查问卷 14 份，有效回收率为 100% 。使用 SPSS 23.0 软件对问卷做信度分析，信度系数值为 0.857，大于 0.8，表明该问卷数据信度较高，可做进一步分析。同样，对景区管理人员调查问卷评分结果进行整理计算后，结果如表 5-20 所示。

表 5-20　景区管理人员问卷评分结果

因子层指标	评分均值
山区旅游发展政策 D4	4.07
居民参与度 D12	4.14

续表

因子层指标	评分均值
山地旅游服务设施 D15	4.43
山地旅游安全救援设施 D16	4.14
景区综合智慧管理 D38	3.29
景区广告宣传力度 D40	3.36

5.6.3 专家问卷统计分析

玉龙雪山景区旅游发展驱动力评价指标体系中，关于山地旅游资源独特性、多样性、山地资源功能价值以及山地旅游产品吸引力等指标具有较强的专业性，因此本书采取专家问卷调查方式获取对这些指标的评价数据。邀请山地旅游研究领域以及对玉龙雪山相对比较了解的专家填写问卷，总共发放 15 份专家问卷，回收 14 份，有效回收率为 93% 。专家问卷评分结果如表 5-21 所示。

表 5-21 专家问卷评分结果

因子层指标	评分均值
山地自然旅游资源富集度 D17	4.43
山地人文旅游资源富集度 D18	3.64
山地旅游资源的独特性 D19	4.21
山地旅游资源的多样性 D20	3.71
山地旅游资源的功能价值 D21	4.43
山地观光旅游产品吸引力 D22	4.43
山地休闲度假产品吸引力 D23	3.57
山地娱乐体验产品吸引力 D24	3.71
山地文化艺术产品吸引力 D25	4.00
山地运动康体产品吸引力 D26	3.14
山地科研科考产品吸引力 D27	4.21

5.6.4　资料数据评价

表5-16中，有14项指标需要用到资料数据评价方法，通过对照指标赋分标准（见表5-17），根据指标数据或资料具体情况对其进行评分。数据资料主要来源于玉龙雪山景区管委会、丽江玉龙股份旅游有限公司官方网站、丽江市统计年鉴、玉龙县统计公报及其他相关研究成果。

从山区经济发展水平这一指标来看，丽江市经济总量在云南省比较靠后，而玉龙雪山所在的玉龙纳西族自治县绝大部分位于山区，地形崎岖，海拔较高，属于较为贫困的地区，经济发展水平较低，对山地旅游发展支撑作用有限。结合标准，得评分值2分。

山地产业基础能力指标主要衡量地方产业对旅游发展的支持作用，玉龙县高原特色农业和林地立体农业经济发展较好，工业上以生物资源和农特产品加工以及水电开发为主，服务业和旅游业发展较好。总体来看，玉龙县产业基础能力对山地旅游业的支持作用处于中等水平，得评分值3分。

旅游经济带动能力方面，旅游业是玉龙县的支柱产业，2019年玉龙雪山景区旅游综合收入在玉龙县经济总量中占比超过了15%，得评分值5分。

政府及企业资金投入指标，由于该数据具有涉密性质，难以获取具体数据，故通过访谈形式获取大致总体数据。政府资金投入主要在景区开发前中期的基础设施建设，景区开发和投融资主要由玉龙股份公司完成，旅游开发近30年来累计投入资金超过20亿元。对照赋分标准，得评分值5分。

山地景区空气质量指标，玉龙雪山景区空气质量指标参考丽江市整体空气质量，经查询丽江市近年来空气质量数据，丽江空气质量基本处于一级水平，因此该项指标的评分值5分。

山地景区植被覆盖率指标，该指标参考宋巍的《基于开发适宜性评价的国家地质公园旅游空间布局研究》（2017），玉龙雪山景区植被覆盖率取51.37%，对照赋分标准得评分值3.07分。

山地景区的适游期指标，结合实地调研和对景区管理人员的访谈，玉龙雪山景区既有冰川、森林、高山草甸资源以及白水河等水域景观，同时也有《印象·丽江》、冰川博物馆等人文类资源，四季皆适宜游览，全年适宜游览时间超过300天，得评分值5分。

景区旅游总收入指标，2017—2019 年玉龙雪山景区旅游综合收入年均在 10 亿元以上，门票收入年均 4.12 亿元，2019 年受门票价格下调影响，门票收入为 3.75 亿元。对照赋分标准，得评分值 5 分。

景区接待旅游人数指标，2019 年玉龙雪山景区全年接待游客量为 502 万人次，是云南省接待游客量最大景区，对照赋分标准得评分值 5 分。

山地旅游人才教育和培训指标，结合对景区管理人员的访谈与丽江玉龙旅游官方网站部分数据，玉龙雪山景区 2019 年开展相关旅游培训学习和安全应急演练二十余次，得评分值 3 分。

游客投诉与意见处理效率指标，景区 2019 年全年处理游客投诉 50 余次，同时，游客可以通过微信小程序、“游云南” App 等在线方式快速反馈问题和提交投诉意见。景区游客意见反馈效率较高，得评分值 4 分。

在线旅游服务指标，玉龙雪山早在 2006 年做景区总体规划时就已规划并启动“数字玉龙”信息化服务系统建设。近几年来随着智慧旅游发展大潮，加快推进智慧景区建设，同时与杭州海康威视数字技术股份有限公司合作，设立“智慧旅游研究院”，致力将玉龙雪山打造成全省乃至全国智慧旅游景区典范。目前，通过景区官网、微信公众号、微博、抖音以及游云南 App 等平台，游客可以较为便捷地获取景区门票、预约、景区导览、交通信息、景区承载量预警等信息和服务，在线旅游服务功能较为完善。对照赋分标准，得评分值 4 分。

新闻媒体关注度指标，通过百度指数“媒体指数”近半年数据显示，玉龙雪山景区日均值在 1.1 左右，对比其他同类型雪山景区，玉龙雪山在中国西部地区媒体指数排名第一，在全国处于前列。对照赋分标准，得评分值 4 分。

对上述评价指标进行整理、汇总后结果如表 5-22 所示。

表 5-22　资料数据评价结果统计

因子层指标	评分均值
山区经济发展水平 D1	2
山地产业基础能力 D2	3
旅游经济带动能力 D3	5

续表

因子层指标	评分均值
政府及企业资金投入 D5	5
山地景区空气质量 D9	5
山地景区植被覆盖率 D10	3.07
山地景区的适游期 D11	5
景区旅游总收入 D28	5
景区接待旅游人数 D29	5
山地旅游人才教育和培训 D33	3
游客投诉与意见处理效率 D35	4
在线旅游服务 D37	4
新闻媒体关注度 D39	4

5.7　评价结果与分析

5.7.1　计算最终评分结果

运用玉龙雪山景区旅游发展驱动力评价模型，将各项指标评分值与其对应权重代入公式计算，整理后得到各指标最终得分（见表 5-23）。

表 5-23　玉龙雪山景区旅游发展驱动力评价结果

目标层	准则层	得分	一级指标	得分	二级指标	得分
玉龙雪山景区旅游发展驱动力评价 A	山地旅游发展基础 B1	1.1898	经济发展驱动力 C1	0.1590	山区经济发展水平 D1	0.0126
					山地产业基础能力 D2	0.0714
					旅游经济带动能力 D3	0.0750
			政府政策驱动力 C2	0.1944	山区旅游发展政策 D4	0.0204
					政府及企业资金投入 D5	0.1740
			旅游交通驱动力 C3	0.5177	外部交通可达性 D6	0.3389
					景区内部交通便利度 D7	0.1458
					景区内交通价格水平 D8	0.0331

续表

目标层	准则层	得分	一级指标	得分	二级指标	得分
玉龙雪山景区旅游发展驱动力评价A	山地旅游发展基础B1	1.1898	旅游环境驱动力C4	0.3187	山地景区空气质量D9	0.0260
					山地景区植被覆盖率D10	0.0089
					山地景区的适游期D11	0.0310
					居民参与度D12	0.0108
					居民好客度D13	0.0171
					山地基础设施D14	0.0973
					山地旅游服务设施D15	0.0704
					山地旅游安全救援设施D16	0.0571
	山地旅游吸引物系统B2	1.8871	旅游资源驱动力C5	1.1338	山地自然旅游资源富集度D17	0.1347
					山地人文旅游资源富集度D18	0.0546
					山地旅游资源的独特性D19	0.5094
					山地旅游资源的多样性D20	0.1091
					山地旅游资源的功能价值D21	0.3260
			旅游产品驱动力C6	0.7533	山地观光旅游产品吸引力D22	0.1183
					山地休闲度假产品吸引力D23	0.2313
					山地娱乐体验产品吸引力D24	0.0991
					山地文化艺术产品吸引力D25	0.0604
					山地运动康体产品吸引力D26	0.2025
					山地科研科考产品吸引力D27	0.0417
	山地旅游市场B3	0.6362	市场需求驱动力C7	0.6362	景区旅游总收入D28	0.2375
					景区接待旅游人数D29	0.0725
					闲暇时间D30	0.0297
					游客旅游消费水平D31	0.1107
					游客满意度D32	0.1859

续表

目标层	准则层	得分	一级指标	得分	二级指标	得分
玉龙雪山景区旅游发展驱动力评价A	山地旅游管理B4	0.3284	旅游管理驱动力C8	0.1163	山地旅游人才教育和培训D33	0.0054
					景区旅游服务质量D34	0.0421
					游客投诉与意见处理效率D35	0.0296
					旅游市场规范程度D36	0.0180
					在线旅游服务D37	0.0116
					景区综合智慧管理D38	0.0095
			传媒传播驱动力C9	0.2121	新闻媒体关注度D39	0.0280
					景区广告宣传力度D40	0.0312
					景区知名度与影响力D41	0.1529

经计算最终目标层得分为 $S=4.0414$，属于第一等级，综合驱动力处于优质协调，驱动作用大，但从项目具体得分和总体评价结果来看，玉龙雪山景区旅游发展驱动力应处于良好协调与优质协调之间，驱动力作用的发挥还有提升空间。

5.7.2　结果分析

（1）山地旅游吸引物系统得分最高，其次为山地旅游发展基础、山地旅游市场、山地旅游管理，这与前文的权重分析结果基本一致。表明山地旅游资源和产品依然是玉龙雪山景区现阶段旅游发展的核心，要继续加大对资源的开发保护力度和提高产品创新能力。旅游环境和设施等发展基础在驱动力体系中占据着重要地位，是景区发展的重要保障，是提高游客体验、促进景区可持续发展的基石，需不断提升景区发展基础保障能力。同时，应主动刺激市场需求，完善景区旅游管理系统。

（2）在旅游资源驱动力中，自然旅游资源富集度得分是人文旅游资源富集度的2倍多，表明玉龙雪山是以自然资源优势为主，人文资源有待进一步开发和利用。山地旅游资源的功能价值得分对旅游资源驱动力贡献最大，表明玉龙雪山景区旅游资源具有较高的观赏、科研、历史文化等功能价值，得到了外界的广泛认可。旅游产品驱动力中，山地休闲度假产品和山地运动康体产品得分远高于其他产品类型，山地观光旅游和山地娱乐体验产品得分相对较低，这与景区目前从观光旅游转型升级到休闲度假旅游的发展趋势一致。山地文化艺术产品吸引力得分较低，说明景区对当地文化的开发利用还不够，需深入挖掘玉龙雪山的纳西文化和东巴文化等并将其转化为符合市场需求的旅游产品。

（3）旅游交通驱动力得分占发展基础得分接近一半，表明玉龙雪山景区的整体交通条件较好。其中，外部交通可进入性得分最高，景区内部交通便利度得分较低，说明从外地到达景区的交通建设比较完善，而景区内部各个景点和服务设施之间的连接度和通行效率还有待提高。丽江市的大部分食宿娱乐设施主要集中在古城及丽江市区等地，玉龙雪山景区内部的餐饮住宿、娱乐购物等旅游服务设施相对较少，但基本的水电通信和旅游厕所等基础设施配备齐全，因此山地基础设施得分高于山地旅游服务设施。旅游业作为玉龙县的支柱产业，政府一直以来都对玉龙雪山旅游发展极为关心和支持，政府通过完善基础设施建设、优化旅游投资政策环境，支持企业参与旅游经营并对其行使监管职能，因此企业资金投入和政府政策支持力度比较大。

（4）市场需求驱动力中，景区旅游总收入、游客旅游消费水平得分较高，说明景区旅游经济效益较好，而山地景区由于环境特殊，旅游发展需要持续性的、较大的资金投入，游客消费和景区收入是玉龙雪山景区优化旅游环境和促进地方经济发展的重要资金来源。游客满意度评分较高表明游客对玉龙雪山整体的满意度和认可度高，旅游体验感较好，这一点从游客重游意愿（见图5-8）也可以看出，有超过七成的游客表示如有机会愿意再次到玉龙雪山旅游。

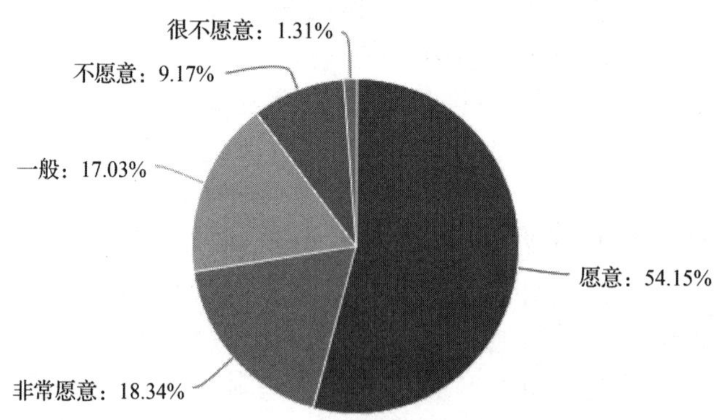

图5-8 游客重游意愿统计

（5）旅游管理驱动力方面，山地旅游人才教育和培训得分最低，说明玉龙雪山在这方面有较大欠缺，高素质的山地旅游人才是保证景区服务质量和促进景区管理体系更为健全的关键性因素，需要进一步加大对人才的引进力度和加大对景区旅游服务人员的培训力度。此外，景区综合智慧管理得分也较低，体现出当前景区的智慧旅游系统建设还有较大提升空间，应当继续加强与数字科技企业的合作，争取政府政策支持，加快建设和完善景区智能化指挥中心和数字信息化管理平台。

第6章 玉龙雪山景区旅游投资与景区发展分析

6.1 山地景区投资驱动因素分析

旅游业是个敏感性行业，容易受到国内外政治环境、自然、人为等不可预测的突发事件等特殊的、非寻常因素的影响。这些不确定性因素都直接或间接地影响着山地景区项目的价值。旅游需求、投资成本、旅游资源价值评价、突发事件和各利益主体的利益诉求等都是山地景区投资中的重要驱动因素。

6.1.1 外部驱动因素

6.1.1.1 宏观政策

国家为了国民经济的快速成长和景区的长久发展出台一系列的宏观的经济政策和景区相关政策，如旅游资源开发相关政策、生态环境保护相关政策以及税收相关政策，国家还会使用紧凑的货币政策以及加大存款准备金率等宏观调控手段来控制过热的投资。然而这些宏观的经济政策和景区相关政策不只影响景区的成长发展，而且也会对其投资的吸引力有着明显的影响。

在我国，基本大法《宪法》及其相关法律条款规定，国家的自然资源如矿藏、森林、山岭等以及人文景观、名胜古迹等旅游资源除了所属集体所有以外，其所有权均为国家所有，国家是旅游资源的主体。目前在我国，实行所有权和经营权分离的方式进行发展和管理，对旅游资源、景区投资主要以取得经营权为主的方式进行运营，在我国相关法律条款规定下，这种运营方式一定程度上也促进了旅游景区的理性合理投资和健康快速发展。

随着我国经济的快速发展，国家逐步放宽了对旅游景区的投资准入条件政策，并且不断制定和出台一系列有利于投资旅游景区、促进其发展的有力措施和相关政策。2005 年出台了《国务院关于鼓励支持和引导个体私营等非公有制经济发展的若干意见》，为一些非公有制的个体私营资本放宽了包括旅游景区在内的法律未规定禁止进入的行业以及领域的门槛限制，并且给予这些非公有制的个体私营资本与其他公有制企业一样的优惠政策，在投资审批、融资政策、税收优惠等众多优惠政策吸引下，社会私有资本得到了快速发展，为旅游景区的投资提供了政策保障。2009 年国务院出台了《关于加快发展旅游业的意见》，提出将旅游业培育成战略性支柱产业和群众更满意的现代服务业。随着旅游业地位和经济收益的不断提升，旅游业投资领域更加火热，吸引大量资本加入。2012 年出台的《关于鼓励和引导民间资本投资旅游业的实施意见》以及 2015 年发布的《关于进一步促进旅游投资和消费的若干意见》都加大优惠力度鼓励民间资本投资旅游业，进一步通过政策引导，明确了旅游业的投资完全向民间资本放开的导向，尤其是对旅游景区的经营和管理投资给予更大的政策以及税收优惠。在极大优惠政策和日益丰厚利润的吸引下，对于投资旅游景区建设和发展，社会民间资本表现出了极大的热情和动力。

随着国家放宽非公有制的个体私营资本的限制门槛，各地地方政府也积极跟随中央步伐，制定出台了各地更本土化、更加适宜的相关政策，尤其对于促进社会私营资本投资旅游景区发展的力度上更是前所未有，各地地方政府在出台相关优惠政策的同时，还在本地招商引资上对投资景区资本再加其他相关优惠措施，实行双重优惠，种种优惠措施极大地吸引了各类资本前来投资景区，促使景区快速发展，不再只有政府投资一种单一投资模式。例如，新疆乌鲁木齐市政府出台地方政策促进社会资本参与到旅游业发展，针对地方特点进一步放宽降低旅游市场进入门槛，加大优惠政策力度。广东省中山市政府在国家原有的鼓励政策下，进一步出台多个促进旅游业发展的规章及优惠政策，支持更多形式社会资本加入旅游业的发展建设，并且把全市的经济战略决策定位为以发展大旅游为中心，政府领导更是深入旅游景区景点调研，邀请旅游以及拥有雄厚社会资本投资公司召开座谈会，落实优惠政策，解决企业问题。浙江省地方政府也出台有利于社会资本投资旅游的优惠政策，提出了对于社会资本极具吸引力的“谁开发，谁受益”的政策，社会资本投资旅游热情高涨，纷纷加入旅游业发展建设中，成功吸引到大量资金投资旅游。《关于加快旅游业发展的决定》是山东省烟台市政府出台的地方优惠政策，同样大力推动了社会资本投资旅游业，参与旅游业建设和发展中，不少眼光长远的社会资本在深思熟虑后，看中了烟台市的旅游资源和优惠政策，投入大量资金加入到了当地旅游业发展建设中。

在体制上放宽门槛、经营上扶持的统一宽松政策口号下，全国各个地方政府、部门的大力推动社会资本加入投资旅游业的建设和发展，外资、民企、个体等各方社会资本投资旅游业的积极性被充分调动起来，宽松的政策加上公平的竞争，各地旅游景区在有了大量资本的注入后开始飞速发展，资本投资旅游，尤其是旅游景区成为当下投资的热门选择之一，旅游景区投资市场一片火热。

6.1.1.2 突发事件对山地景区投资的影响

危机事件是突发性的关于组织或者个人生死的事件。危机事件常常会对社会、经济、人民的正常生活造成较为严重的危害，甚至更为严重的危机事件会造成经济衰退或者社会动乱，对于山地景区投资来说危机事件也是一项重要的影响因素。

从造成危机事件的原因来看，可以为两种情况：一是对旅游投资影响的行业内部危机事件，二是对旅游投资影响的行业外部的危机事件。旅游业内部危机事件一般发生在旅游业的内部，会对旅游业市场的形象以及运营带来直接的影响，并对旅游业带来巨大的消极改变，而旅游业外部的危机事件主要是指行业外部基础条件如自然或社会环境发生重大改变，严重影响到旅游业发展。突发性、不确定性以及紧急性都是危机事件的突出特点。

危机事件通过安全性、经济社会性等因素来影响旅游业以及投资。随着旅游业的快速发展和人民大众生活水平的提升，旅游者旅游出行对安全性因素越发重视，要求也日渐提高，旅游者外出旅游的安全性因素已经成为其是否参加旅游活动以及旅游动机的主要影响因素，山地地区地处高海拔、交通相对不够便利，山地旅游安全性因素更显重要。例如，自然灾害、疫情暴发、恐怖活动以及地区性的军事冲突都会影响旅游目的地的社会稳定，威胁到前去旅游的旅游者生命人身的健康和安全，旅游者会改变自己旅游线路、放弃高风险地区的旅游出行活动。而经济社会性因素也会直接影响社会大众对旅游的需求性，从而进一步影响旅游业的投资发展。经济社会因素的改变，很大程度上会影响旅游地以及客源地的经济发展从而影响旅游者收入，旅游者收入的多少又会极大影响旅游者的旅游能力和动机，旅游市场萎缩进而导致旅游业发展减缓、投资减少。例如，国际政治关系的突变会使客源国市场减小，国际的旅游线路改变，金融危机会使国家经济衰退，旅游产品竞争力降低，消费者收入降低，相应的消费能力和需求也随之下降。因此经济社会性因素也是影响旅游业投资和发展的根本因素。还有不少其他类型危机事件对旅游业投资和发展造成影响，如旅游者消费习惯以及潮流的变化，文化冲突以及信息的误导，也都会影响着旅游目的地形象、客源群体以及旅游产品吸引力和旅游竞争力，从而影响旅游市场和旅游投资。

旅游业对环境和运营条件十分敏感，任何危机事件都会破坏旅游业的稳定性，对旅游业以及旅游投资造成巨大的影响。近些年来，旅游业以及旅游投资受到危机事件影响频率逐年大幅增加，对旅游业以及投资造成了不少的冲击。在世界危机事件频发的背景下，我国近些年来旅游业和旅游投资也受危机事件影响较为严重，发生了不少重大的危机事件。1997 年发生了亚洲金融危机，我国受到冲击，导致我国旅游消费大幅降低，旅游业从业人员收入大幅下降，使我国旅游业投资和发展增速放慢。2003 年“非典”疫情席卷我国，对我国经济尤其是旅游业造成了严重影响。旅游业总收入比 2002 年整体下降 12. 3%，国内旅游以及我国的入境旅游人数均大幅下降，我国旅游业受到前所未有的打击。2008 年我国发生了南方的冰雪灾害和汶川地震两项重大的自然灾害事件，南方冰雪灾害恰逢春节，使全国春节旅游市场接待人数和收入大幅下滑，尤其是受灾严重的湖南、贵州等省份。而同年的汶川地震使我国旅游业再次受到打击，山地旅游大省四川省影响最为严重，旅游业直接损失达到四川省 2007 年全年总收入的 40% 左右，旅游相关的基础设施、人民大众的旅游消费心理和动机都受到地震自然灾害的严重影响，外国旅游者也大量取消来我国的出行计划。在南方的冰雪灾害和汶川地震两项重大的自然灾害事件的影响下，我国旅游业损失惨重，旅游业投资发展受到严重影响。2009 年全球性的经济危机使旅游者出游动机降低，商务旅游以及奖励性旅游出行也大幅下降，一些主要依靠国外入境旅游的景区以及酒店和航班也受到不小影响。新冠肺炎疫情给旅游业带来了又一次严重打击，我国旅游业乃至全球的旅游业都受到了极其严重的影响，旅游业投资发展停滞不前。可喜的是我国疫情已日渐好转，旅游业也开始复苏，但疫情对旅游业投资发展的巨大影响还并未完全消除。

6.1.1.3 山地景区自身市场条件

山地景区自身的市场条件对于景区投资的影响也十分关键。山地景区的区位、客源、行业以及投资收益条件等共同构成了山地景区的市场条件，直接影响着山地景区发展以及投资的程度。

（1）山地景区的区位对投资的影响。山地景区的区位条件主要是反映旅游资源聚集地和前来观光游览的旅游客源地之间的空间关系，它不仅包括了景区的位置、交通可进入性以及距离客源市场的远近程度和竞争力，还包括了景区旅游资源及景区周边旅游资源的综合组合。山地景区位置包括了空间地理位置还包括景区空间中相对的地理位置关系，景区的发展受到地理位置的很大影响，进而影响景区投资，与众不同独特的空间地理位置可以吸引到众多旅游者前来参观游览。而山地景区相对于市场中心距离远近以及市场的尺度层次都会较大程度上影响景区及周边经济活动的发展，从而进一步影响山地景区的投资和发展。

一般情况下，山地景区都地处交通相对不便的山区，山地景区所处的地理位置和交通的便捷程度会给山地景区的可进入性带来较大影响。便利的交通以及较短的距离，也包括较短的乘坐交通工具所花费的时间都会大大增加景区的可进入性，这样景区就有最基本的旅客来源和游客流量，大量游客的前来游玩才能保障景区的收入，从而保障景区吸引投资进一步发展，拥有大量游客流量的景区往往会吸引到大量的投资，从而进一步促进景区发展吸引到更多的游客前来游览消费。一些地区旅游资源较少然而交通便利、位置距离客源市场距离较近，依旧可以吸引到大量旅游者前来游览，如深圳相对来说旅游资源并不丰富，然而位于珠港澳大湾区，交通极为便利，又有整个港澳地区和珠三角经济发达地区为深圳提供强有力的客源保障，使其并不优越的旅游资源得到了充分的利用，获得了较为丰厚的旅游收入和旅游的资金投入。还有一些山地地区拥有丰富的旅游资源，然而交通条件极为不畅，但所处的地理位置却距离客源市场相对距离较短，依旧可以吸引一些游客的到来，也可以吸引到一些特定类型高端游客进行探险，同样具有不小的发展前景和投资的价值。

山地景区所处地区竞争力如何，是否存在强有力相同类型的其他旅游景区也是影响投资者前来投资山地景区的重要影响因素。在同一地区或者周边临近地区存在可以类型互补的其他景区，可以产生聚集和规模效应带动整个地区景区的发展，反之则会相互影响，阻碍景区的发展，也会影响景区投资的吸引力。

（2）山地景区的客源、投资收益情况对投资的影响。山地景区的主要客源地经济情况、客源地旅游者的类型、收入及消费偏好都会对景区经营情况造成影响，良好稳定的客源是山地景区健康发展的根本，也是景区吸引投资的又一关键因素。除了国有资本投资景区外，其他各类资本投资景区大多以营利为目的，因此山地景区的盈利能力、投资利润率以及投资回收期就是吸引投资的重要因素。投资利润率越高，资金回收期越短，景区的资本周转就会越快，山地景区投资的价值就会越大，就更能吸引到大量投资参与到景区发展中。

（3）山地景区行业条件对投资的影响。山地景区投资进出的行业壁垒、同其他行业相比的竞争力都是山地景区发展条件的内容。国家对于投资的政策方向，尤其是对于投资旅游景区的政策很大程度上影响着旅游景区开发建设的进入门槛，前文政策对旅游景区投资的影响已经论述过，在此不再赘述。除了政策外，一些如对于投资质量的要求也会提高山地景区开发建设的进入门槛。较大的一次性投资往往会降低投资者的投资欲望，提升投资难度，降低对于潜在投资者的吸引力，而多次分批投资往往会吸引大量潜在投资者，在现实中也往往是后者的投资方式能吸引到大量投资者对山地景区投资。除了进入壁垒，山地景区的退出壁垒也影响着投资者的投资选择，过高的资产沉淀成本、劳动安置费用以及一些旅游业市场自身的问题都会无形中提高山地景区的退出壁垒，降低投资者对山地景区的投资意愿。除了行业的进出壁垒，来自其他行业的投资竞争压力也会影响投资者的投资抉择。相比农业和工业，高附加值、污染程度小、发展迅速、前景广阔等行业竞争力优势极大提升了山地景区投资的价值，相比一些夕阳行业对于投资者也更具有吸引力，也更具竞争力。

（4）投资企业自身因素对旅游景区投资的影响。近些年我国经济飞速发展，一些企业公司，特别是民营企业快速崛起，为我国经济的快速发展做出突出贡献，逐渐强大的民营企业同时拥有了不少资本积累，经济上如今已经颇具规模，有能力对企业外部进行投资获得更多收益。伴随着经济的发展，人民生活水平不断提高，旅游日渐成为大众的平常休闲放松的消费方式，投资旅游景区成为企业投资的一个继续做强做大自己不错的选择，越来越多的民营企业被快速发展的旅游业所吸引，加入旅游景区的投资中来，参与旅游景区发展建设。

改革开放以来，民营企业积极探索先进管理技术以及管理理念。引进国外的先进管理技术和管理理念，接轨国际先进水平，使其管理水平得到了快速进步和发展。民营企业本身就具有管理环节较少、管理路径短、经营灵活等优良的特征，运用国外先进的管理技术以及管理理念不仅提高了企业经营效率、降低了成本、节省了时间，还进一步促进了民营企业的进步和发展，于是出现众多优质实力雄厚的企业便理所应当，也为其投资旅游景区、参与促进景区发展建设奠定了基础。

前文也已提到国家为支持社会资本投资旅游业及景区建设出台众多优惠政策，民营企业投资旅游景区也因此获得较多政策上的实惠和便利。相对信息、化工等产业需要上亿元的资金投入，旅游景区投资金额要求较少、收益高、见效较快的特征，对想要迅速做强的民营企业就显得极具吸引力，再加上贷款税收上的优惠政策，消除了民营企业对投资旅游景区的众多顾虑，如今在旅游业，尤其是在旅游景区领域，民营企业十分活跃，雄厚的民营资本加入也使旅游景区投资已然成为企业投资的热点行业之一。

6.1.1.4 各利益相关者的利益对山地景区投资的影响

山地景区的发展会涉及众多利益相关者的切身利益，而这些利益相关者又很大程度地影响着山地景区的投资，利益相关者包括很多，如当地政府、周边居民、非政府组织、旅游者等，而在众多利益相关者中当地政府和周边当地居民就是影响山地景区投资较大的利益相关者，他们直接影响到预定的山地景区的投资目的和目标是否能够实现，投资收益是否能够达到预期水平。

当地政府是山地景区利益重要的相关者，在我国，旅游景区资源开发管理权限在当地政府相关部门手中。因此，对旅游景区投资开发需要经过当地政府、相关部门的批准，并在相关法律法规范围内进行投资开发。

投资企业对山地景区进行投资是以营利为主要目的，追求利益最大化。山地景区吸引到旅游者越多，旅游者游览观赏等消费就会越多，景区收益就会越高，所以为了吸引到尽量多的旅游者，投资企业会以市场和游客需求为导向，在山地景区大量修建酒店、饭店、娱乐设施等相关大型设施和配套工程。虽然这些大型设施会为景区带来丰厚的收益，但投资带来景区内过度的修建，可能会对山地景区水源、土地、原有植被造成不同程度的破坏，景区内的水平衡、区域气候条件等发生人为的改变，破坏原有的生态平衡，对山地景区乃至区域内的生态环境造成不可逆的破坏。而当地政府拥有山地景区及资源的管理和保护的权限，对于以取得社会效益为目的的当地政府，会限制景区的投资开发以保护自然资源取得更高的社会效益。例如，当地政府提高旅游景区投资开发的准入标准，对投资企业提高收取资源生态维护费用，对景区内工程建设进行更严格的审批限制。这些层层限制会大大地增加投资企业的投资成本和投资风险，增加的成本和风险使他们丧失投资兴趣和意愿，转投其他景区或者其他行业。

山地景区周边居民居也是景区利益重要的相关者，他们世代生活在山地景区内或者景区周边，日常生活、经济活动都与景区有着各种各样的联系。投资企业对山地景区投资开发改变了当地居民原有的生活，对他们的日常生活方式和文化都产生了或多或少的影响。投资企业对山地景区进行投资是以营利为主要目的，总是希望独享经济利益和景区的各种资源以满足自身投资的利益最大化，垄断性地获取山地景区带来的利益就会忽略景区内或者山地景区周边居民的利益。而山地景区内或者山地景区周边居民也想通过景区的投资开发获得更多的经济利益，希望参与山地景区的经济活动，增加就业机会，提高自身的收入水平，这就与投资企业的利益相冲突，矛盾也就不可避免。如果矛盾没有及时解决，投资企业没有考虑到山地景区内或者山地景区周边居民的利益诉求，再加上投资企业对山地景区投资开发对周边居民带来社会、环境以及文化等各方面的负面影响，破坏了他们原有的生活环境，他们对于山地景区投资发展抵触心理就会更加严重，可能即使有景区给予的好处，他们也会认为理所应当，同时还会为了争夺短浅的自身利益，做出一些危害景区利益的不良举动，如在景区内随意摆摊，景区内或者景区周边居民恶性竞争，压低价格，对前来旅游的旅游者进行坑骗等。这些周边居民不良的举动严重影响了山地景区的形象，投资企业对山地景区的投资和收益情况也同样会受到严重影响，使山地景区成为一个烫手的山芋，大大降低山地景区投资吸引力。

综上来看，当地政府和周边当地居民这两个影响山地景区投资较大的利益相关者和投资企业之间都存在利益上的矛盾。若矛盾无法有效解决，他们为了自身利益也都会采取一些各自认为合适的举动来争夺自身的利益，这些各自为政的举动将会直接影响投资企业对山地景区投资的热情，降低对山地景区投资的吸引力。

6.1.2 内部驱动因素

6.1.2.1 山地景区投资对景区监督管理的影响

山地景区想要快速发展做大做强，取得更高的收益，提升自己管理水平和经营效率，通过吸引一些实力雄厚的知名企业前来投资，提升完善自己的企业管理是一种高效又快捷的途径，这也吸引着不少企业投资山地景区。实力雄厚的知名企业对山地景区进行投资，不仅可以为山地景区发展注入必要的资金，带来稳定的资金保障和牢固的资金链，保证资源项目以及产品的开发和营销，还会为山地景区带来优秀先进的管理经验和技术。由于利益关系，投资企业也会参与到山地景区发展经营战略、人才培养等方面，促进管理经验的积累和技术的进步，而且还能结合企业自身特点开拓新的更加适合的营销模式及渠道，精确市场的定位，推出符合市场的应时产品，加大山地景区对游客的竞争力和吸引力，使其投资山地景区始终处于市场的主动地位来应对变化莫测的市场，山地景区多元丰富的旅游资源得到更好运用，利益得到最大化提升。

山地景区除了需要先进的管理经验和技术，良好的执行力也是山地景区能够快速发展，提高收益的必备条件，监督管理对山地景区发展也显得尤为重要。还因涉及投资企业经济利益关系，投资企业还会对景区的管理还起着有效的监督作用。

大多数投资是分阶段投入的，每当山地景区发展到关键节点时，需要进行下一步的阶段投资，投资企业会重新再对山地景区进行评估，根据山地景区发展现状以及未来价值考虑是否继续下一阶段投资，犹如一个强有力的舵手，控制着山地景区这艘大船前进的方向。若景区发展方向偏离了投资企业的预期，经营状况出现较大问题和未来价值严重低于预期值，那么投资企业会及时终止下一步的阶段投资计划，时刻监督提示着景区管理者的决策风险，给景区管理者时刻施加着压力以保证山地景区的良性快速发展。

一些国外学者也研究了投资企业对被投资企业监督管理的影响。国外学者对被投资的企业研究后发现，旅游投资企业在为被投资企业带来资金的同时，还能为被投资企业带来管理经验和技术，进而促进被投资企业的发展，新的投资资金进入被投资企业也会鼓励被投资企业员工，对其产生积极效果。投资企业投资后，会带动起被投资企业员工的积极性，制定有效的激励薪酬体系，给被投资企业的管理者施加压力，有利于带动被投资企业发展。

管理水平高低和经验多少会直接影响景区的成长，先进的管理能够合理科学有效地节约成本，为山地景区带了更多的游客量和更高的利润率，通过合理的薪金体系等众多方式方法激励景区管理层和员工工作更加努力，提升山地景区服务和价值，提山地高景区竞争力，使景区和投资企业互利共赢。投资企业对景区管理者的管理、景区未来发展方向、资金流向等景区管理或重大决策进行监督督促，可以从根本上提高山地景区的经营效率，提升收益率，防止景区管理层由于个人利益滥用职权做出有损景区整体利益的决策，有效降低景区所受到的风险冲击，提升山地景区价值。因此，景区积极寻找优质企业、吸引投资、提升管理水平的意愿也促进了资本市场资金流向山地景区进行投资。

6.1.2.2　声誉对于山地景区投资的影响

企业的声誉是企业实力重要的体现，也是企业吸引投资的重要特质。企业的存续时间长短、资金及经营规模、过往的投资业绩等都是影响企业声誉的重要因素。一般来说，存续时间长、经营和资金规模较大、业绩较好的企业都具有较好的声誉。

投资企业声誉对于被投资景区的投资具有较大的影响，可以提升被投资景区投资吸引力，有时甚至超过其他一些因素的影响。投资企业也会因为自身利益对被投资景区进行监督管理，促进山地景区的市场竞争力，进而取得自身期望的较高的投资收益率，达到投资的根本目的。

一些国外学者也进行过类似研究，认为声誉良好的投资会为被投资企业吸引人才，促进其快速发展，表达出企业良好发展的信号。良好声誉的企业参与投资，可以为被投资企业取得市场上更多更广泛的关注度，得到市场的认可，还可以帮助被投资企业提升传播声誉。投资企业实力和声誉的强弱直接影响着被投资企业，实力和声誉越强、越高，被投资企业受到影响越大。

一个声誉良好有实力的投资企业在进行投资前，会对被投资山地景区财务状况、发展前景和现状等方面进行全面的调查和评估，从而决定是否投资。一旦投资企业认可做出投资的决策，进而选择投资，那么就会为被投山地资景区带来积极的信号，同时也用自身声誉表明了其对被投资景区的预期和信心。对于社会其他投资者来说，相比其他未被调查评估过的投资企业或者项目，被投资山地景区由于声誉效应，无形中也被社会其他投资者广泛认为优质的企业，具有广阔的发展前景和潜力，有很高的投资价值。良好的声誉效应的产生，为被投资山地景区带来了巨大的无形价值，被投资山地景区的声誉和形象也会随之提升，从而极大提升投资吸引力，为山地景区吸引到更多投资，对助力山地景区更好更快地发展成长产生众多的积极影响。在如今竞争激烈的旅游市场，有时声誉的好坏可以直接影响着吸引投资的多少，声誉良好就可以得到更多的资金投入，提升山地景区的在市场上的竞争优势，从而决定着山地景区未来的发展。

6.1.2.3 山地景区自身条件对投资的影响

山地景区自身的条件也对吸引投资具有重要的影响。山地景区自身条件包括景区价值、景区的赋存状况和景区的影响力，还包括了自然环境、经济和社会环境等山地景区的环境条件。

山地景区的价值体现方式多种多样，通过山地景区自然资源给前来旅游的旅游者提供感官的美感和享受，体现出了山地景区的观赏价值，山地景区旅游资源中所蕴含的历史文化、民族风情又体现出了旅游景区的历史文化价值、科研科普价值以及文化艺术价值。

山地景区旅游资源自身价值的高低是吸引投资的关键，也是吸引旅游者前来观光游览、科学考察、康养、体验不同文化的重要资源，一般来说，山地景区旅游资源价值越高，吸引前来游玩的旅游者就会越多，旅游者的人数直接影响着山地景区的经营利润和投资者的收益，前来游览消费的人数越多，投资收益也就越高，对于投资者来说投资的吸引力也就越大，旅游资源价值和旅游者人数及投资收益成正向相关关系。

除了旅游景区的自身价值，山地景区资源规模、丰富奇特程度、资源组合等赋存状况也影响着山地景区投资，并且与投资成本成反比的关系。山地景区旅游资源丰富程度越高、规模越大、资源组合越完整，其旅游吸引力越大，可供游览时段越长，投资价值也就越高，成功吸引大量投资的概率也就越高。越是优秀完整的山地景区旅游资源需要投入的成本也就越低，收益越高，形成低投入和高产出。相反则会增加投入成本，增大山地景区的开发和发展的难度，形成高投入和高风险，收益率降低，进而投资的吸引力也会大幅降低。

最后，山地景区自身的影响力和知名度也直接影响着它的投资价值，山地景区在区域、全国乃至世界的影响力和知名度越高，前来游览旅游的各地各国旅游者就会越多，山地景区的吸引力和投资价值就会越高，吸引到的资金投资就会越多。

山地景区自身的自然环境、社会环境、经济环境等区域环境也会对投资产生重要的影响。例如，山地景区的气候、植被等自然条件，直接影响到山地景区开发和发展的成本和难易程度。一个环境舒适、适宜居住的自然环境才适合投资发展吸引游客。基础旅游设施较差、相关人才质量较低、经济实力较弱的地区，山地景区开发和发展所需成本也会相对较高，不利于投资的吸引。相比自然和经济环境、地区社会对旅游发展的态度、地区开发程度及风俗习惯等也都会对山地景区投资造成影响，影响到投资后的山地景区开发和发展的规模和收益。

山地景区所包含的旅游资源十分丰富，是一个多种类型资源组合的复合体。在我国，山地类型的 5A 级旅游景区占据全国 5A 级旅游景区的 50% 以上，90% 以上的风景名胜区都坐落在山地地区，因此山地景区发展开发潜力无比巨大，投资市场广阔。山地景区可以说已经囊括了人们所能看到的全部的自然旅游资源景观种类，在这里除了海洋景观之外，你可以看到原始森林在不同山地高度的各种植被、花海的秀美，日出日落的壮美，还能看到飞流直下的瀑布，神奇美丽的洞穴溶洞，波澜壮阔的悬崖和峡谷。同时山地景区还具有其他类型景区不具有的纬度和高度影响造成的独特景观，山地景区和平原地区截然不同，山地景区由于纬度和海拔高度的差异造就了独特的气候和景观，同一片区域不同的季节，同一个季节不同的高低视角以及昼夜的时间交替，山地景区都能呈现出不同的景观和天象，形成了独特的丰富多样、层次分明的立体山地景观，给前来游玩的游客带来与众不同的神奇旅游体验和奇妙的旅行享受。山地景区不仅汇聚了众多动植物繁衍生息的家园，同时也是人类生活生产的聚集地，多种人文历史景观也体现了丰富的文化内涵，如古建筑、各民族的民俗信仰、古代文人墨客留下的诗词歌赋等都是山地景区宝贵的人文旅游资源。这些多元旅游资源在山地景区交融，形成独特的新型旅游业态，不再仅仅只是观光旅游。例如，山地原生态植被茂密地区人口稀少、空气清新、负氧离子含量较高，可开展康养度假游；山地垂直分布带可开展多层次的生态旅游农业进行观光、亲子游；陡峭的山地地区开展徒步登山、滑雪、滑翔等极限户外运动等。山地景区这些丰富且独特的旅游资源吸引着越来越多的游客到来，总有一款山地旅游项目满足他们的需求，这些巨大的游客量就会进一步吸引到大量资金进入山地景区的开发建设。

6.2　山地景区投资的驱动机理

投资山地景区有着外部和内部的双重驱动，推动着投资行为的发生。其中外部驱动包含政府政策的驱动、稳定的政治环境、资本市场的驱动、金融服务的驱动等，而内部驱动则分别是山地旅游业发展内在的需求驱动、山地景区良好的社会效应、投资旅游业高收益驱动、山地景区广阔的旅游市场驱动等。

6.2.1　外部驱动机理

6.2.1.1　政府政策的驱动

随着旅游业的快速发展，中央基于宏观角度为鼓励投资旅游业、促进旅游业发展，从经济、法律等多个方面提供了积极有效的政策支持。各地各级地方政府也积极响应中央方针政策，坚定贯彻执行党的决定，在全国各地大力发展旅游经济，投资旅游业出现了前所未有的宽松政策环境，尤其是各地方政府制定的本地适应性极强的政策，这些十分有利于旅游投资的政府政策和宽松的政策环境驱动着投资者放心大胆进入旅游业进行投资，也带动了资本进入旅游景区的积极性，使得很多旅游景区得到了又一次快速发展的机会。外部政府政策的积极引导是驱动旅游业投资市场火热的十分重要原因。

6.2.1.2　稳定的政治环境

一个国家或者地区的社会治安良好，社会环境优良、稳定，是吸引国内乃至国外投资者考虑前来投资的关键和重要的因素，良好的治安和稳定的社会才能确保投资者投资后源源不断地产生理想收益，对于旅游业投资来说更是如此。旅游本身，尤其是山地旅游就是旅游者休息疗养、放松自我、净化心灵的一种方式，旅游业和旅游者对安全感的要求更为强烈，社会稳定、良好的治安才能保证旅游业平稳运行，旅游者才能放心前来放松自我，寻找心灵的家园，同样旅游业稳定的运营以及众多的旅游者前来也保证了投资者的有效投资，实现理想收益。否则只拥有多彩多元多样的山地旅游资源，社会环境却十分动荡，旅游者恐怕也不会前来光顾，旅游业也会停滞不前，投资者的投资可能难以获得理想的收益，甚至投资的成本也要付诸东流。我国当今社会安定、人民安居乐业，再加上政府包容开放的对待投资发展的态度和如此良好稳定的政策环境，吸引到了一大批国内外投资者进行考察投资。近些年国家对旅游业更加重视，我国旅游业快速发展，如今也成为投资者投资的热门产业。国内外投资者的投资政治风险在我国良好稳定的政治环境下被大大降低，我国良好稳定的政治环境为旅游投资提供了保障，驱动着旅游投资、旅游市场乃至旅游产业的稳定发展。

6.2.1.3　资本市场的驱动

食、住、行，游、购、娱是旅游业的六大要素，这些最基本的旅游业要素都是建立在拥有一定的基础以及相关的配套设施上的。例如，便利的交通可以方便大量旅游者轻松顺利地到来，良好的住宿和餐饮设施条件和环境可以让前来的旅游者在开心游山玩水后充分补充体能等。如果离开了最基本的配套设施，那么坐拥再好的旅游资源也无法吸引来游客，旅游业也无法良好健康地发展，山地景区更是如此，拥有众多优秀旅游资源的山地景区，地处高海拔，群山环抱，一般交通较为不便。然而旅游基础和配套设施的修建，特别是山地地形较为复杂，崇山峻岭，悬崖峭壁，景区最重要的基础设施需要巨额资金，并不是一两家公司能够承担得起的，所以资金问题也一直成为旅游景区发展的一大难题。而随着近些年我国经济的快速崛起和发展，我国的资本市场也逐步建立和发展起来，通过资本市场各种融资手段寻找和吸引旅游投资，为旅游业，尤其是山地景区企业找到了一条吸引大量资金进行旅游基础和配套设施的新途径。我国资本市场的建立和发展也驱动着旅游投资的快速兴起。

6.2.1.4 金融服务的驱动

金融服务对旅游业的发展有着十分重要的作用，它不仅可以为旅游者提供消费的银行卡类结算、旅游保险等服务，还可以通过聚集引导社会民间闲散资金，优化资金资源，用资金带动旅游业发展，解决旅游业最为重要的资金缺乏限制发展的问题，尤其是政府通过行政手段进行政策性金融服务调节旅游投资，为旅游业发展乃至产品创新、结构升级等方面提供充足的资金支持。虽然政府通过财政补贴可以帮助当地旅游业解决一部分资金问题，然而旅游业的庞大旅游资金投入需求已经不是财政补贴可以完全解决的，通过政策性的金融服务和本地良好的旅游业政策的互相配合，汇集引导社会民间闲散资金，再加上政策性银行提供金融服务，才能有效解决这一资金问题。我国经过多年发展，政策性银行已分布十分广泛，根据中央以及地方政府特定的政策提供的政策性金融服务已十分丰富，能为大多数行业提供充足的资金支持，这为一些地区旅游业的旅游投资奠定了坚实的基础。

对于商业银行来讲，旅游业相对其他行业投资风险相对较高，投资期限较长而且投资金额巨大，影响了商业银行追求短期利益的目标。而政策性银行则是由政府为贯彻国家特定政策和促进区域发展而创建的，进行政策性金融服务，不以营利为目的机构，它具有商业银行不具备的特殊优势，尤其对于边远贫困地区，基础设施薄弱却拥有丰富的旅游资源，由于地区经济发展较为落后难以吸引投资，政策性银行的金融服务就可以很好地解决这些地区的旅游投资问题。

旅游业的发展在带动地区经济增长、人口就业、促进消费等方面具有十分明显的作用，政府通过政策性金融服务驱动旅游业发展，并且引导社会民间闲散资金向旅游业汇集，同时还能够调整地区不合理以及落后的产业和经济结构，带动整个地区经济、社会快速发展。因此，我国健全的政策性金融服务也驱动着旅游投资的产生和发展。

6.2.2　内部驱动机理

6.2.2.1　山地旅游业发展内在的需求驱动

我国旅游业起步较晚，旅游业早期主要是为了取得外汇收入和接待外宾，因此主要由国家单独主导投资推进旅游业的发展。这种方式在计划经济时代并未显现太多弊端，而改革开放以来，市场经济随之飞速发展，旅游业也快速崛起，相对效率较低的单一投资主体，没有残酷的优胜劣汰的压力，无法按照市场经济规律运行，就阻碍了旅游业的进一步发展。近些年来，虽然旅游业部分进行了政企分离，有了一定的转变，但是大多山地景区依旧需要依靠景区门票为主要收入来源，旅游产品过于雷同，大多山地景区还存在没有自身特色和一些高端新业态旅游融合产品，当地特色文化难以融入，文旅融合程度不高等多方面的困境，山地旅游业的转型升级、产品开发创新等旅游业发展内在的需求已经十分迫切。然而行业转型升级、特色产品的开发创新的实现都需要巨大和雄厚的资金来支持，有需求就会有市场。与此同时，改革开放以后我国民营企业等其他社会资本的快速发展，资本财富得到了很大程度上的积累，加之市场化的运作方式，以市场为导向，合理充分地开发旅游资源、高效的决策和制度等优势可以帮助山地景区等旅游业摆脱现有困境，也为社会资本进驻旅游业进行投资奠定了基础。社会资本不断累积，山地旅游业对旅游投资的渴望，山地康养旅游、滑雪、徒步攀登等山地旅游新业态的快速崛起和发展以及山地旅游业发展内在的需求驱动旅游投资的兴起。

6.2.2.2　山地景区良好的社会效应

旅游业是一个融合性和综合性较高的产业，与其相关联的行业众多，如交通运输业、餐饮业、住宿业等，所以旅游业资金投入不仅可以带动本产业，还能带动一系列相关行业的发展，进而带动整个地区良好的发展。旅游业取得一份收入的背后可能是其他相关联行业 N 倍的收入，这为政府增加地区税收、平衡不同地区经济发展做出了贡献。同时大部分山地地区受地理环境影响，旅游资源丰富，但交通、信息闭塞，通信不便，经济发展落后，青壮劳力外出务工，山区居住居民收入极低，生活并不富裕。不管是在山地地区的山谷还是低地都不适合进行建设工厂或者农作物或经济作物大面积种植等其他产业，都无法有效改变当地发展落后、居民收入过低、生活水平不高的局面。山地旅游业完美解决了这些问题，相比其他行业进入门槛相对较低，不需要过多的专业性技能和知识，这为解决贫困地区剩余劳动力就业问题，增加就业岗位，改善经济落后地区人民生活水平，带动当地经济发展，帮助当地居民脱贫致富提供了一种行之有效的途径。山地旅游业巨大的社会推动作用也驱动地方政府以及一些参与帮扶企业进行不断增长的旅游投资，对山地旅游业的投资使政府的投资产生1+1>2的良好社会效应，成为发展当地经济、更有效合理利用发展山地地区的一种重要途径。

6.2.2.3 投资旅游业高收益驱动

我们通过宏观经济学基本理论可以了解到，收益情况、投资成本以及收益预期是决定是否投资的关键因素，收益越高，成本越低，收益的预期越高，投资的回报就越大，那么投资的可能性就越大。旅游业作为一种新兴的朝阳产业，相比其他产业投资能够带来超过社会平均利润率的收益，投资回报极为丰厚。投资的预期收益是对未来的一种赌博，取决于对投资者对旅游业的信心。近些年国家大力发展旅游业，投资者对于旅游业的投资收益预期较高，行业前途一片光明。

社会资本投资旅游业，其投资动机的本质依旧是旅游业带来的高收益，旅游业特别是旅游景区大部分资金用于固定资产投入，资产的保值功能和质量都较高，通过对旅游景区等旅游业的经营可以有效降低和转移市场的投资风险，我国当下制造业产能过剩，以营利为根本目的的社会资本急需找到新的利润增长的目标，再加上国家优惠政策支持，旅游业进入门槛降低，较高的投资回报率，相比其他产业，社会资本更乐于进行旅游投资，因此，旅游投资快速增长，吸引社会资本竞相进入。高收益驱动社会资本进行旅游投资，旅游业与社会资本相互结合，互相促进发展。

6.2.2.4 山地景区广阔的旅游市场驱动

我国旅游市场起步较晚，在改革开放前旅游业都作为接待外宾取得外汇收入的一种手段，那时候我国人均GDP不到100美元，人们的需求是吃饱穿暖，这才是大事，旅游市场小到几乎可以忽略不计。改革开放以后，经过40多年的发展，我国经济爆发式增长，旅游业也随着经济的发展而快速崛起。从1999年国家节假日制度推出以来，我国的旅游市场从小众真正地成长为了大众旅游市场，再加上2019年我国人均GDP已超过10000美元，人民丰衣足食，对日益增长的美好生活需要愈发强烈。每逢节假日全民出动，全家齐游，旅游市场从几乎小到忽略不计到巨大到难以想象，而且越发火热，长城、桂林山水、黄山等早期发展起来的著名旅游景区长期成为人民大众假期前往的必去之地。

我国经济快速发展，人民生活水平不断提高，普通的观光旅游已经不能满足旅游者的需求，个性化、定制化等一些新业态的旅游市场也正在快速发展，新技术、互联网等在旅游业的运用，单一的旅游产品已被众多形式多样的产品所替代来满足人民日益增长的需求。山地旅游新业态的不断发展，使越来越多的旅游者接受了山地旅游拥有多元融合的特点。山地旅游一般海拔较高，与众不同的景观和数量众多的斜坡、峡谷吸引着众多户外运动、休闲爱好者与游客的到来，山地旅游多元化的特征更能满足人们不断增长追求个性、休闲、康养等的需求，像徒步、骑马、漂流、滑雪等众多山地旅游新业态的出现和快速发展，不断取代传统的山地观光旅游，正在加速增加山地旅游的市场份额。山地旅游市场的持续扩大又不断催生山地新业态和创新项目的出现，进一步吸引到更多资本资金的流入。山地和城市的地理性差异使得人们想要去山地休闲、康养的需求会持续增长，山地旅游市场前景极为广阔。我国山地旅游市场从小到大从无到有，从单一到多元，再到旅游+其他产业的融合发展，山地旅游市场规模已十分广阔。我国人口众多，需求决定市场，如此巨大的山地旅游市场就一定会吸引大量资金的流入来满足市场需求，因此巨大广阔的市场潜力驱动旅游投资的进入。

通过内外部的驱动，旅游业特别是山地景区成为投资的热门选择，旅游业得到了空前的繁荣发展的动力。

6.3　玉龙雪山景区发展历程

玉龙雪山景区位于云南省丽江市玉龙纳西族自治县境内，地处东经100°4′2″~100°16′30″、北纬27°3′2″~27°18′57″，东起丽江至大具公路一线，西临龙蟠乡至金沙江一线，北起大具虎跳峡，南达玉湖，南北约26公里，东西横跨约19公里。在玉龙雪山景区内最高海拔达到了5596米，为终年积雪的玉龙雪山主峰扇子坡，玉龙雪山也成为北半球纬度最低的有现代冰川发育的山峰。玉龙雪山山顶发育出众多现代冰川，现有冰川数量总计19条，是我国纬度最南的温带海洋性冰川，也成为亚欧大陆乃至北半球距离赤道最近的温带海洋性冰川。在如此低纬度和高海拔相交融的地区就形成了非常独特的地理、气候景观，也孕育出了丰富多样的自然资源和动植物资源，从高耸入云的玉龙雪山山顶到虎跳峡形成了完整的高山垂直自然景观，如此丰富多彩的独特地理、气候和丰富动物、植物资源，也就使玉龙雪山景区形成了我国特有物种分化中心和生物多样性保护地区之一。因此玉龙雪山景区不仅仅具有很高的观光游览价值，还具有冰川学研究、动植物学研究、垂直分布生态系统研究等众多学科研究方面的科研价值，同时在生物多样性价值和保护方面也具有极为重要的意义。

玉龙雪山景区作为全球少有的城市雪山保护区，不仅具有独特丰富的自然旅游资源，也具有丰富多彩的民族文化和人文景观，纳西族、汉族、白族、藏族等多个民族生活在此。玉龙雪山自古以来就被世代居住在丽江的各族人民当作心目中的神山，是纳西族的保护神“三多将军”的化身。玉龙雪山在明清时还被列入《天下名山志》。随着我国改革开放和经济科学技术的快速发展，越来越多的国内和国外学者到玉龙雪山旅游、科考，有关玉龙雪山的各领域著作颇为丰厚，在世界上产生了十分广泛的影响，也使得玉龙雪山成为闻名遐迩的旅游名山。如此丰富的自然资源和人文景观以及丰富的民族文化交织在一起，因此具有极高的旅游投资发展价值。

玉龙雪山景区由无到有，经历了20多年的发展，从人迹罕至的雪山到如今首批国家5A级旅游景区和旅游标准化示范单位，不仅成为丽江市的龙头型旅游景区，也成为拥有丰富旅游资源的多彩云南的代表景区，成为宣传丽江、云南乃至中国的一个重要窗口，在中国以及世界著名旅游景区中都占有一席地位。同时景区的发展也带动了当地经济、社会的发展，玉龙雪山景区旅游业也成了当地重要的经济支柱产业。纵观玉龙雪山景区的发展，一共经历了4个主要的发展阶段。

6.3.1 起步阶段（1995年之前）

早在1984年，为了保护玉龙雪山的森林生态系统以及珍稀动植物和冰川遗迹，在玉龙雪山设立了保护管理机构对玉龙雪山进行管理保护，这是最早在玉龙雪山设立的管理机构。随着改革开放以来我国旅游业得到了长足的发展，玉龙雪山旅游的发展开始起步。1988 年玉龙雪山景区被列为我国第二批国家重点名胜风景区。1992 年玉龙雪山旅游开发办成立，玉龙雪山旅游开发开始进入人们的视野。

1993 年由云南省人民政府批准成立省级旅游开发区。云南省政府在丽江召开第一次滇西北旅游现场办公会，同意贷款 15 万元对玉龙雪山进行整体规划编制工作。同时，按照云南省政府批复、经过丽江地区行政公署批准，成立丽江玉龙雪山省级旅游开发区管理委员会。管理委员会可以对玉龙雪山旅游开发区的项目策划、景区建设、景区用工、景区用地、景区的经营及管理、旅游等公共基础设施建设和管理、旅游业综合管理和景区保护等方面行使职权。当地少量的居民看到了旅游带来的商机开始在玉龙雪山部分景点进行自主的旅游经营活动。

1994 年云南省政府在丽江召开滇西北旅游规划会议，会议决定建立玉龙雪山省级旅游度假区，同时还决定把丽江作为全省旅游开发的重心进行重点旅游开发，进一步推动玉龙雪山旅游开发。玉龙雪山景区管理委员会完成了玉龙雪山景区的总体规划和设计方案，方案经国务院审定同意，由建设部批准实施。同时玉龙雪山景区管理委员会利用云南省旅游开发基金的 1000 万元贷款，按照规划设计对玉龙雪山周边水、电、路、排污、通信等基础设施进行建设，逐步完成了玉龙雪山景区旅游开发的前期基础工作。

在这个阶段，玉龙雪山景区完成了基础设施建设，具备了旅游开发的基本条件，低投入、低产出也成为这个阶段的一个主要特征。这个时期玉龙雪山景区刚刚起步，还并未达到真正意义上的旅游景区的规模和条件，景区的旅游基础设施和配套设施仍在完善中。1994 年全年前来游玩游客也仅有 4700 多人，游客十分稀少，景区知名度相对较低。

6.3.2　发展提升阶段（1995—2003 年）

1995 年开始，玉龙雪山旅游业进入快速发展的时期。这一年年底，玉龙雪山旅游索道公司成立，标志着玉龙雪山景区进入了发展提升阶段。随着我国旅游业的不断高速发展，玉龙雪山景区也得到了飞速的发展，越发火爆的景区、丰厚的收入也吸引到了当地居民的积极参与，1996 年开始，在白水河、蓝月谷、云杉坪等景点，景区内居民开始举家搬迁至此，专门从事经营活动，人数渐渐已经发展到 1300 人左右，然而缺乏必要的监管，居民们各自为战，乱搭乱建、恶性竞争等不和谐现象充斥在景区各个景点，不仅影响前来游玩游客的体验，同时对景区较为脆弱的高原生态系统造成了一定破坏。2000 年后当地政府以及相关部门对景区当地居民旅游经营活动的乱象进行治理和监管，统一当地居民经营活动并建立居民合作社进行集体化经营模式，方便经营管理和监督，治理效果明显。2001 年玉龙雪山景区被评为国家 4A 级旅游景区，成为全国为数不多的首批获得 4A 级旅游景区头衔的景区，并且当年接待游客数量突破 100 万人次，玉龙雪山景区得到了空前的发展，也受到国内外游客的欢迎，其影响力开始得到大幅提升。

2003 年玉龙雪山景区继续对景区内项目进行开发并取得 2. 3 亿元融资资金，玉龙雪山冰川公园、云杉坪公园、牦牛坪高山草甸公园、蓝月谷、白水河水域景观等众多知名景点通过融资资金完成建设，云杉坪索道、玉龙雪山旅游索道、牦牛坪索道、东巴王朝、玉龙雪山国际高尔夫球场等一批优秀旅游项目也完成了建设。在此阶段，玉龙雪山景区进入了全面的发展提升，旅游产业化发展构建进程基本完成。

在这一阶段，玉龙雪山景区快速发展，进入发展提升期，资金投入加大，建成一大批具有明显特色的高海拔山地草甸、深林、峡谷景观，独具魅力的山地景区景观吸引越来越多的游客前来观光游览，山地景观观光旅游成为这一时期的主要旅游类型。截至 2003 年年底前来玉龙雪山景区游玩的游客数量已达 130 万人次，日渐增多的游客也使玉龙雪山景区知名度和影响力得到了有力的提升。

6. 3. 3　成熟稳定阶段（2004—2007 年）

2004 年 8 月丽江玉龙旅游股份有限公司在深圳证券交易所成功上市，成为云南省第一家旅游企业上市公司，标志着玉龙雪山景区发展进入了成熟稳定的阶段，进入了旅游市场化的建设进程，高投入、高产出成为玉龙雪山景区这一发展阶段的主要特征。同时玉龙雪山景区旅游业开发后对丽江及周边的社会、经济带来的巨大的贡献和丰厚的成果也从这一阶段开始显现。2006 年，《玉龙雪山国家重点风景名胜区玉龙雪山景区详细规划》得到云南省建设厅审核批复（云建景〔2006〕616 号），玉龙雪山景区北从大具虎跳峡，南至白沙老机场，西从老君山，西北与哈巴雪山隔江相望，东至宝山石头城，共计约 145 平方公里的规划面积。2007 年玉龙雪山景区又成为首批国家 5A 级旅游景区，这一荣誉是对玉龙雪山景区发展的肯定和赞许。然而，随着景区知名度越来越大和影响力越来越广，吸引来了众多国内外游客前来游览观光，急剧增加的游客数量让当地居民看到了景区市场巨大经济利益，纷纷无序加入旅游业，私自抬高商品价格、恶性竞争、乱拉客宰客等市场乱象已经严重影响了玉龙雪山景区的进一步发展。为了继续提升玉龙雪山景区品质，自2007年开始对旅游景区内实施市场乱象和环境的综合治理，累计拆除包括5栋星级酒店在内的约500多栋共计1.2万平方米的违规私建建筑，同时对当地居民实施旅游反哺农业改革，让当地居民撤出旅游业的经营活动，定期发放反哺农业补助，使当地居民收入相比进行旅游业的经营活动时只多不少，约2700多名当地居民撤出旅游业，经过治理，景区旅游市场乱象得到明显改善。

从1998年开始到2007年的十年间，玉龙雪山景区对当地经济和社会的发展综合贡献了约18亿元。2007年全年玉龙雪山景区接待游客量约为190万人次，约是1994年5000人次接待量的379倍，景区门票收入也从1994年的约6万元，增长到了2007年的约1.41亿元。玉龙雪山景区旅游业进入成熟稳定阶段后已成为当地的支柱性产业，不仅为当地经济增长做出了巨大贡献，也为当地社会稳定、人民安定生活做出了重要的贡献。

在这一阶段，玉龙雪山景区进入成熟稳定阶段，2004年的成功上市，为玉龙雪山景区吸引到更多的投资奠定了基础。这一时期大众观光游依旧是景区主要的游览类型，高耸入云的雪山，美丽壮阔的冰川，牦牛遍野的高原草甸这些与众不同的山地景观吸引着大批游客前来游览。山地观光游市场不断扩大，景区内一些山地景观知名度不断提升，成为游客前来观光游览的必游的著名景点。作为山地旅游的主要代表之一，玉龙雪山景区知名度和影响力加速提升，慕名而来的游客人数持续增加，继续带动山地景区的投资和发展。

6.3.4　升级阶段（2008年至今）

玉龙雪山景区的快速发展带动了当地全方面发展，逐步成为丽江市的旅游代表景区，并以大丽江、大玉龙的发展思路向国际旅游胜地的目标发展。从2008年开始，通过玉龙雪山景区和玉龙雪山南麓纳西文化走廊的多个景区进行整合，推动大玉龙景区策略，使各景区优质旅游资源互补，以优质资源整合吸引优秀知名企业入盟促进玉龙雪山大玉龙景区的转型升级，继续建设5A级品牌发展玉龙雪山模式，在日益激烈的旅游市场更有竞争力。

玉龙雪山景区还先后与普达措、大理旅游集团以及在海南海口、甘肃定西等地进行标准化建设经验、5A级旅游景区管理经验、全国知名品牌示范区的创建等方面进行工作交流和学习，从交流中学习优秀的经验，进一步增强玉龙雪山景区的品牌效应以及核心竞争力。

同时在这一阶段，玉龙雪山景区内部也进行了转型升级的变革，景区进行标准化体系建设、索道5S改造、餐饮资源整合、实时分时段预约游览和实名网上购票服务改革、智慧旅游、厕所革命、旅游业反哺农业、修建文创商业街等多种重大的系统改造和升级。此外，玉龙雪山景区还积极推动全域旅游发展，利用“旅游+”“+旅游”以及各产业融合发展的理念，使景区全面融入全域旅游，开启了玉龙雪山景区旅游发展的新时期和新模式，高创收和高收益也成为这一阶段的主要特征。

玉龙雪山景区在发展中结合旅游市场进行转型升级来不断提升景区品质，给游客带来更好旅游体验，提升效果显著，受到游客一致好评。2008年玉龙雪山景区被云南省委省政府授予“云南省文明风景旅游区”的光荣称号，2009年被中央文明办、住房和城乡建设部以及国家旅游局联合授予“全国创建文明风景旅游区工作先进单位”，同年8月玉龙雪山冰川地质公园又获得国家地质公园的资格。2011年景区又获得中央文明委授予的“全国文明单位”荣誉称号。总投资达2.5亿元打造的《印象·丽江》大型实景旅游文化演出被国务院授予“全国民族团结进步模范集体”称号，中华文化促进会、中国旅游协会也同时授予其“首届中国文化旅游发展贡献奖”，文化部和国家旅游局共同把《印象·丽江》文化演出列入“国家文化旅游重点项目名录”。同时，云南省人民政府也为其授予“云南文化精品工程”的光荣称号。由此可见《印象·丽江》文化演出的影响和受游客的欢迎程度。2014年《印象·丽江》又获得“国家文化产业示范基地”的荣誉称号。2012年玉龙雪山景区被国家旅游局确定为第一批“全国旅游标准化示范单位”。2015年国家质检总局、国家旅游局把景区列为全国“旅游服务质量升级试点”单位。玉龙雪山景区先后获得如此多的殊荣，足以证明景区不断推动转型升级发展模式，使景区能够可持续发展始终保持活力，更贴近旅游市场和游客的需求。2019年玉龙雪山景区年游客量已达约502万人次，门票收入约3.75亿元，现在的玉龙雪山景区年产值已经达到20亿元，品牌价值已达153.94亿元，成为全国乃至世界具有吸引力的著名的山地旅游目的地之一。

在这一阶段，景区进入了升级阶段，越来越多的山地观光游类型景区出现，使景区观光旅游产品同质化严重，人们生活水平不断提升，更加追求个性化、定制化的山地旅游产品，康养旅游、户外运动、休闲旅游、文化体验等山地旅游新业态兴起，玉龙雪山景区也开始进行山地旅游产品升级，打造出高原高尔夫球场、《印象·丽江》大型实景旅游文化演出等康养、文化旅游融合的山地旅游新业态的旅游产品，不断提升自身来满足不断变化的山地旅游市场，吸引更多的投资和游客，开拓更大的旅游市场。

玉龙雪山景区历经20多年坚持不懈的努力发展，累计投资20多亿元，先后完成了甘海子、冰川地质公园、云杉坪、牦牛坪、冰川博物馆、蓝月谷等知名精品景点的开发建设，同时因地制宜打造了雪山高尔夫球场、《印象·丽江》大型实景演出项目等一批旅游文化品牌。又通过规范整治玉龙雪山及周边旅游市场秩序，健全玉龙雪山旅游开发的管理体制，建立健全的监管机构和健全的智慧旅游公共服务管理体系和信息化管理系统。优质的服务、高效的管理使玉龙雪山景区旅游环境、基础建设、游客体验等多方面得到了大幅提升。首批国家5A级旅游景区、首批全国旅游标准化示范单位、首批旅游扶贫示范项目、国家级服务行业标准化试点、云南省“旅游产业发展突出贡献先进集体”等80余项荣誉都是现在玉龙雪山景区始终坚持贴合市场和游客需求、坚持可持良性发展取得的丰硕成果。

经过多年发展，玉龙雪山旅游已形成了集游览观光、多条索道、特色餐饮、旅游文化演出、酒店住宿、绿色交通、便捷购物、智慧旅游等为一体的、具有爱国主义与环境教育、传统文化及自然资源展示与保护、社区参与等多功能综合型山地旅游景区。玉龙雪山景区凭借规范标准化的管理体系和高素质的管理人才以及广泛的社区参与方式，带动促进玉龙雪山及周边社会经济的全面快速发展，把以前地处偏远、交通不便、人民生活水平较低、收入较少的落后山地地区变成了金山银山，还打造出了优秀旅游文化品牌，在云南全省乃至全国都具有很好的示范作用和效果。

6.4 玉龙雪山景区投资发展历程

丽江玉龙雪山省级旅游开发区管理委员会其下属的丽江玉龙旅游股份有限公司作为玉龙雪山景区主要旅游开发、建设和管理经营的公司主体，于2001年经原云南省经济贸易委员会批准成立，由原丽江玉龙雪山旅游索道有限公司整体变更为股份有限公司。为了更好地对玉龙雪山景区开发经营，在2004年丽江玉龙旅游股份有限公司作为丽江地区最早从事旅游业开发和经营的企业，在深圳证券交易所中小企业板块成功上市，成为丽江乃至滇西北地区唯一一家的A股上市公司，较高品位的旅游资源优势和优良的经营业绩，使丽江玉龙旅游股份有限公司成为滇西北地区实力最强的综合性旅游集团。从2004年上市至今，丽江玉龙旅游股份有限公司经营范围已由最初的三条索道扩展到了景区内的酒店、交通、餐饮、旅游项目投资及管理、零食销售及旅游服务、《印象·丽江》演出、婚纱摄影、入境旅游业务和国内旅游业务、旅游配套项目开发经营等众多行业和领域，涵盖了景区所有知名和成熟景点及其旅游相关的接待和配套设施。丽江玉龙旅游股份有限公司及其下属的子公司龙悦餐饮服务中心项目的经营场所、印象丽江剧场、龙德公司的经营服务项目也都位于玉龙雪山景区游客集散地内。因此，通过对丽江玉龙旅游股份有限公司的投资分析可以直接反映出玉龙雪山景区的投资情况，本书把丽江玉龙旅游股份有限公司的投资视为玉龙雪山景区的投资。

从丽江玉龙旅游股份有限公司2004年成功上市至2019年的年度财务报表中选取10年的投资数据进行分析整理，整理后发现除了2012年、2016年、2018年、2019年没有收到外部投资外，10年中有6年收到了大量的外部投资，去掉其没有收到外部投资的年份，可得到如图6-1所示的投资情况变化。

从图6-1可以看出，公司收到的投资金额整体呈上升趋势，尤其在2015年和2017年收到投资金额规模已超过1亿元，公司注册资本也已从2010年的9932.3万元提升到了2019年的5.49亿元，接收到的投资金额得到大幅提升。玉龙雪山景区从20世纪90年代开始以来，随着景区的不断发展，知名度和影响力不断提升，在吸引越来越多国内外游客前来游玩的同时，也吸引到了更多的资金投入，进一步巩固和促进了玉龙雪山景区的发展，越来越多的投资者看好玉龙雪山未来的发展。这也标志着丽江玉龙旅游股份有限公司已成长为一家知名的旅游企业，玉龙雪山景区成为全国乃至世界知名的山地景区。

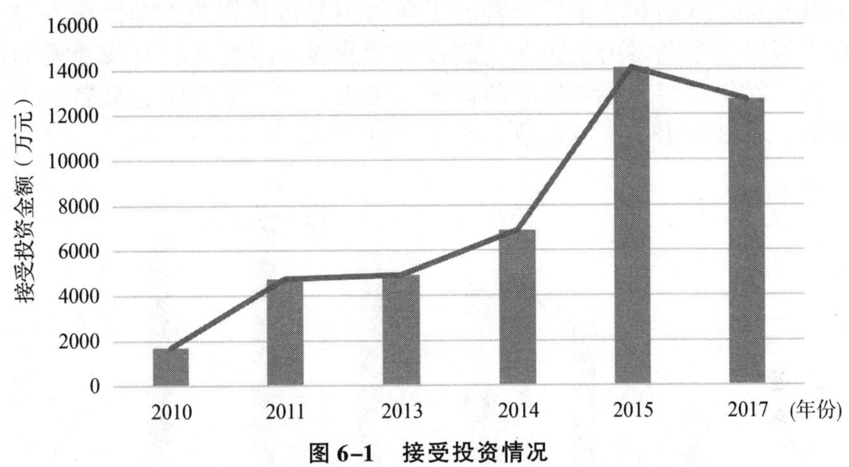

图 6-1　接受投资情况

资料来源：根据玉龙旅游股份有限公司调研相关资料归纳整理。

6.5　投资与景区发展的相关性分析

玉龙雪山景区从 20 世纪 80 年代末被认定为国家级风景名胜区以后，开始探索向前发展。随着我国旅游业的不断高速发展，旅游业得到了更多的关注，投资旅游景区发展旅游业成为热门项目，玉龙雪山景区得到的投资金额也逐年增加。玉龙雪山景区从尚不成熟到粗具发展规模，最后再到如今的名扬海外的国家 5A 级旅游景区，成为丽江市支柱性产业的重要支撑，得到了可喜的发展，并带动了当地的发展，取得了令人满意的经济效益、社会效益和一定的生态效益。

通过丽江玉龙旅游股份有限公司上市公司年度报告中的财务报表中的数据，把玉龙雪山景区接受投资的年份和当年前来旅游的游客总人数放在一起对比分析投资与景区发展的关系（见图 6-2），可以明显看出，玉龙雪山景区投资金额和游客接待数量总体都呈上升趋势。玉龙雪山景区收到投资金额从 2010 年起逐年上升，进入景区前来游玩的游客数量也从 2010 年起有着明显的上升，上升趋势也较投资金额变化更为平滑稳定，并且通过上升趋势可以看出从 2010 年到 2015 年间前来游玩的游客数量从 2010 年的 232 万人次上升到 2015 年的 383 万人次，5 年时间增加了近151万人次，增长了65%。虽然从2015年到2017年投资金额和游客人数相比，2015年略有下降，但也都远高于2015年之前，总体仍呈上升趋势。从图6-2中所反映的玉龙雪山景区投资金额和游客人数变化可以说明，玉龙雪山景区在收到投资后积极对景区进行开发建设和服务提升，在提升游客旅游体验的同时，吸引到了更多的游客慕名前来游览观光，玉龙雪山景区投资带动着景区的发展。

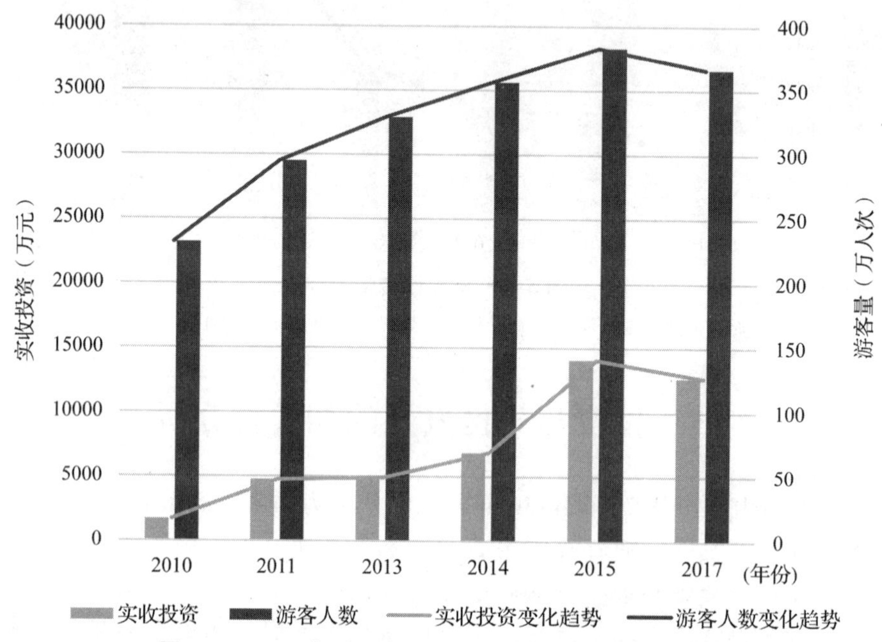

图6-2　2010年后玉龙雪山景区投资与游客人数变化

资料来源：根据玉龙旅游股份有限公司调研相关资料归纳整理。

根据玉龙雪山景区2010年后投资的财务数据，再加入2010年以来的景区门票收入数据来分析投资与景区发展的变化分析（见图6-3），可以明显看出：从2010年开始，玉龙雪山景区门票收入金额整体呈快速上升趋势，并且逐年提升，从2010年景区的2.09亿元门票收入上升到2017年的4.11亿元，增长近2.02亿元，同样与玉龙雪山景区2010年后投资数据的变化大体保持一致。说明景区投资的增加促进了景区提升和建设发展，在提升服务、门票价格和旅游接待设备的同时，还能使游客人数不断增加，吸引到大量游客，游客增多又使景区收入利润增加，进一步促进景区的快速发展以及知名度和投资的吸引力。

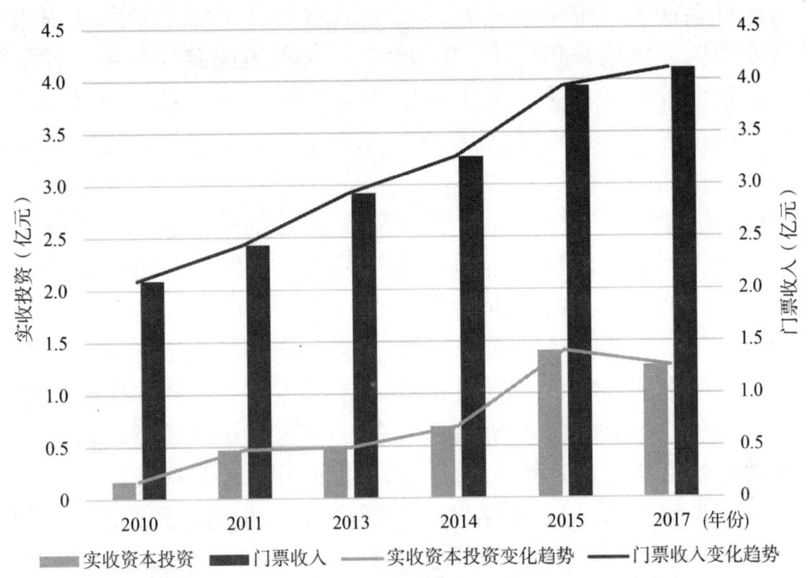

图 6-3　2010 年后玉龙雪山景区投资与门票收入变化

资料来源：根据玉龙旅游股份有限公司调研相关资料归纳整理。

6.5.1　投资带动景区效益提升

玉龙雪山景区从 20 世纪 90 年代借款编制第一部规划开始发展，经过 20 多年的快速发展，到如今已成为首批国家 5A 级旅游景区。玉龙雪山景区从 1994 年开始正式接待游客至今，投资金额逐年递增，截至 2019 年年末注册资本已到达 5.49 亿元，景区的投资加快了景区的开发建设，提升了景区的品质和游客的体验，接待游客人数已从 1994 年的 5000 人次左右增长到 2019 年的 502 万人次，营业收入截至 2019 年年末已达 7.23 亿元，上缴税金也从 1994 年的 2 万多元增加到 2019 年年初的 4000 多万元。玉龙雪山景区已然成为旅游业的一个知名品牌，成为宣传丽江以及云南旅游的一个极具吸引力的窗口，同时景区旅游收入也成为当地经济支柱，取得了较好的经济效益，带动了当地的发展。

6.5.2　景区投资增长与景区的发展为当地带来了良好的社会效益

玉龙雪山景区的投资不仅带动景区发展，使景区取得了良好的经济效益，同时投资还扩大了景区的知名度和社会影响力，快速发展的景区还为当地社会的发展带来了良好的社会效益。玉龙雪山景区及周边地区地处高寒山区，气候环境恶劣，1994 年玉龙雪山旅游开发前，社区群众只能以畜牧和种植马铃薯、玉米养家糊口，绝大多数农户全靠政府资助和返销粮维持生计，当地社区居民年人均纯收入不到 200 元，曾是丽江典型的特贫村之一。

充足的资金投入支持使玉龙雪山景区不断发展，取得了丰硕的经济成果，同时还不忘当地社区居民利益，对当地社区居民进行帮助，采用现金反哺和当地招聘方式，重点吸纳当地社区居民进入景区企业进行工作，一方面可以提高当地社区居民的收入，另一方面还可以改善当地社区居民的生活水平和质量，使当地社区居民摆脱贫困。从门票收入、索道经营收入和社区服务公司经营收入中筹措资金并通过当地政府对当地社区居民进行反哺，直补给社区群众，使全体社区群众都能享受到玉龙雪山旅游带来的红利。从 2007 年 8 月至今已成功实施了二期（每 5 年一期）旅游业反哺农业政策，现正在有序推进第三期旅游业反哺农业措施。随着玉龙雪山景区旅游的迅猛发展，反哺资金也从最初的 1050 万元增加到目前的 2400 万元，增幅为 128.57%；社区群众的年人均纯收入从 6000 元增加到 17000 元，增幅为 183.33%。

玉龙雪山景区在有序推进旅游反哺农业政策措施的同时，还不断加大对社区基础设施的资金投入力度，先后完成了对景区及周边当地社区活动中心、公路村道、人畜饮水及教育设施的改造建设等工作，社区容貌和居住生活环境得到极大改善，还积极进行公共设施建设、农牧业扶持，培育了牦牛养殖、经济林木及药材种植等产业项目，同时通过捐资助学、教育培训等造血式脱贫方式使景区及周边当地社区群众尽早脱贫致富。投资带动了玉龙雪山景区的发展，景区的发展带动了当地的发展，使当地社区居民的收入有了质的飞跃，让投资方、玉龙雪山景区和当地百姓都获得了实惠，实现了三方共赢的良性局面。

6.5.3 景区投资的增长和景区的发展带来一定的生态效益

景区投资的增长不断促进景区的快速发展，投资不仅为景区带来丰厚的经济利益，为当地社区居民带来良好的社会效益，还为景区带来了生态效益。随着人民大众环保意识增强，越来越多的人开始关注环境和生态保护，玉龙雪山景区处于高寒地区，生态环境相对脆弱。随着景区知名度和品质的吸引力日益增强，前来旅游观光的游客持续增加，给玉龙雪山景区原本相对脆弱的生态环境带来了较大的压力。景区投资的增加为景区带来了更多环保设施设备，使景区有充足的资金支持景区生态环境的保护性的建设和规划投入，并为科研机构和组织提供保护研究资金，加强与环保等组织机构合作。从1996年起，在冰川、水资源、冻土、环境变化和保护等方面，中科院与玉龙雪山景区开展了一系列课题研究与合作。2002年景区又通过了国际ISO质量和环境管理体系认证。2006年玉龙雪山冰川与环境观测研究站建立，为我国季风海洋型冰川研究提供了一个科学平台，这标志着玉龙雪山冰川资源的科学性生态保护和开发利用又向前迈进了一大步。在2008年，景区被列为国家级重点风景名胜区环境综合整治免检单位，为了加强对青少年生态环境保护的重要性的宣传教育，玉龙雪山景区被列为云南省科普教育基地。总的来看，景区投资的投入为景区在冰川资源保护方面带来了显著工作成果，许多成果特别是在冰川旅游资源开发中进行冰川的科学性保护措施已经得到国家环保、旅游等相关部门和科研院所的充分肯定。景区投资对景区的生态环境保护的发展进步发挥了一定的积极作用。

景区投资为景区及景区未来的发展带来了令人满意的经济效益、社会效益和一定的生态效益。景区及周边当地社区群众的收入得到了大幅增加，景区生态环境得到改善，服务质量和旅游秩序不断提升，企业效益持续好转，品牌效益日趋凸显，核心竞争力得到进一步增强，形成了良性循环，极大地促进了景区和社区的稳定、持续、和谐发展，玉龙雪山景区旅游业的蓬勃发展得到广大社区干部群众的支持和拥护。

6.6　玉龙雪山景区发展中的主要问题

玉龙雪山景区已逐步成长为全国乃至世界的知名山地景区，它的崛起和飞速发展带来了无比丰厚的经济收益，同时带动了当地社会和经济的快速发展，带来了良好的社会和经济效益，然而玉龙雪山景区的开发也存在着不少问题和负面影响有待改进和消除。

6.6.1　景区生态环境保护资金与力度相对不足

玉龙雪山景区近20多年来进行不断地开发，对资源开发利用也都有各自详尽的规划，并且按照科学规划、严格保护、统一管理、永续利用的思想，作为自己景点开发和保护的指导，然而从实际开发成果来看，玉龙雪山景区景点已经深入保护区。玉龙雪山旅游景区开发后的景区范围已经包括了玉龙雪山自然保护区范围，旅游景区的游览面积也已远超保护区，同时旅游景区内大多知名景点以及景点周边的旅游活动均分布在保护区内部，并且主要的景点游览游客数量众多，这些景点已经深入保护区缓冲区甚至是核心区域。例如，为了使游客便捷游览冰川公园，近距离观赏玉龙雪山顶峰，修建的冰川公园大索道直通玉龙雪山主峰扇子陡下方，这条大索道又是前来玉龙雪山景区游览的游客必游之地。虽然景区内也使用了相对较为环保的设施设备，按照在保护区或者试验区内开展的旅游或其他科研相关活动必要达到规定的生态标准来要求执行，但随着玉龙雪山旅游景区的快速发展，景区质量逐步提升，景区知名度和影响力不断扩大，吸引慕名前来游览的游客逐年递增，玉龙雪山冰川开始缓慢消融，已由最初的 19 条消减为现在的 15 条，冰川公园的 1 号冰川也在加速消融后退。尽管有专家解释，玉龙雪山冰川的消融主要还是气候的变化造成的，全球气候变暖才是导致冰川消融、不断后退的主要原因，但是玉龙雪山景区现在所开展的旅游以及接待活动方式是大众旅游活动，日益增多的游客游览等频繁的人类活动多多少少也加速了玉龙雪山冰川的消融和雪线的提升。全球气候变暖是全球性大环境的变化，不是仅靠我们努力可以改变的，然而玉龙雪山景区旅游是丽江旅游甚至是当地社会经济的支柱、社会发展的命脉，如果不对玉龙雪山的资源以及生态环境合理地利用、管理和保护以及可持续地利用，尽可能减少对生态环境的破坏，把所有的责任和问题都推向全球变暖的大环境的原因而不自我检查，那么景区的发展乃至丽江的未来发展可能都会变得前途渺茫。随着我国社会的不断发展和进步，人民大众对生态保护意识也不断增强，越来越多的人开始思考，玉龙雪山固然美丽，但是在生态如此脆弱的环境中是否应该开发旅游，在不断的讨论中，玉龙雪山的旅游争议也愈发地受到人们的关注和思考。

此外，保护区管理人员编制及其薪资待遇和日常经费调拨都是由当地政府负责，当地政府更加重视玉龙雪山景区发展带动起的巨大的经济利益和价值，中心放在了旅游景区的开发和利用上，对于生态保护认识还不够充分，也不够重视。保护区管理者面对当地政府一直处于劣势地位，在面对当地的地方利益损害保护区的生态环境时，保护区的管理者通常十分被动，同时面对玉龙雪山景区的快速发展、日益增长巨大的经济收益，形成鲜明对比的是玉龙雪山景区生态保护工作却在艰难发展，景区生态保护工作未从玉龙雪山景区火热发展中获得资金支持，使得玉龙雪山景区生态保护资金相对较为缺乏，事业经费财政拨款是仅有的保护资金，从而导致景区生态保护工作运行困难，生态保护在面对旅游景区开发建设时未能落实到位，导致景区发展在生态保护方面未能得到应有的重视和保护。

6.6.2　游客停留时间不长，消费链过短，主要收入来源单一

前往玉龙雪山旅游景区交通线路选择并不多，大多游客会选择从市区出发前往景区，景区除了门票费用，其他费用如乘坐游览观光电瓶车和索道缆车、观看《印象·丽江》大型实景演出等众多项目叠加在一起的总费用也相对花费较高，同时前往各景点均需花费不少的时间和费用，对于第一次前来游玩自由行的游客不友好，大多游客均选择报团旅游节省自己的花费和时间。受到旅游报团的成本限制，大多旅游团进行了时间的缩减，把一两天才能游览完的景点和行程缩减到几小时内游览结束，游客们匆忙地从一个景点到下一个景点游览，无法尽情长时间游览，停留时间较短，导致游客并不能完全体验玉龙雪山景区的大部分观光以外的其他类型的旅游产品，不仅影响旅游者的旅游体验，还使得旅游产品的宣传与游客的感知相差较大，造成游客在景区的旅游消费链过短，景区主要收入来源依旧依靠索道和门票的收入，阻碍了景区向服务型经济的转型升级。

6.6.3　景区除观光外的旅游产品不突出

目前玉龙雪山旅游景区不仅仅具有传统的观光型的旅游产品，同时还拥有休闲度假、康体养生、生态体验、科普教育等众多类型的高层次互动参与性强的旅游产品，可谓是旅游产品丰富多样。然而由于前来游览的大多数游客驻足时间过短，跟团游的旅游行程过于紧张，众多的游客并未体验和消费如此丰富的多类型旅游产品，以冰川和雪山为主导的观光游还是景区和旅行团主打的玉龙雪山景区的核心玩法。有些游客除了看雪山和冰川甚至不知还有其他类型的旅游产品，只有简单的观光游，缺少参与性和互动性，自然也成为大多数游客对于玉龙雪山旅游景区游览后的主要感受，导致其他旅游产品不够突出，造就了游客只知有雪山冰川可以观赏，却不知有众多好玩且参与性和互动性都更强的其他旅游产品可以消费体验，从而进一步使游客停留时间缩短，可能大多数

游客觉得游览一次足矣，难以吸引回头客再次前来体验，严重影响了玉龙雪山景区的进一步的转型升级和发展。

6.6.4 景区淡旺季明显

目前玉龙雪山旅游景区依然以雪山和冰川观光游为主要的核心产品，较为单一的雪山和冰川观光游对季节和气候依赖性较强，在7月、8月气温较高的月份前来玉龙雪山景区游玩的游客众多，景区甚至会通过限卖门票来减少过多的游客进入景区，然而过了10月之后气温降低，前来游玩的游客大幅减少，游客相关的旅游接待设施大量闲置，相关从业人员也大量减少，大量商铺摊位闲置，造成大量人力、物力和设施资源的浪费。本应在淡季可以发挥关键作用吸引游客的休闲度假、康体养生、生态体验、科普教育等其他旅游产品，难以吸引游客前来消费体验。较为单一的旅游核心产品使得玉龙雪山景区淡旺季明显，收入不够均衡，旺季景区满负荷运转，环境负担加重，设施设备加速老化和折旧，淡季大量人员和设施设备闲置，造成资源浪费。

6.6.5 高层次旅游专业性人才匮乏

优秀的人才是产业发展的基础，旅游业同样也是如此。专业性的人才对于旅游业的未来发展十分重要。我国旅游业近些年飞速发展，高层次的旅游专业性人才已经成为旅游业炙手可热的重要资源，但是我国旅游专业性人才培养还未和旅游业发展接轨，人才培养和引进也相对较为落后，无法达到和满足产业的需求，高层次的旅游专业性人才的匮乏已成为阻碍未来旅游业发展潜力和水平提升的关键问题之一。造成这个问题的原因有很多，但是总体来说可以总结为以下几个方面。

首先，旅游业本身是一个融合性较强的综合性行业，交通运输、餐饮、住宿等多种行业都融合其中。我国旅游业起步较晚，前期旅游业的发展确实有众多文化知识不高、专业素质不强的从业人员，在大多数人眼中，旅游业对相关从业人员的素质和知识要求不高，进入旅游业的门槛很低，只要认识字会收钱都可以从事旅游业。但是随着我国旅游业和市场的飞速发展，新的科学技术的不断提升，智慧旅游、“互联网 +”及“旅游 +”等新型技术和科技在旅游业的普及和应用，使旅游者的消费需求也不断地提升，旅游业对相关从业人员的素质和专业性要求越发提高，已不再是认字收钱这么简单就可以做好的，高素质的旅游专业性人才已不只是包括旅游接待、旅游商品买卖等相对基础性的从业人员，还包括旅游规划、旅游管理等对旅游深入研究以及制定旅游业未来发展规划的高层次旅游相关人员，对于现在的旅游业来说，高素质的旅游专业性人才也已成为旅游业未来发展的急需的“抢手货”。然而旅游业快速发展带来的巨大收益使投资者和景区管理者重视经济利益却忽略了专业型旅游人才的引进和培养，高素质的旅游专业性人才较为匮乏，导致市场和游客的需求与旅游人才素质不能完全匹配，随着旅游业的不断发展，这个问题和矛盾越发突出。

其次，旅游人才流失较为严重。旅游业尽管发展较快，但是由于各种原因导致外界对于旅游业从业人员的认知普遍都是文化素质相比其他服务行业来说相对较低，旅游业从业人员的社会地位相比其他行业较低，同时部分旅游业淡旺季较为明显，工资薪酬波动较大，不够稳定。旅游相关企业对人才引进和培养不够重视，没有较好的吸引旅游人才的政策待遇以及良好的发展环境和工作激励制度，不少旅游人才看不到自己的职场生涯好的规划以及发展，不愿长期从事旅游业，从而转行其他行业，造成旅游业人才流失较为严重。

最后，目前旅游人才培养相比现在快速发展的旅游市场较为落后，不能满足旅游市场现阶段的各种需求。目前旅游专业院校对学生的旅游专业性教育培养还多为传统的理论知识的教授模式，缺乏社会实践性的培养，与目前市场的人才需求没有对接，高校培养出的人才不是企业需要的高层次应用型人才，高校与企业互联互动、合作交流等应用型旅游教育培养方式过少或者没有。旅游业的融合性和实践性较强，高校过于侧重理论性，教授众多的理论知识，使学生的实践能力得不到有效的锻炼和指导。同时旅游业在学科中属于交叉学科，涉及较多学科知识，旅游专业师资力量相对不足，再加上在旅游业社会地位和认可度不高，致使部分旅游专业人才毕业就业选择了其他行业工作。

第7章 玉龙雪山景区投资驱动效应实证研究

7.1 研究假设

7.1.1 景区投资对景区成长和经济的影响

景区投资可以为景区带来发展所需要的资金，资金的加入可以有效缓解景区日常运营中资金短缺的情况，能够增加景区资金流动性和偿债能力，有效地减少负债降低资产负债率，通过资金的投入使景区拥有充足的资金，新旅游产品研发和旅游市场拓展能力得到进一步提升，增加景区创新能力，同时还能提升公司待遇，激励员工提升景区的工作效率、能力和服务质量，提高景区的知名度和声誉，进而改善景区经营情况，为景区带来丰厚的利润，提高盈利的效率和收益能力，促进景区快速稳定的发展和成长，带来可观的经济效益。

因此，基于景区投资对景区的成长和带来的经济驱动效应，本书提出以下假设：

假设1：景区投资能够促进景区成长和发展，对景区产生正向影响作用。

假设2：景区投资对景区收益获利情况产生正向影响作用。

7.1.2 景区投资对景区周边社会发展的影响

景区投资带动了景区的快速发展，提高了景区的知名度和影响力，吸引更多游客前来游览观光，带动当地交通运输、餐饮住宿、休闲娱乐等诸多产业发展，景区周边各产业兴起又促进了外地游客消费，增加当地财政收入，促进当地居民就业情况，提高了当地居民收入，生活质量也得到了大幅提升。

因此，基于景区投资对景区当地周边的社会驱动效应，本书对此提出如下假设：

假设3：景区投资对景区当地周边社会的发展具有正向影响作用。

7.1.3　景区投资对景区及周边生态环境的影响

景区的丰富的自然资源和良好的生态环境使景区发展的必要条件，景区为了持久的可持续经营发展，对景区及周边的自然资源和生态环境进行保护成为必不可少的工作，然而环保资金的缺乏使不少景区心有余而力不足，导致景区及周边资源衰竭，生态环境遭到破坏，最终景区衰落。而景区的投资为生态环境保护提供了充足的资金支持、环保设施设备的投入和环保交通设施工具以及废水、垃圾等废物环保处理利用等方式的增加为景区可持续长久发展奠定了基础，绿水青山就是金山银山，景区资金的投入对于景区及周边的自然资源和生态环境保护都具有重大的影响。

因此，基于景区投资对景区及周边的生态驱动效应，本书提出第四个假设：

假设4：景区投资对景区及周边的生态环境保护产生正向影响作用。

7.2　样本选择与数据来源

7.2.1　样本选择

本书选取丽江玉龙雪山景区为景区研究初始样本，通过景区投资变化来研究投资驱动效应。前一章节丽江玉龙雪山景区投资发展历程已经提到，丽江玉龙旅游股份有限公司为玉龙雪山景区主要旅游开发、建设和管理经营的公司主体，公司经营业务范围涵盖景区大多经营业务，因此，本书与变量相关的财务数据选取了丽江玉龙旅游股份有限公司数据进行分析研究，更能具体地反映出玉龙雪山景区的真实情况。

7.2.2　数据来源

丽江玉龙旅游股份有限公司已于2004年在深圳证券交易所中小企业

板块成功上市，本书从深圳证券交易所网站搜索下载丽江玉龙旅游股份有限公司财务数据，选取统计了2010—2019年共10年上市公司年度财务报告、上市公司年度报告和公司公告以及会计信息重要事项披露等各项数据作为本书的玉龙雪山景区投资研究数据来源。丽江玉龙旅游股份有限公司作为一家上市公司，拥有母公司和众多子公司，因此选取公司合并财务报表数据作为数据进行分析更为合理。同时，将统计收集后的财务数据与巨潮资讯网中公示和实地调研收集的内部的财务数据进行数据对比校验，再剔除明显错误数据。通过对10年报告中的财务数据分析后发现，2012年、2016年、2018年、2019年这四年并未得到投资，财务报表中实收资本科目与上一年相比金额也未发生变化，与本书景区投资驱动效应研究不符，因此将这四年数据剔除掉。与本书研究变量相关的社会、生态驱动效益数据来自2010—2019年共10年的《中国人口和就业统计年鉴》《中国城市统计年鉴》以及《空气质量年鉴》，并对数据进行了检索整合统计，为与财务报表投资数据对应，同样剔除掉2012年、2016年、2018年、2019年这四年玉龙雪山景区未收到投资的四年数据，然后进行数据筛选，剔除掉统计年鉴中的数字明显异常的错误数据样本，使其最终研究数据更为精准合理。对数据进行收集整理后，如表7-1至表7-6所示。

表7-1　玉龙雪山景区投资金额数据

年份	实收资本（元）	非流动资产金额（元）
2010	17000000.00	69083702.23
2011	47481823.00	5300385.14
2013	49141461.00	174565532.53
2014	68843777.00	79379029.88
2015	140895054.00	23906293.56
2017	126805548.00	79051980.77

数据来源：根据实地调研收集内部相关资料计算整理。

表 7–2　丽江市社会发展数据

年份	第三产业从业人数（万人）	地区生产总值（万元）	地方财政收入（万元）	人均地区生产总值（元）	民用航空旅客运量（万人次）
2010	5.81	1435885	164511	11680	221.77
2011	6.17	1785015	177359	14279	218
2013	7.86	2488114	457795	20734	400
2014	7.87	2520351	460701	20663	485
2015	8.55	2896117	477693	22386	563
2017	8.62	3291703	482460	25666	711

表 7–3　丽江市生态环境数据

年份	空气质量	绿地面积（公顷）	环保基金税（元）	生活垃圾无害化处理率（%）
2010	52	720	30471489.74	85
2011	42	745	88845777.80	85
2013	44	956	106747751.96	94.76
2014	45	945	118840664.16	94.78
2015	40	962	125761953.57	94.45
2017	39	962	139952638.62	99.42

数据来源：根据《中国人口和就业统计年鉴》《中国城市统计年鉴》《空气质量年鉴》及相关资料归纳整理。

表 7–4　丽江玉龙旅游股份有限公司财务数据（1）

年份	成本费用利润率（%）	流动资产周转率（次）	流动比率（%）	资产负债率（%）	营业收入（元）
2010	0.39	1.04	0.65	0.35	373565844.82
2011	0.40	1.92	1.43	0.31	455286111.23
2013	0.61	1.11	5.55	0.36	677173449.78
2014	0.65	0.79	5.82	0.22	702754150.97
2015	0.69	0.57	6.50	0.20	796012209.80
2017	0.75	0.48	6.90	0.09	827203991.38

表 7-5　丽江玉龙旅游股份有限公司财务数据（2）

年份	平均产资产总额	销售成本	营业利润	本期固定资产金额变化量
2010	983612432. 88	90376050. 26	111280730. 73	88105860. 56
2011	1196022741. 42	111786343. 90	213431615. 46	-10899113. 20
2013	2023740609. 89	181484718. 21	242117505. 14	177283829. 94
2014	2194531337. 92	184646157. 75	281351611. 10	57236353. 66
2015	2676415761. 56	193899111. 34	303855543. 73	-5918844. 67
2017	2734207057. 49	215637596. 52	271431009. 21	-22017896. 23

表 7-6　丽江玉龙旅游股份有限公司财务数据（3）

年份	本期平均固定资产金额（元）	现金及等价物平均额（元）	本期净资产（元）	平均流动资产总额（元）
2010	632541699. 30	134155690. 27	617008133. 72	183729558. 34
2011	699982639. 74	263459033. 21	881266406. 97	288781725. 69
2013	794098169. 33	648900732. 70	1436226160. 37	761842535. 56
2014	801358261. 13	676587584. 62	1344068954. 25	945660982. 38
2015	897017015. 63	1311579721. 74	2178640434. 21	1375902744. 30
2017	899955136. 34	1375521456. 66	2449282089. 67	1427084990. 56

数据来源：根据实地调研收集内部相关资料计算整理。

本书使用 Excel 2016 表格软件和 SPSS 25 数据统计分析软件作为数据分析和处理的分析软件，对玉龙雪山景区投资数据进行回归分析：首先通过 Excel 2016 表格软件对初始数据进行分类汇总、整理和计算，然后再使用 SPSS 25 数据统计分析软件对整理汇总好的数据进行数据描述和回归分析，运用多元回归模型分析前文提出假设是否成立，并进行结果检验和预测。

7.3　解释变量和被解释变量的设计和选取

7.3.1　解释变量的设计和选取

为研究景区投资对景区及周边带来的驱动效应，本书选取实收资本和非流动资产两个变量作为研究的解释变量，反映景区接受投资的多少，数据均来自丽江玉龙旅游股份有限公司上市公司年度财务报告、上市公司年度报告和公司公告以及会计信息重要事项披露中的账面财务数据。

实收资本或股本指的是企业实际收到的投资者投入企业的各种类型的财产，既包括各种类型的货币资金和外汇，也包括具体投入的实物以及各种无形资产。投资的主体可以是国家资本、集体资本，也可以是法人资本、个人资本、外商资本等。实收资本可以用于设施设备购买等，作为长期周转来使用，实收资本增加代表着不断地有投资者对景区进行投资。因此把实收资本作为研究景区投资研究的解释变量，可以直接反映出景区投资情况。

非流动资产指的是企业不能在一年之内通过持续经营过程中转化为可使用资金的长期性资产，主要包括持有到期投资、长期股权投资、投资性房地产、固定资产、在建工程、无形资产等对内对外进行投资项目和建设的资产，非流动资产金额的增加，说明了景区的经营状况良好，具有较为强劲的盈利能力，还可以真实反映出企业对景区内及周边房屋、机器设备、交通工具、自然资源等建设投资的投入金额不断增加，带动了景区及周边经济和社会的发展。因此，本书把非流动资产作为研究的第二个自变量。

7.3.2　被解释变量的设计和选取

我们根据前文提出的 4 个假设，把这些被解释变量按其特征分为 4 种类型，分别是：体现了景区成长、景区收益情况、景区周边社会发展情况以及景区及周边生态环境保护情况。

（1）衡量景区成长的被解释变量，其中包括：流动比率、资产负债率、平均资产总额、本期固定资产变化量、本期平均固定资产余额、本期平均流动资产总额、流动资产周转率、现金及等价物平均额共 8 个被解释变量。

景区的成长性既包括景区经营效率高低，又包含景区经营能力的强弱，它是衡量景区发展价值的重要体现，反映出景区经营发展的状况，一般来说，景区成长性越高，则其价值越高，旅游市场需求越大，景区经营发展中偿债和运营能力越强，我国旅游市场环境较为复杂多变，景区企业成立背景、成长内外环境各不相同，用来衡量景区成长的非财务因素较为复杂，很难统一标准，因此选择较为统一的财务数据分析较为客观，可以衡量景区成长。对衡量景区成长性的被解释变量定义如下：

流动比率：指流动资产与流动负债的比率，主要反映企业在短期债务到期前可以用流动资产变现偿还债务的能力，流动比率越高，企业资产变现还债能力越强，反之，则企业资产变现还债能力越弱。还债能力指的是企业拥有的现有资产偿还债务的能力，一个企业偿还债务的能力直接影响到企业是否能够稳定、持续、健康的经营发展，因此，偿债能力直接影响到景区企业的成长性。

$$流动比率=流动资产合计金额/流动负债合计金额\times 100\% \tag{7-1}$$

资产负债率：指的是企业负债总额与资产总额的比值，用来反映企业的全部资产中每一元资产包含了多少负债的比率。是衡量企业财务状况的一个重要变量，也是企业还款能力、资金风险和整体负债水平的综合体现，一般来说，低的资产负债率代表着企业资金安全性较高，偿还债务能力强，而过高的资产负债率则会使企业财务状况持续恶化，偿还债务能力会降低，最终可能会出现资不抵债，进而导致企业破产的风险加大，给企业带来隐患。企业控制合理的资产负债率有利于企业良性和稳定的长久发展，促进景区企业成长和价值提升。

$$资产负债率=负债总额/资产总额\times 100\% \tag{7-2}$$

平均资产总额：本期资产总额的平均值，资产总额指的是企业在过去交易或事项中形成的由企业拥有或控制的全部资产的总和，平均资产总额是用来直接反映企业全部资产和资产规模增长情况的变量，其金额越大说明企业资产经营规模越大，衡量了景区企业通过外部资金使企业增值的能力。

$$平均资产总额=(资产总额年初数+资产总额年末数)/2 \tag{7-3}$$

固定资产是指企业使用时间能够超过12个月的；企业为生产产品、经营管理、提供劳务或者出租而持有的；物品的价值达到了一定标准的非货币性的资产，其中既包括了房屋、建筑物、机械，也包括运输工具以及其他与生产经营活动有关的设备、器具、工具等。固定资产是生产经营的主要资产和企业的劳动手段。

本期平均固定资产余额：指的是本期固定资产金额的平均值，固定资产指的是企业为生产和销售产品、提供劳务以及经营所持有的使用期限超过 1 年以上的，其价值达到一定金额的非货币性的房屋建筑物、运输工具、机器设备等和企业经营活动相关的设施设备等，一般情况下，固定资产金额越大，景区企业规模越大，成长性越好。

$$平均固定资产 = (期初固定资产额 + 期末固定资产额)/2 \quad (7-4)$$

本期平均流动资产总额：指本期期初期末流动资产总额的平均金额，流动资产总额指的是企业在一个经营周期内可以变现或者运用的资产总额，合理的流动资产总额有利于企业日常生产经营活动，提高企业的资金结构的流动性，提升偿还债务的能力，维护企业的声誉，有益于不断提高景区企业的成长性。

$$本期平均流动资产总额 = (期初流动资产总额 + 期末流动资产总额)/2 \quad (7-5)$$

流动资产周转率：指该企业在一段时间内的主营业务收入净额与平均流动资产总额之间的比率，反映了企业资产的运营能力和效率，体现出企业的资产竞争能力，同时也衡量出企业运用资产投入和产出的周转效率。一般来讲，流动资产周转率越高，说明该企业流动资产的周转速度越快，企业对外的销售的能力也就越强，销售的能力越强，企业成长性也就越高。

$$流动资产周转率 = 主营业务收入净额/平均流动资产总额 \times 100\% \quad (7-6)$$

本期固定资产变化量：指的是企业本期固定资产在企业经营活动中发生的增加或者减少的金额。

$$本期固定资产变化量 = 期末固定资产余额 - 期初固定资产余额 \quad (7-7)$$

现金及等价物平均额：指的是本期现金及等价物额的平均值，现金及等价物是指现金、银行存款以及其他货币资金等以货币资金形式存在的资产。现金及等价物是企业经营的起点和终点，也是企业能够进行经营活动的必要条件，现金及等价物平均额越高，企业能够进行长久持续经营的能力越强，景区企业成长性越强。

现金及等价物平均额 =(期初现金及等价物余额 + 期末现金及等价物余额)/2 (7-8)

(2) 衡量景区收益情况的被解释变量，其中包括：成本费用利润率、营业收入、销售成本、本期净资产、营业利润共 5 个被解释变量，可以衡量景区收益情况。景区企业经营最根本的目的就是获得收益，景区企业收益情况越好，未来企业发展潜力越大，企业的盈利能力也就越强，是企业实现高现金流、高利润回报率的重要体现。被解释变量定义如下：

成本费用利润率：指的是在一定经营期间内，利润总额与营业成本、营业费用、管理费用、财务费用总和的比率，成本费用利润率可以反映出企业日常经营中每付出 1 元成本可以得到多少的利润。成本费用利润率越高，则说明企业获得利润越高，景区企业经济效益和盈利收益能力就越好，该变量反映了景区企业经营消耗带来的收益情况。

成本费用利润率 = 营业利润/(营业成本 + 营业费用 + 管理费用 + 财务费用) ×100 (7-9)

营业收入：指的是企业在一定时期内的日常经营过程中从事其主营业务或其他业务过程中取得的收入，可以是销售商品取得的货币收入，也可以是提供服务或劳务取得的货币资金，营业收入是企业获取收益的主要来源，持续增长的营业收入体现了企业的盈利能力较为优秀以及企业业务的发展情况较为良好，也是景区企业收益情况体现的主要变量。

销售成本：指的是企业已销售的产品成本或是已提供劳务发生的劳务成本以及其他的销售业务的成本，销售成本在一定程度上说明了企业销售规模和资本的扩大和扩张，并不是销售成本越低越好，保持在一定合理的范围内有利于企业影响力扩大和进一步发展和扩张，有利于企业取得更多的收益和利润，有利于提升企业长远的整体价值。

本期净资产：指的是企业在本期经营活动后资产总额减去负债总额后的金额，包括企业在经营期间创造的新增资产，也包括企业接收到的资产等。净资产的增加反映出企业资本和规模在不断扩大。

本期净资产 = 本期资产总额 - 本期负债总额 (7-10)

营业利润：又叫作销售利润、经营利润，指的是企业在其销售业务中产生利润金额。经营利润是企业获取利润的主要来源，也是企业在经济活动中的行为目标，没有充足的营业利润企业就无法在复杂残酷的市场中生存和进一步发展壮大。

营业利润＝主营业务收入－主营业务成本＋其他业务收入－其他业务成本－营业费用－管理费用－财务费用－税金及附加－资产减值损失＋公允价值变动收益－公允价值变动损失＋投资收益－投资损失　(7-11)

(3) 衡量景区周边社会发展情况的被解释变量，其中包括：第三产业从业人数、地区生产总值、人均地区生产总值、地方财政收入、民用航空旅客运量共 5 个被解释变量，从周边居民就业、地区收入、社会公关资源、医疗资源、道路交通等多个方面综合衡量景区周边社会发展情况，定义如下：

第三产业从业人数：统计从事第三产业的相关从业人员的人数，根据统计年鉴，人数单位取万人。

地区生产总值：地区生产总值指的是地区 GDP 的指标，是在一定的时间内，本地区的所有常住公司、单位、企业的生产和活动产生的数值金额的总和，也是本地区各个产业增加值相加的总和，根据统计年鉴，单位为万元。

人均地区生产总值：指的是一个地区一年内产生的生产总值与当地常住人口的比值就为当地的人均地区生产总值，根据统计年鉴，单位为元。

地方财政收入：指的是由地方收入、中央财政税收返还及转移支付构成的地方性的年度财政收入，根据统计年鉴，单位为万元。

民用航空旅客运量：指的是当地航空运输部门在一年内实际运送旅客的数量，一般来说，不论旅客行程的远近、票价金额的大小，统一按照一人一次来进行客运量的统计计算，根据统计年鉴，单位为万人次。

(4) 衡量景区及周边生态环境保护情况的被解释变量，其中包括：年均空气质量、绿地面积、环保基金税、生活垃圾无害化处理率共 4 个被解释变量，可以衡量景区及周边生态环境保护情况，定义如下：

年均空气质量：指的是一年内当地空气质量的平均值，空气质量的高低可以反映当地空气污染程度，它是通过空气中污染物浓度的大小来进行判断的，也是衡量景区及周边生态环境保护情况的一个重要变量。

绿地面积：指的是一个区域内用来进行绿化的土地面积，是一个地区绿化数量的体现，可以用来衡量景区及周边生态环境保护情况，根据统计年鉴，单位为公顷。

环保基金税：云南省计委及丽江市发改委批复的向丽江玉龙旅游股份有限公司征收的环保基金。可以反映和衡量景区及周边生态环境保护情况，环保基金税持续增加，代表着环保资金投入不断增加，根据实地调研内部数据，单位为元。

生活垃圾无害化处理率：生活垃圾处理指的是景区及周边居民日常生活或为日常生活提供服务的机构场所活动中产生固体废弃物以及我国法律界定的生活垃圾的固体废弃物的处理，而对生活垃圾进行无害化的处理率是指对垃圾进行合理再利用，并且不再污染生态环境的处理比率。一般生活垃圾无害化处理率的数值为生活垃圾无害化处理与生活垃圾的比率，生活垃圾无害化处理率越高，说明居民生活产生垃圾对周边生态环境危害性越低，用来衡量景区及周边生态环境保护情况，根据统计年鉴，单位为百分比。

7.4 模型设计与构建

我们所说的回归分析指的是一种用于研究某一被解释变量受到其他一个或多个解释变量的影响作用大小的一种数量分析方法，它把研究客观事物变量之间的统计关系作为主要的研究对象，是可以用来寻找看起来毫无规律的不确定的现象中隐藏的统计规律的一种统计常用方法。回归分析研究方法从19世纪初算起已有200多年的历史，在我们平常的学习生活实践中运用广泛，是一种常见的统计学分析工具。

当运用回归分析研究的解释变量与被解释变量之间存在线性的相关关系时，根据函数的拟合方式，我们可以利用线性回归模型对变量进行回归分析。一般来说，回归模型按照变量间是否存在线性关系可分为线性形式和非线性形式两种类型，回归模型又根据解释变量的多少分为一元回归分析模型和多元回归分析模型。根据我们收集汇总整理后的数据，数据间存在明显的线性关系，又有两个解释变量，因此我们选取多元线性回归模型进行数据的分析研究。多元线性回归模型可以帮助我们揭示出本书两个解释变量和多个被解释变量之间的线性关系。通过以上分析，我们建立多元线性回归分析模型对景区投资的驱动效应进行研究，构建如下模型：

$$Y_i = \alpha + \sum_{i=1}^{n} \beta_i X_i + \varepsilon_i \tag{7-12}$$

该模型为了更好理解，可以简化为如下所示：

$$Y_i = \alpha + \beta_1 X_1 + \beta_2 X_2 + \cdots + \beta_i X_i + \varepsilon_i \tag{7-13}$$

其中，Y_1、$Y_2 \cdots Y_i$ 为本书的各个被解释变量，α 为回归常数，β_1、$\beta_2 \cdots \beta_i$ 则为回归系数，X_1、$X_2 \cdots X_i$ 为本书解释变量，ε 为随机误差项，由于投资驱动的客观现象是错综复杂的，随机误差项的设立是为了防止其他关于其他客观因素存在没有考虑到的其他偶然因素，它反映了模型的估计值和真实观测值之间的偏差，可以使模型更好地建立起各个解释变量与被解释变量之间的相关性。

通过前面章节研究假设以及解释变量和被解释变量的设计和选取可以得知，我们根据所提出的 4 个假设把被解释变量分为 4 种类型来具体研究景区投资的驱动效应，通过回归模型来进行实证分析和假设的验证。

首先，对于假设 1：景区投资能够促进景区成长和发展，对景区产生正向影响作用，本书以模型公式 7-13 为基础，把对应的解释变量和被解释变量代入，构建如下模型：

$$Y_1 = \alpha + \beta_1 X_1 + \beta_2 X_2 + \varepsilon_1 \tag{7-14}$$

其中，Y_1 为本书第一个假设中衡量景区成长的各个被解释变量，α 为回归常数，ε_1 为随机误差项，β_1、β_2 为解释变量 X_1、X_2 对应的回归系数，X_1、X_2 为反映景区投资金额的两个解释变量。

其次，为了验证假设 2：景区投资对景区收益获利情况产生正向影响作用，本书以模型公式 7-13 为基础，把对应的解释变量和被解释变量代入，构建如下模型：

$$Y_2 = \alpha + \beta_1 X_1 + \beta_2 X_2 + \varepsilon_2 \tag{7-15}$$

其中，Y_2 为本书第二个假设中衡量景区收益情况的各个被解释变量，α 为回归常数，ε_2 为随机误差项，β_1、β_2 为解释变量 X_1、X_2 对应的回归系数，X_1、X_2 为反映景区投资金额的两个解释变量。

然后，为了验证假设 3：景区投资对景区当地周边社会的发展具有正向影响作用，本书以模型公式 7-13 为基础，把对应的解释变量和被解释变量代入，构建如下模型：

$$Y_3 = \alpha + \beta_1 X_1 + \beta_2 X_2 + \varepsilon_3 \tag{7-16}$$

其中，Y_3 为本书第三个假设中衡量景区周边社会发展情况的各个被解释变量，α 为回归常数，ε_3 为随机误差项，β_1、β_2 为解释变量 X_1、X_2 对应的回归系数，X_1、X_2 为反映景区投资金额的两个解释变量。

最后，为了验证假设 4：景区投资对景区及周边的生态环境保护产生正向影响作用，本书以模型公式 7-13 为基础，把对应的解释变量和被解释变量代入，构建如下模型：

$$Y_4 = \alpha + \beta_1 X_1 + \beta_2 X_2 + \varepsilon_4 \tag{7-17}$$

其中，Y_4 为本书第四个假设中衡量景区及周边生态环境保护情况的各个被解释变量，α 为回归常数，ε_4 为随机误差项，β_1、β_2 为解释变量 X_1、X_2 对应的回归系数，X_1、X_2 为反映景区投资金额的两个解释变量。

7.5 实证检验与结果分析

本节在实证部分首先对各个解释变量和被解释变量数据特征进行描述性统计分析，再针对上文提出的4个研究假设和4个回归模型进行对回归模型进行拟合优度检验、模型显著性检验、回归系数显著性检验以及多重共线性等进行逐一检验，最后再对结果进行分析。如果收集整理后的数据可以很好地拟合各个模型，各显著性检验均校验通过，就说明数据之间存在良好的线性相关关系，变量数据之间关联性明显，解释变量对被解释变量的影响程度强烈，同时还可以验证出上文提出的4个研究假设成立，景区投资对景区的成长影响以及景区及周边的经济增长、社会发展、生态环境改善都具有显著驱动效应。

7.5.1 变量描述性统计分析

首先对变量进行描述性统计，把前文收集整理好的数据导入统计软件SPSS中，结果显示如表7-7所示。

表7-7 各设计变量描述性统计

	N	最小值	最大值	均值
实收资本（元）	6	17000000.00	140895054.00	75027943.8333
非流动资产金额（元）	6	5300385.14	174565532.53	71881154.0183
第三产业从业人数（万人）	6	5.81	8.62	7.4800
地区生产总值（万元）	6	1435885.00	3291703.00	2402864.1667
人均地区生产总值（元）	6	11680.00	25666.00	19234.6667
地方财政收入（万元）	6	164511.00	482460.00	370086.5000
民用航空旅客运量（万人次）	6	218.00	711.00	433.1283
年均空气质量	6	39.00	52.00	43.6667
绿地面积（公顷）	6	720.00	962.00	881.6667

续表

	N	最小值	最大值	均值
环保税基金（元）	6	30471489.74	139952638.62	101770045.9750
生活垃圾无害化处理率（%）	6	85.00	99.42	92.2350
成本费用利润率（%）	6	0.39	0.75	0.5817
流动资产周转率（%）	6	0.48	1.92	0.9850
流动比率（%）	6	0.65	6.90	4.4750
资产负债率（%）	6	0.09	0.36	0.2550
营业收入（元）	6	373565844.82	827203991.38	638665959.6633
平均资产总额（元）	6	983612432.88	2734207057.49	1968088323.5267
销售成本（元）	6	90376050.26	215637596.52	162971662.9967
营业利润（元）	6	111280730.73	303855543.73	237244669.2283
本期固定资产变化量（元）	6	-22017896.23	177283829.94	47298365.0100
本期平均固定资产余额（元）	6	632541699.30	899955136.34	787492153.5783
本期净资产（元）	6	617008133.72	2449282089.67	1484415363.1983
本期平均流动资产总额（元）	6	183729558.34	1427084990.56	830500422.8050
现金及等价物平均额（元）	6	134155690.27	1375521456.66	735034036.5333
有效个案数（成列）	6			

数据来源：根据收集数据导入 SPSS 软件计算输出界面整理所得，下同。

从变量描述性统计表 7-7 的结果可以看出，6 年中实收资本平均值达到了 75027943.8333 元，非流动资产金额 6 年平均值也已达到了 71881154.0183 元，景区平均每年投资均超过了 5000 万元，说明景区发展活力充足、资金充足。6 年地区生产总值从最初的 1435885.00 万元增长到最高的 3291703.00 万元，说明了景区推动当地社会发展、带动周边居民从事相关行业效果显著。景区 6 年平均营业收入已达 638665959.6633 元，营业利润也已达到 303855543.73 元，说明景区近些年发展势头良好。

接下来我们对数据进行进一步的实证回归统计分析及检验，从而得出更科学严谨的结论和验证前文提出的 4 个研究假设。

7.5.2 回归统计分析及检验

7.5.2.1 验证假设 1

首先对前文提出的第一个研究假设，假设 1：景区投资能够促进景区成长和发展，对景区产生正向影响作用，以及第一个假设对应的回归模型 7–14 进行验证，涉及的解释变量有实收资本 X_1、非流动资产金额 X_2 以及衡量景区成长的被解释变量：流动比率、资产负债率、平均资产总额、本期平均固定资产余额、本期平均流动资产总额、流动资产周转率、本期固定资产变化量、现金及等价物平均额 8 个被解释变量。

(1) 景区投资与流动比率。把对应解释变量与被解释变量数据代入回归模型 7–14 进行回归分析和检验，结果如下所示：

①回归模型的拟合优度、显著性及 DW 检验。回归模型的拟合优度、显著性检验主要是为了验证样本数据在回归线周围散布的密集程度，通过其密集程度可以对回归模型代表数据样本程度进行客观评价。回归模型拟合优度越高，其显著性也就越强。德宾—沃森检验也叫作 DW 检验或 D 形检验，主要用来检验变量的自回归形式的序列独立性相关问题，D 形检验取值范围在 0~4 之间。当 $DW \approx 2$ 时，表明了残差和变量间相互独立，不存在自相关问题。当 $0 < DW < 2$ 时，则表示残差序列相邻两点间存在正相关关系。而当 $2 < DW < 4$ 时，则表示残差序列相邻两点间存在负相关关系。表 7–8 中 R 为相关系数，来反映解释变量数值与拟合值间的线性相关性，而 R^2 叫作回归模型的判定或者确定系数，也可以叫作拟合优度，是用来判定回归模型拟合效果好坏的重要参数。R^2 的取值在 0~1 之间，当 R^2 等于 1 时，表示所有的观察值完全落在回归线上，当 R^2 等于 0 时，则表示解释变量与被解释变量之间毫无任何的线性关系，因此 R^2 数值大小越接近于 1，它代表着解释变量与被解释变量线性相关性越强，回归模型拟合效果就越好。对于多元线性回归模型来讲，随着解释变量数量的增加，相关系数 R 的值也会越大，会影响回归模型拟合度判断，但调整后 R^2 的数值却与解释变量数量无关，它解决了回归模型因解释变量数量增加而导致的拟合效果过高的问题，因此，在多元线性回归模型中多用调整后 R^2 来反映回归模型的拟合度，调整后 R^2 数值越大接近于 1 时，可以更客观地反映出回归模型对变量的解释程度。

表 7-8　景区投资与流动比率模型摘要

模型	R	R^2	调整后 R^2	标准估算的错误	更改统计					DW 检验值
					R^2 变化量	F 变化量	自由度 1	自由度 2	显著性 F 变化量	
1	0.958*a*	0.919	0.865	0.99928	0.919	16.951	2	3	0.023	2.071

从表 7-8 可以明确看出，模型相关系数为 $R=0.958$，拟合度 $R^2=0.919$，调整后 $R^2=0.865$，表明模型拟合程度较好，解释变量与被解释变量之间高度相关，存在着十分明显的线性关系，R^2 调整后解释变量可以解释 86.5% 的被解释变量的变化。DW 检验值为 $DW\approx 2$，不存在自相关问题。

表 7-9　景区投资与流动比率模型方差分析

模型		平方和	自由度	均方	F	显著性
1	回归	33.853	2	16.926	16.951	0.023*b*
	残差	2.996	3	0.999		
	总计	36.849	5			

在方差分析表中对变量进行 F 检验，相比 R^2 可以直观地描绘出解释回归模型的拟合效果，F 检验显著性 P 值是体现检验结果是否具有显著性的另一个重要指标，一般与 R^2 配套使用。当 F 检验显著性 P 值小于 0.05 时，说明检验结果具有显著的统计学意义，当显著性 P 值小于 0.01 时，说明检验结果具有十分显著的统计学意义。

通过模型方差分析表（见表 7-9）可以直观地看出，回归值为 33.853 明显大于残差值 2.996，回归值在总计中所占比重很大，又一次说明了被解释变量绝大部分能够被解释变量解释，回归模型 F 检验统计量 $F=16.951$，其对应的显著性水平 P 值 $P=0.023$，P 值明显小于 0.05，因此，说明此回归模型具有显著的统计学意义。

②回归系数的显著性与解释变量共线性检验。模型的回归系数检验主要是为了检验回归系数显著性，在各解释变量与被解释变量之间是否存在显著性的线性关系，解释变量是否能够对被解释变量进行有效线性变化的解释，通过显著性数值的大小，直观地来判断各个解释变量是否可以留在回归模型中的检验。同样需要通过显著性 P 值来判断回归模型

系数的显著性程度，当显著性 P 值小于 0.05 时，说明回归系数的显著性检验结果具有显著的统计学意义。在进行回归分析时，解释变量可能存在多重共线性，会给回归模型带来影响，影响分析研究，排出解释变量的多重共线性就显得十分重要。一般可以用容差和方差膨胀因子（*VIF*）来对回归模型解释变量的多重共线性诊断，容忍度的取值范围一般在 0~1 之间，当容忍度接近于 0 时，表示解释变量间有严重的多重共线性，而当容忍度接近于 1 时，则表示解释变量间不存在多重共线性。同样方差膨胀因子（*VIF*）也是判断回归模型解释变量的多重共线性的指标，当 $VIF<10$ 时，表示解释变量间多重共线性很弱，当 $VIF>10$ 时，表示解释变量间多重共线性较强。

由表 7–10 可以明显看出，两个解释变量实收资本与非流动资产回归系数的显著性 P 值分别为 0.012 和 0.049，均小于 0.05，说明回归系数的显著性检验结果具有显著的统计学意义，两个解释变量都通了检验验证，均可以保存在模型中。解释变量容差值为 0.941，接近于 1，方差膨胀因子（*VIF*）为 1.063，小于 10，说明此回归模型解释变量间多重共线性较弱，不存在严重的多重共线性。

表 7–10　景区投资与流动比率模型回归系数

模型		未标准化系数		标准化系数	t	显著性	共线性统计	
		B	标准错误	Beta			容差	VIF
1	（常量）	−1.227	1.086		−1.130	0.341		
	实收资本	5.199E−8	0.000	0.932	5.494	0.012	0.941	1.063
	非流动资产	2.506E−8	0.000	0.545	3.208	0.049	0.941	1.063

③残差检验。残差检验分析可以直观地判断变量中是否存在异常奇异值，奇异值会严重影响回归模型的准确性。标准化残差 *ZRE* 使残差间的比较成为可能，但是无法解决方差不等的问题，学生化残差 *SRE* 就可以解决方差不等的问题，从而使异常值判断更为科学合理。依照概率的 3σ 原则，当学生化残值的绝对值 $|SRE|>3$ 时，判断为异常值，为了回归模型的科学合理性应把异常值予以剔除掉。同时以被解释变量为横轴，学生化残差 *SRE* 为纵轴进行散点图描述，可以更直观看出是否存在奇异值以及回归模型的拟合效果。

表 7–11　景区投资与流动比率模型残差统计

	最小值	最大值	平均值	标准偏差	个案数
预测值	1. 3742	7. 3466	4. 4750	2. 60203	6
标准预测值	−1. 192	1. 104	0. 000	1. 000	6
预测值的标准误差	0. 414	0. 880	0. 692	0. 157	6
调整后预测值	1. 2997	7. 6748	4. 7111	2. 65886	6
残差	−0. 73805	1. 47859	0. 00000	0. 77404	6
标准残差	−0. 739	1. 480	0. 000	0. 775	6
学生化残差	−1. 019	1. 626	−0. 087	0. 915	6
剔除残差	−1. 40573	1. 78544	−0. 23607	1. 10739	6
学生化剔除残差	−1. 029	3. 853	0. 310	1. 774	6
马氏距离	0. 026	3. 043	1. 667	1. 005	6
库克距离	0. 003	0. 313	0. 125	0. 111	6
居中杠杆值	0. 005	0. 609	0. 333	0. 201	6

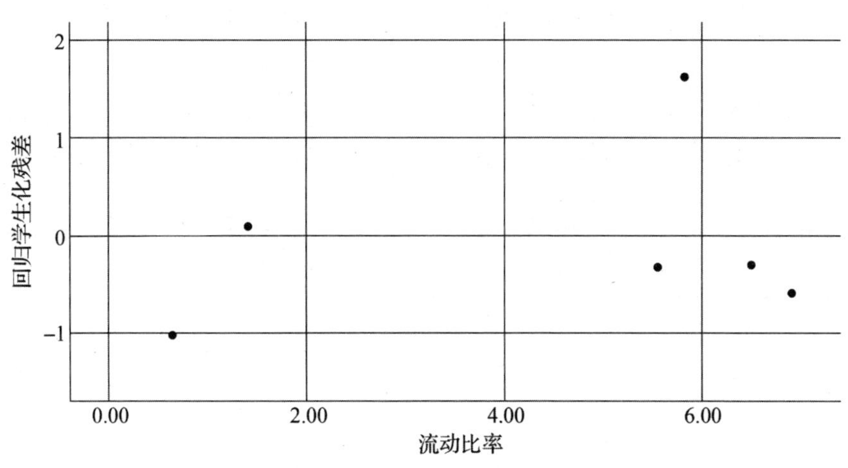

图 7–1　景区投资与流动比率模型散点图

由残差统计表（见表 7-11）和散点图（见图 7-1）可以直观看出，学生化残差值的最小值为 -1.019，最大值为 1.626，平均值为 -0.087，学生化残差的绝对值 |SRE| 均小于 2，符合概率的 3σ 原则 |SRE| <3，因此，证明此回归模型不存在异常的奇异值。

综上所述，上文已对回归模型 7-14 进行回归模型的拟合优度、显著性及 DW 检验，回归系数的显著性与解释变量共线性检验及残差检验。经验证分析，回归模型 7-14 通过各项检验，证明景区投资与丽江玉龙旅游股份有限公司的流动比率存在较为明显的正向线性关系，景区投资的增加明显影响着丽江玉龙旅游股份有限公司的流动比率升高。

（2）景区投资与资产负债率。把对应解释变量与被解释变量数据代入回归模型 7-14 进行回归分析和检验，模型检验结果如表 7-12 至表 7-15和图 7-2 所示。

表 7-12　景区投资与资产负债率模型摘要

模型	R	R^2	调整后 R^2	标准估算的错误	更改统计					DW 检验值
					R^2 变化量	F 变化量	自由度 1	自由度 2	显著性 F 变化量	
1	0.855*a*	0.731	0.552	0.06994	0.731	4.075	2	3	0.140	2.992

表 7-13　景区投资与资产负债率模型方差分析

模型		平方和	自由度	均方	F	显著性
1	回归	0.040	2	0.020	4.075	0.140*b*
	残差	0.015	3	0.005		
	总计	0.055	5			

表 7-14　景区投资与资产负债率模型回归系数

模型		未标准化系数		标准化系数	t	显著性	共线性统计	
		B	标准错误	Beta			容差	VIF
1	（常量）	0.383	0.076		5.035	0.015		
	实收资本	$-1.801E-9$	0.000	-0.839	-2.718	0.073	0.941	1.063
	非流动资产	$1.007E-10$	0.000	0.057	0.184	0.866	0.941	1.063

表 7-15　景区投资与资产负债率模型残差统计

	最小值	最大值	平均值	标准偏差	个案数
预测值	0. 1316	0. 3592	0. 2550	0. 08930	6
标准预测值	-1. 382	1. 167	0. 000	1. 000	6
预测值的标准误差	0. 029	0. 062	0. 048	0. 011	6
调整后预测值	0. 0361	0. 3675	0. 2206	0. 11667	6
残差	-0. 07249	0. 06843	0. 00000	0. 05418	6
标准残差	-1. 036	0. 978	0. 000	0. 775	6
学生化残差	-1. 365	1. 514	0. 157	1. 162	6
剔除残差	-0. 12577	0. 21387	0. 03435	0. 13088	6
学生化剔除残差	-1. 811	2. 545	0. 383	1. 677	6
马氏距离	0. 026	3. 043	1. 667	1. 005	6
库克距离	0. 010	2. 416	0. 670	0. 948	6
居中杠杆值	0. 005	0. 609	0. 333	0. 201	6

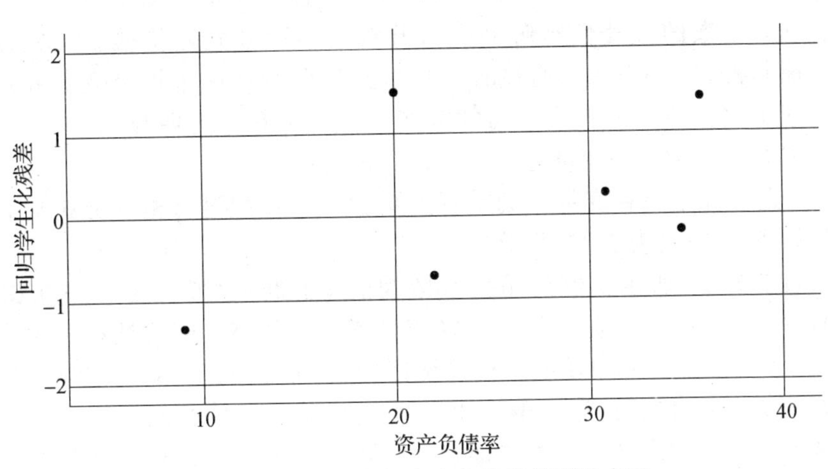

图 7-2　景区投资与资产负债率模型散点图

从模型摘要表（见表 7-12）可以明显看出，模型相关系数为 $R=0.855$，拟合度 $R^2=0.731$，调整后 $R^2=0.552$，表明模型拟合程度较好，解释变量与被解释变量之间存在相关性，R^2 调整后解释变量只能解释 55. 2% 的被解释变量的变化。DW 检验值为 $DW\approx3$，存在自相关问题。

通过模型方差分析表（见表 7-13）可以直观地看出，回归值为 0.04 明显大于残差值 0.015，回归值在总计中所占比重较大，回归模型 F 检验统计量 $F=4.075$，其对应的显著性水平 P 值 $P=0.140$，P 值明显大于 0.05，因此，说明代入数值后此回归模型并不具有显著的统计学意义。

由回归模型的回归系数表（见表 7-14）可以明显看出，两个解释变量实收资本与非流动资产回归系数的显著性 P 值分别为 0.073 和 0.866，均大于 0.05，说明回归系数的显著性检验结果并未具有显著的统计学意义，两个解释变量都未能通过检验验证，不可以保存在模型中，还需进一步单独检验。解释变量容差值为 0.941，接近于 1，方差膨胀因子（*VIF*）为 1.063，小于 10，说明此回归模型解释变量间多重共线性较弱，不存在严重的多重共线性。

由残差统计表（见表 7-15）和散点图（见图 7-2）可以直观地看出，学生化残差值的最小值为 -1.365，最大值为 1.514，平均值为 0.157，学生化残差的绝对值 $|SRE|$ 均小于 2，符合概率的 3σ 原则 $|SRE|<3$，因此，证明此回归模型不存在异常的奇异值。

上文已对回归模型 7-14 进行回归模型的拟合优度、显著性及 DW 检验，回归系数的显著性与解释变量共线性检验及残差检验。经验证分析，回归模型 7-14 并未通过各项检验，证明景区两个投资变量并不都与丽江玉龙旅游股份有限公司的资产负债率存在较为明显的线性关系，因此需要把两个投资变量进行单独代入模型进行分析。

因此，先把解释变量非流动资产单独代入模型进行检验分析，分析结果如表 7-16、表 7-17 所示。

如表 7-16 所示，模型相关系数为 $R=0.261$，拟合度 $R^2=0.068$，说明解释变量非流动资产与被解释变量资产负债率之间线性相关关联较低，仅为 6.8%，回归模型 F 检验统计量 $F=0.293$，其对应的显著性水平 P 值 $P=0.617$，远远大于 0.05，说明代入数值后此回归模型并不具有显著的统计学意义，检验未能通过。因此，就不再进行后面的各项检验，也证明景区非流动资产的投入对丽江玉龙旅游股份有限公司的资产负债率的变化影响不大。

表 7–16　将非流动资产单独代入后的景区投资与资产负债率模型摘要

模型	R	R^2	调整后 R^2	标准估算的错误	更改统计				
					R^2 变化量	F 变化量	自由度 1	自由度 2	显著性 F 变化量
1	0.261*a*	0.068	-0.165	0.11272	0.068	0.293	1	4	0.617

表 7–17　将非流动资产单独代入后的景区投资与资产负债率模型方差分析

模型		平方和	自由度	均方	F	显著性
1	回归	0.004	1	0.004	0.293	0.617*b*
	残差	0.051	4	0.013		
	总计	0.055	5			

然后再把解释变量实收资本单独代入模型进行检验分析，分析结果如表 7–18 至表 7–21 和图 7–3 所示。

表 7–18　将实收资本单独代入后的景区投资与资产负债率模型摘要

模型	R	R^2	调整后 R^2	标准估算的错误	更改统计					DW 检验值
					R^2 变化量	F 变化量	自由度 1	自由度 2	显著性 F 变化量	
1	0.853*a*	0.728	0.660	0.06091	0.728	10.701	1	4	0.031	3.020

表 7–19　将实收资本单独代入后的景区投资与资产负债率模型方差分析

模型		平方和	自由度	均方	F	显著性
1	回归	0.040	1	0.040	10.701	0.031*b*
	残差	0.015	4	0.004		
	总计	0.055	5			

表 7-20　将实收资本单独代入后的景区投资与资产负债率模型回归系数

模型		未标准化系数		标准化系数	t	显著性	共线性统计	
		B	标准错误	Beta			容差	VIF
1	（常量）	0.392	0.049		8.041	0.001		
	实收资本	$-1.830E-9$	0.000	-0.853	-3.271	0.031	1.000	1.000

表 7-21　将实收资本单独代入后的景区投资与资产负债率模型残差统计

	最小值	最大值	平均值	标准偏差	个案数
预测值	0.1344	0.3612	0.2550	0.08912	6
标准预测值	-1.353	1.192	0.000	1.000	6
预测值的标准误差	0.025	0.044	0.034	0.008	6
调整后预测值	0.0597	0.3704	0.2502	0.10727	6
残差	-0.07023	0.06555	0.00000	0.05448	6
标准残差	-1.153	1.076	0.000	0.894	6
学生化残差	-1.480	1.574	0.028	1.147	6
剔除残差	-0.11568	0.14027	0.00476	0.09164	6
学生化剔除残差	-1.905	2.210	0.078	1.440	6
马氏距离	0.016	1.830	0.833	0.730	6
库克距离	0.001	1.412	0.397	0.563	6
居中杠杆值	0.003	0.366	0.167	0.146	6

从模型摘要表（见表 7-18）可以明显看出，模型相关系数为 $R=0.853$，拟合度 $R^2=0.728$，调整后 $R^2=0.66$。表明模型拟合程度较好，解释变量与被解释变量之间存在着十分较为明显的线性关系，R^2 调整后解释变量可以解释 66% 的被解释变量的变化。DW 检验值为 $DW\approx3$，存在一定的自相关问题但影响不大。

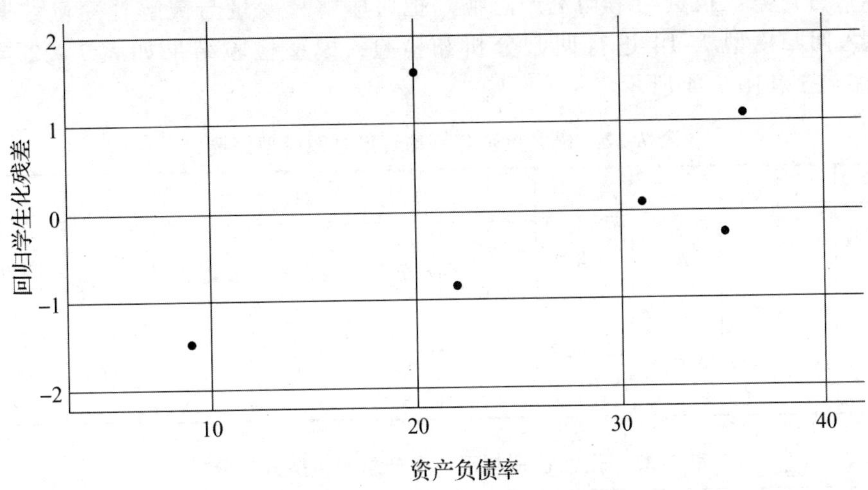

图 7–3　将实收资本单独代入后的景区投资与资产负债率模型散点图

通过模型方差分析表（见表 7–19）可以直观地看出，回归值为 0.04 明显大于残差值 0.015，回归值在总计中所占比重很大，回归模型 F 检验统计量 $F=10.701$，其对应的显著性水平 P 值 $P=0.031$，P 值明显小于 0.05，因此，说明此回归模型具有显著的统计学意义。

由回归模型的回归系数表（见表 7–20）可以明显看出，解释变量实收资本回归系数的显著性 P 值为 0.031，小于 0.05，说明回归系数的显著性检验结果具有显著的统计学意义，解释变量通了检验验证。解释变量容差值为 1.000，方差膨胀因子（VIF）为 1.000，小于 10，说明此回归模型解释变量间多重共线性较弱，不存在严重的多重共线性。

由残差统计表（见表 7–21）和散点图（见图 7–3）可以直观地看出，学生化残差值的最小值为 −1.48，最大值为 1.574，平均值为 0.028，学生化残差的绝对值 $|SRE|$ 均小于 2，符合概率的 3σ 原则 $|SRE|<3$，因此，证明此回归模型不存在异常的奇异值。

综上所述，上文已对回归模型 7–14 进行回归模型的拟合优度、显著性及 DW 检验，回归系数的显著性与解释变量共线性检验及残差检验。经验证分析，回归模型 7–14 通过各项检验，证明景区实收资本对丽江玉龙旅游股份有限公司的资产负债率存在较为明显的线性关系，景区实收资本的增加明显影响着丽江玉龙旅游股份有限公司资产负债率的变化。

（3）景区投资与平均资产总额。把对应解释变量与被解释变量数据代入回归模型 7-14 进行回归分析和检验，模型检验结果如表 7-22 至表 7-25 和图 7-4 所示。

表 7-22 景区投资与平均资产总额模型摘要

模型	R	R^2	调整后 R^2	标准估算的错误	更改统计					DW 检验值
					R^2 变化量	F 变化量	自由度 1	自由度 2	显著性 F 变化量	
1	0.982*a*	0.964	0.939	1810653 38.01742	0.964	39.805	2	3	0.007	2.382

表 7-23 景区投资与平均资产总额模型方差分析

模型		平方和	自由度	均方	F	显著性
1	回归	2609963362189613600.000	2	1304981681094806780.000	39.805	0.007*b*
	残差	98353969894092480.000	3	32784656631364160.000		
	总计	2708317332083705900.000	5			

表 7-24 景区投资与平均资产总额模型回归系数

模型		未标准化系数		标准化系数	t	显著性	共线性统计	
		B	标准错误	Beta			容差	VIF
1	（常量）	479040 415.296	196831 115.465		2.434	0.093		
	实收资本	15.113	1.715	1.000	8.814	0.003	0.941	1.063
	非流动资产	4.940	1.415	0.396	3.490	0.040	0.941	1.063

表 7-25 景区投资与平均资产总额模型残差统计

	最小值	最大值	平均值	标准偏差	个案数
预测值	1077263232.0000	2786054656.0000	1968088323.5267	722490603.70217	6
标准预测值	-1.233	1.132	0.000	1.000	6

续表

	最小值	最大值	平均值	标准偏差	个案数
预测值的标准误差	75062496. 000	159431952. 000	125371754. 582	28444714. 138	6
调整后预测值	1161985024. 0000	2824161280. 0000	2031141953. 6533	730334814. 39977	6
残差	-93650744. 00000	282865696. 00000	0. 00000	140252607. 74338	6
标准残差	-0. 517	1. 562	0. 000	0. 775	6
学生化残差	-0. 714	1. 717	-0. 122	0. 921	6
剔除残差	-268837888. 00000	341567584. 00000	-63053630. 12661	211348860. 44888	6
学生化剔除残差	-0. 640	10. 550	1. 403	4. 485	6
马氏距离	0. 026	3. 043	1. 667	1. 005	6
库克距离	0. 023	0. 570	0. 178	0. 204	6
居中杠杆值	0. 005	0. 609	0. 333	0. 201	6

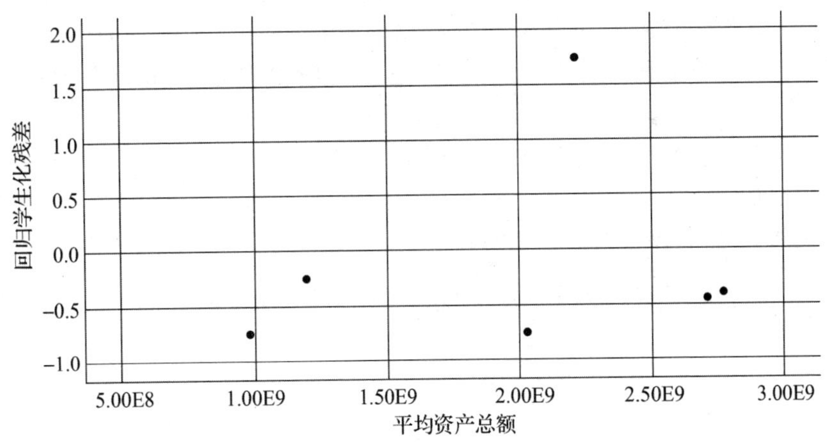

图 7-4　景区投资与平均资产总额模型散点图

从模型摘要表（见表 7-22）可以明显看出，模型相关系数为 $R=0.982$，拟合度 $R^2=0.964$，调整后 $R^2=0.939$，表明模型拟合程度较好，解释变量与被解释变量之间高度相关，存在着十分明显的线性关系，R^2 调整后解释变量可以解释 93. 9% 的被解释变量的变化。DW 检验值为 $DW\approx 2$，不存在自相关问题。

通过模型方差分析表（见表7-23）可以直观地看出，回归模型F检验统计量 $F=39.805$，其对应的显著性水平 P 值 $P=0.007$，P 值明显小于0.01，因此，说明此回归模型具有十分显著的统计学意义。

由回归模型的回归系数表（见表7-24）可以明显看出，两个解释变量实收资本与非流动资产回归系数的显著性 P 值分别为0.003和0.040，均小于0.05，说明回归系数的显著性检验结果具有显著的统计学意义，两个解释变量都通了检验验证，均可以保存在模型中。解释变量容差值为0.941，接近于1，方差膨胀因子（*VIF*）为1.063，小于10，说明此回归模型解释变量间多重共线性较弱，不存在严重的多重共线性。

由残差统计表（见表7-25）和散点图（见图7-4）可以直观地看出，学生化残差值的最小值为-0.714，最大值为1.717，平均值为-0.122，学生化残差的绝对值 $|SRE|$ 均小于2，符合概率的3σ原则 $|SRE|<3$，因此，证明此回归模型不存在异常的奇异值。

综上所述，上文已对回归模型7-14进行回归模型的拟合优度、显著性及DW检验，回归系数的显著性与解释变量共线性检验及残差检验。经验证分析，回归模型7-14通过各项检验，证明景区投资与丽江玉龙旅游股份有限公司的平均资产总额存在较为明显的正向线性关系，景区投资的增加明显影响着丽江玉龙旅游股份有限公司的平均资产总额升高。

（4）景区投资与本期平均固定资产余额。把对应解释变量与被解释变量数据代入回归模型7-14进行回归分析和检验，模型检验结果如表7-26至表7-29和图7-5所示。

表7-26　景区投资与本期平均固定资产余额模型摘要

模型	R	R^2	调整后 R^2	标准估算的错误	更改统计					DW检验值
					R^2 变化量	F 变化量	自由度1	自由度2	显著性 F 变化量	
1	0.987*a*	0.975	0.958	21833706.97201	0.975	57.810	2	3	0.004	2.031

表 7-27　景区投资与本期平均固定资产余额模型方差分析

模型		平方和	自由度	均方	*F*	显著性
1	回归	55116952294698352.000	2	27558476147349176.000	57.810	0.004*b*
	残差	1430132280418192.500	3	476710760139397.500		
	总计	56547084575116544.000	5			

表 7-28　景区投资与本期平均固定资产余额模型回归系数

模型		未标准化系数		标准化系数	*t*	显著性	共线性统计	
		B	标准错误	Beta			容差	*VIF*
1	（常量）	578537371.020	23734818.299		24.375	0.000		
	实收资本	2.215	0.207	1.014	10.715	0.002	0.941	1.063
	非流动资产	0.595	0.171	0.330	3.483	0.040	0.941	1.063

表 7-29　景区投资与本期平均固定资产余额模型残差统计

	最小值	最大值	平均值	标准偏差	个案数
预测值	657271616.0000	906465472.0000	787492153.5783	104992335.23900	6
标准预测值	-1.240	1.133	0.000	1.000	6
预测值的标准误差	9051388.000	19225052.000	15117913.688	3429996.929	6
调整后预测值	669389440.0000	915883712.0000	788462854.8540	107342066.54936	6
残差	-24729940.00000	23109096.00000	0.00000	16912316.69771	6
标准残差	-1.133	1.058	0.000	0.775	6
学生化残差	-1.563	1.163	-0.026	1.018	6
剔除残差	-47102060.00000	30593208.00000	-970701.27570	30260861.72029	6
学生化剔除残差	-2.963	1.282	-0.230	1.502	6
马氏距离	0.026	3.043	1.667	1.005	6
库克距离	0.038	0.737	0.246	0.268	6
居中杠杆值	0.005	0.609	0.333	0.201	6

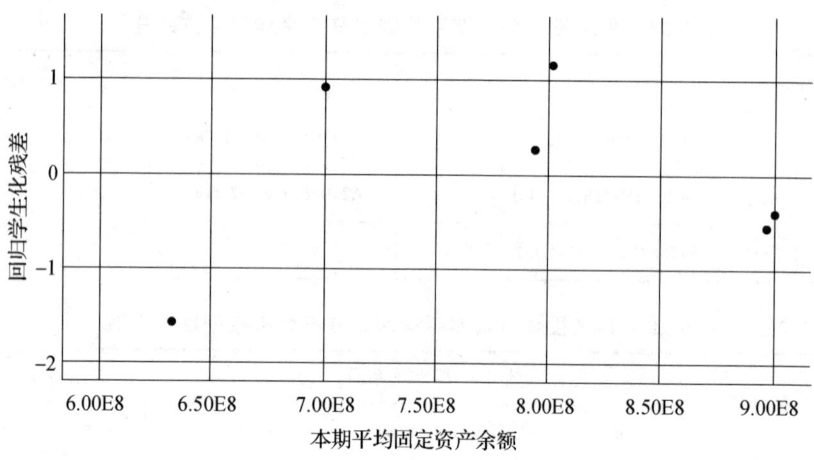

图 7-5　景区投资与本期平均固定资产余额模型散点图

从模型摘要表（见表 7-26）可以明显看出，模型相关系数为 $R=0.987$，拟合度$R^2=0.975$，调整后 $R^2=0.958$，表明模型拟合程度较好，解释变量与被解释变量之间高度相关，存在着十分明显的线性关系，R^2 调整后解释变量可以解释 95.8% 的被解释变量的变化。DW 检验值为 $DW\approx 2$，不存在自相关问题。

通过模型方差分析表（见表 7-27）可以直观地看出，回归模型 F 检验统计量 $F=57.810$，其对应的显著性水平 P 值 $P=0.004$，P 值明显小于 0.01，因此，说明此回归模型具有十分显著的统计学意义。

由回归模型的回归系数表（见表 7-28）可以明显看出，两个解释变量实收资本与非流动资产回归系数的显著性 P 值分别为 0.002 和 0.040，均小于 0.05，说明回归系数的显著性检验结果具有显著的统计学意义，两个解释变量都通了检验验证，均可以保存在模型中。解释变量容差值为 0.941，接近于 1，方差膨胀因子（VIF）为 1.063，小于 10，说明此回归模型解释变量间多重共线性较弱，不存在严重的多重共线性。

由残差统计表（见表 7-29）和散点图（见图 7-5）可以直观地看出，学生化残差值的最小值为 -1.563，最大值为 1.163，平均值为 -0.026，学生化残差的绝对值 $|SRE|$ 均小于 2，符合概率的 3σ 原则 $|SRE|<3$，因此，证明此回归模型不存在异常的奇异值。

综上所述，上文已对回归模型 7-14 进行回归模型的拟合优度、显著性及 DW 检验，回归系数的显著性与解释变量共线性检验及残差检验。经验证分析，回归模型 7-14 通过各项检验，证明景区投资与丽江玉龙旅游股份有限公司的本期平均固定资产余额存在较为明显的正向线性关系，景区投资的增加明显影响着丽江玉龙旅游股份有限公司的本期平均固定资产余额的升高。

（5）景区投资与本期平均流动资产总额。把对应解释变量与被解释变量数据代入回归模型 7-14 进行回归分析和检验，模型检验结果如表 7-30 至表 7-33 和图 7-6 所示。

表 7-30　景区投资与本期平均流动资产总额模型摘要

模型	*R*	R^2	调整后 R^2	标准估算的错误	更改统计					DW 检验值
					R^2 变化量	*F* 变化量	自由度 1	自由度 2	显著性 *F* 变化量	
1	0.987*a*	0.974	0.956	109811022.89905	0.974	55.851	2	3	0.004	2.816

表 7-31　景区投资与本期平均流动资产总额模型方差分析

模型		平方和	自由度	均方	*F*	显著性
1	回归	1346949014412499460.000	2	673474507206249730.000	55.851	0.004*b*
	残差	36175382250406536.000	3	12058460750135512.000		
	总计	1383124396662906110.000	5			

表 7-32　景区投资与本期平均流动资产总额模型回归系数

模型		未标准化系数		标准化系数	*t*	显著性	共线性统计	
		B	标准错误	Beta			容差	*VIF*
1	（常量）	-191416757.317	119372522.451		-1.604	0.207		
	实收资本	10.968	1.040	1.015	10.547	0.002	0.941	1.063
	非流动资产	2.769	0.858	0.310	3.225	0.048	0.941	1.063

表 7-33　景区投资与本期平均流动资产总额模型残差统计

	最小值	最大值	平均值	标准偏差	个案数
预测值	186301392.0000	1420114688.0000	830500422.8050	519027747.69997	6
标准预测值	-1.241	1.136	0.000	1.000	6
预测值的标准误差	45523288.000	96690984.000	76034434.664	17250917.209	6
调整后预测值	188628000.0000	1481789824.0000	886465879.0248	527061261.38069	6
残差	-69019208.00000	162230720.00000	0.00000	85059252.58360	6
标准残差	-0.629	1.477	0.000	0.775	6
学生化残差	-1.326	1.623	-0.170	1.021	6
剔除残差	-307186752.00000	195897744.00000	-55965456.21977	168564110.12570	6
学生化剔除残差	-1.683	3.803	0.156	1.895	6
马氏距离	0.026	3.043	1.667	1.005	6
库克距离	0.000	2.022	0.442	0.781	6
居中杠杆值	0.005	0.609	0.333	0.201	6

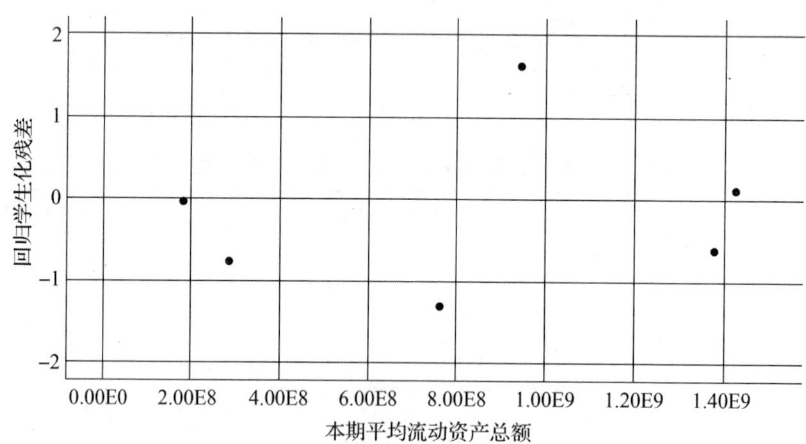

图 7-6　景区投资与本期平均流动资产总额模型散点图

从模型摘要表（见表 7-30）可以明显看出，模型相关系数为 $R=0.987$，拟合度 $R^2=0.974$，调整后 $R^2=0.956$，表明模型拟合程度较好，解释变量与被解释变量之间高度相关，存在着十分明显的线性关系，R^2 调整后解释变量可以解释95.6%的被解释变量的变化。DW检验值为$DW \approx 3$，存在一定自相关问题，但影响不大。

通过模型方差分析表（见表7-31）可以直观地看出，回归模型F检验统计量$F = 55.851$，其对应的显著性水平P值$P = 0.004$，P值明显小于0.05，因此，说明此回归模型具有显著的统计学意义。

由回归模型的回归系数表（见表7-32）可以明显看出，两个解释变量实收资本与非流动资产回归系数的显著性P值分别为0.002和0.048，均小于0.05，说明回归系数的显著性检验结果具有显著的统计学意义，两个解释变量都通了检验验证，均可以保存在模型中。解释变量容差值为0.941，接近于1，方差膨胀因子（VIF）为1.063，小于10，说明此回归模型解释变量间多重共线性较弱，不存在严重的多重共线性。

由残差统计表（见表7-33）和散点图（见图7-6）可以直观地看出，学生化残差值的最小值为-1.326，最大值为1.623，平均值为-0.17，学生化残差的绝对值$|SRE|$均小于2，符合概率的3σ原则$|SRE| < 3$，因此，证明此回归模型不存在异常的奇异值。

综上所述，上文已对回归模型7-14进行回归模型的拟合优度、显著性及DW检验，回归系数的显著性与解释变量共线性检验及残差检验。经验证分析，回归模型7-14通过各项检验，证明景区投资与丽江玉龙旅游股份有限公司的本期平均流动资产总额存在较为明显的正向线性关系，景区投资的增加明显影响着丽江玉龙旅游股份有限公司的本期平均流动资产总额的升高。

（6）景区投资与流动资产周转率。把对应解释变量与被解释变量数据代入回归模型7-14进行回归分析和检验，模型检验结果如表7-34、表7-35所示。

如表7-34所示，模型相关系数为$R = 0.777$，拟合度$R^2 = 0.603$，说明解释变量非流动资产与被解释变量资产负债率之间线性相关关联较高，但解释变量对被解释变量的解释线性信息量仅为33.9%，相对较低。回归模型F检验统计量$F = 2.281$，其对应的显著性水平P值$P = 0.250$，远远大于0.05，说明代入数值后此回归模型并不具有显著的统计学意义，检验未能通过。因此，就不再进行后面的各项检验，也证明景区两个投资变量并不都与丽江玉龙旅游股份有限公司的流动资产周转率存在较为明显的线性关系，需要把两个投资变量进行单独代入模型进行分析。

表 7–34　景区投资与流动资产周转率模型摘要

模型	R	R^2	调整后 R^2	标准估算的错误	更改统计					DW 检验值
					R^2 变化量	F 变化量	自由度 1	自由度 2	显著性 F 变化量	
1	0.777*a*	0.603	0.339	0.42381	0.603	2.281	2	3	0.250	2.081

表 7–35　景区投资与流动资产周转率模型方差分析

模型		平方和	自由度	均方	F	显著性
1	回归	0.819	2	0.410	2.281	0.250*b*
	残差	0.539	3	0.180		
	总计	1.358	5			

因此，先把解释变量非流动资产单独代入模型进行检验分析，分析结果如表 7–36、表 7–37 所示。

表 7–36　将非流动资产单独代入后的景区投资与流动资产周转率模型摘要

模型	R	R^2	调整后 R^2	标准估算的错误	更改统计					DW 检验值
					R^2 变化量	F 变化量	自由度 1	自由度 2	显著性 F 变化量	
1	0.226*a*	0.051	–0.186	0.56761	0.051	0.215	1	4	0.667	0.899

表 7–37　将非流动资产单独代入后的景区投资与流动资产周转率模型方差分析

模型		平方和	自由度	均方	F	显著性
1	回归	0.069	1	0.069	0.215	0.667*b*
	残差	1.289	4	0.322		
	总计	1.358	5			

如表 7–36 所示，模型相关系数为 $R=0.226$，拟合度 $R^2=0.051$，说明解释变量非流动资产与被解释变量资产负债率之间线性相关关联相对较低，回归模型 F 检验统计量 $F=0.215$，其对应的显著性水平 P 值

$P=0.667$，远远大于 0.05，说明代入数值后此回归模型并不具有显著的统计学意义，检验未能通过。因此，就不再进行后面的各项检验，证明景区非流动资产的投入对丽江玉龙旅游股份有限公司的流动资产周转率影响显著性不明显。

然后，把解释变量实收资本单独代入模型进行检验分析，分析结果如表 7-38、表 7-39 所示。

表 7-38　将实收资产单独代入后的景区投资与流动资产周转率模型摘要

模型	R	R^2	调整后 R^2	标准估算的错误	更改统计				
					R^2 变化量	F 变化量	自由度 1	自由度 2	显著性 F 变化量
1	0.666*a*	0.443	0.304	0.43485	0.443	3.183	1	4	0.149

表 7-39　将实收资产单独代入后的景区投资与流动资产周转率模型方差分析

模型		平方和	自由度	均方	F	显著性
1	回归	0.602	1	0.602	3.183	0.149*b*
	残差	0.756	4	0.189		
	总计	1.358	5			

如表 7-38 所示，模型相关系数为 $R=0.666$，拟合度 $R^2=0.443$，说明解释变量非流动资产与被解释变量资产负债率之间线性相关关联相对较低，回归模型 F 检验统计量 $F=3.183$，其对应的显著性水平 P 值 $P=0.149$，远远大于 0.05，说明代入数值后此回归模型并不具有显著的统计学意义，检验未能通过。因此，就不再进行后面的各项检验，证明景区实收资本的投入对丽江玉龙旅游股份有限公司的流动资产周转率影响显著性不明显。

综上所述，景区投资对丽江玉龙旅游股份有限公司的流动资产周转率具有较弱的关联性，但影响并不大。

（7）景区投资与本期固定资产变化量。把对应解释变量与被解释变量数据代入回归模型 7-14 进行回归分析和检验，模型检验结果如表 7-40至表 7-42 所示。

表 7-40 景区投资与本期固定资产变化量模型摘要

模型	R	R^2	调整后 R^2	标准估算的错误	更改统计					DW 检验值
					R^2 变化量	F 变化量	自由度 1	自由度 2	显著性 F 变化量	
1	0.940a	0.883	0.805	34012496.30868	0.883	11.330	2	3	0.040	2.550

表 7-41 景区投资与本期固定资产变化量模型方差分析

模型		平方和	自由度	均方	F	显著性
1	回归	26213448637515484.000	2	13106724318757742.000	11.330	0.040b
	残差	3470549715444003.000	3	1156849905148001.000		
	总计	29683998352959488.000	5			

表 7-42 景区投资与本期固定资产变化量模型回归系数

模型		未标准化系数		标准化系数	t	显著性	共线性统计	
		B	标准错误	Beta			容差	VIF
1	（常量）	27318311.684	36974042.970		0.739	0.514		
	实收资本	-0.665	0.322	-0.420	-2.065	0.131	0.941	1.063
	非流动资产	0.972	0.266	0.744	3.657	0.035	0.941	1.063

如表 7-40 所示，模型相关系数为 $R=0.940$，拟合度 $R^2=0.883$，说明解释变量非流动资产与被解释变量本期固定资产变化量之间线性相关关联较强，回归模型 F 检验统计量 $F=11.330$，其对应的显著性水平 P 值$P=0.040$，小于 0.05，说明代入数值后此回归模型具有显著的统计学意义。在回归系数显著性检验表中，解释变量实收资本 P 值 $=0.131$，大于 0.05，检验未能通过。因此，就不再进行后面的各项检验，证明景区实收资本的投入未能对丽江玉龙旅游股份有限公司的本期固定资产变化量产生较为显著的影响。

然后把解释变量非流动资产单独代入模型进行检验分析，分析结果如表 7-43 至表 7-46 和图 7-7 所示。

表 7-43　将非流动资产单独代入后的景区投资与本期固定资产变化量模型摘要

模型	R	R^2	调整后 R^2	标准估算的错误	更改统计					DW 检验值
					R^2 变化量	F 变化量	自由度 1	自由度 2	显著性 F 变化量	
1	0. 847*a*	0. 717	0. 646	458397 30. 21925	0. 717	10. 127	1	4	0. 033	0. 830

表 7-44　将非流动资产单独代入后的景区投资与本期固定资产变化量模型方差分析

模型		平方和	自由度	均方	F	显著性
1	回归	2127887488 6664064. 000	1	2127887488 6664064. 000	10. 127	0. 033*b*
	残差	8405123466 295422. 000	4	2101280866 573855. 500		
	总计	2968399835 2959488. 000	5			

表 7-45　将非流动资产单独代入后的景区投资与本期固定资产变化量模型回归系数

模型		未标准化系数		标准化系数	t	显著性	共线性统计	
		B	标准错误	Beta			容差	VIF
1	（常量）	-322054 53. 424	312153 12. 525		-1. 032	0. 360		
	非流动资产	1. 106	0. 348	0. 847	3. 182	0. 033	1. 000	1. 000

表 7-46　将非流动资产单独代入后的景区投资与本期固定资产变化量模型残差统计

	最小值	最大值	平均值	标准偏差	个案数
预测值	-26342986. 0000	160871952. 0000	47298365. 0100	65236301. 07028	6
标准预测值	-1. 129	1. 741	0. 000	1. 000	6
预测值的标准误差	18739234. 000	40298644. 000	25273004. 368	8604803. 709	6

续表

	最小值	最大值	平均值	标准偏差	个案数
调整后预测值	-37596568.0000	105031648.0000	37232732.1330	51977251.65416	6
残差	-77247520.00000	43901604.00000	0.00000	41000301.13620	6
标准残差	-1.685	0.958	0.000	0.894	6
学生化残差	-1.849	1.049	0.072	1.025	6
剔除残差	-93027032.00000	72252184.00000	10065632.87695	57899257.52218	6
学生化剔除残差	-4.205	1.068	-0.335	1.939	6
马氏距离	0.002	3.031	0.833	1.190	6
库克距离	0.000	0.960	0.249	0.372	6
居中杠杆值	0.000	0.606	0.167	0.238	6

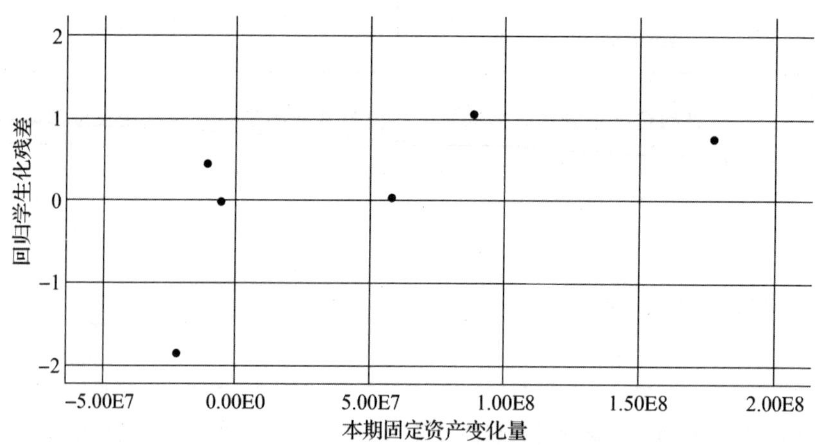

图 7-7　将非流动资产单独代入后的景区投资与本期固定资产变化量模型散点图

从模型摘要表（见表7-43）可以明显看出，模型相关系数为 $R=0.847$，拟合度 $R^2=0.717$，调整后 $R^2=0.646$，表明模型拟合程度一般，解释变量与被解释变量之间存在着较为明显的线性关系，R^2 调整后解释变量可以解释 64.6% 的被解释变量的变化。

通过模型方差分析表（见表7-44）可以直观地看出，回归模型 F 检验统计量 $F=10.127$，其对应的显著性水平 P 值 $P=0.033$，P 值明显小于0.05，因此，说明此回归模型具有显著的统计学意义。

由回归模型的回归系数表（见表7-45）可以明显看出，解释变量非流动资产回归系数的显著性 P 值为0.033，小于0.05，说明回归系数的显著性检验结果具有显著的统计学意义。

由残差统计表（见表7-46）和散点图（见图7-7）可以直观地看出，学生化残差值的最小值为 -1.849，最大值为1.049，平均值为0.072，学生化残差的绝对值 $|SRE|$ 均小于2，符合概率的 3σ 原则 $|SRE|<3$，因此，证明此回归模型不存在异常的奇异值。

综上所述，上文已对回归模型7-14进行回归模型的拟合优度、显著性及DW检验，回归系数的显著性与解释变量共线性检验及残差检验。经验证分析，回归模型7-14通过各项检验，证明景区非流动资产投入对丽江玉龙旅游股份有限公司的本期固定资产变化量存在较为明显的正向线性关系，景区非流动资产投入影响着丽江玉龙旅游股份有限公司的本期固定资产变化量的提升。

（8）景区投资与现金及等价物平均额。把对应解释变量与被解释变量数据代入回归模型7-14进行回归分析和检验，模型检验结果如表7-47至表7-50和图7-8所示。

表 7-47　景区投资与现金及等价物平均额模型摘要

模型	R	R^2	调整后 R^2	标准估算的错误	更改统计					DW 检验值
					R^2 变化量	F 变化量	自由度 1	自由度 2	显著性 F 变化量	
1	0.997*a*	0.994	0.990	51309554.98715	0.994	252.406	2	3	0.000	1.791

表 7-48　景区投资与现金及等价物平均额模型方差分析

模型		平方和	自由度	均方	F	显著性
1	回归	1329003755710064130.000	2	664501877855032060.000	252.406	0.000*b*
	残差	7898011298937135.000	3	2632670432979045.000		
	总计	1336901767009001220.000	5			

表 7-49　景区投资与现金及等价物平均额模型回归系数

模型		未标准化系数		标准化系数	t	显著性	共线性统计	
		B	标准错误	Beta			容差	VIF
1	（常量）	-244819567.688	55777196.523		-4.389	0.022		
	实收资本	10.917	0.486	1.028	22.468	0.000	0.941	1.063
	非流动资产	2.237	0.401	0.255	5.576	0.011	0.941	1.063

表 7-50　景区投资与现金及等价物平均额模型残差统计

	最小值	最大值	平均值	标准偏差	个案数
预测值	95283664.0000	1346806912.0000	735034036.5333	515558678.66036	6
标准预测值	-1.241	1.187	0.000	1.000	6
预测值的标准误差	21270904.000	45179176.000	35527335.082	8060546.763	6
调整后预测值	60117800.0000	1395948416.0000	754351982.0052	521958757.70365	6
残差	-35227196.00000	59190728.00000	0.00000	39744210.39331	6
标准残差	-0.687	1.154	0.000	0.775	6
学生化残差	-1.365	1.520	-0.113	1.164	6
剔除残差	-147740928.00000	102694080.00000	-19317945.47186	95336108.26540	6
学生化剔除残差	-1.810	2.585	0.006	1.591	6
马氏距离	0.026	3.043	1.667	1.005	6
库克距离	0.002	2.143	0.626	0.772	6
居中杠杆值	0.005	0.609	0.333	0.201	6

从模型摘要表（见表 7-47）可以明显看出，模型相关系数为 $R=0.997$，拟合度 $R^2=0.994$，调整后 $R^2=0.990$。表明模型拟合程度较好，解释变量与被解释变量之间高度相关，存在着十分明显的线性关系，R^2 调整后解释变量可以解释 99% 的被解释变量的变化。DW 检验值为 $DW\approx2$，不存在自相关问题。

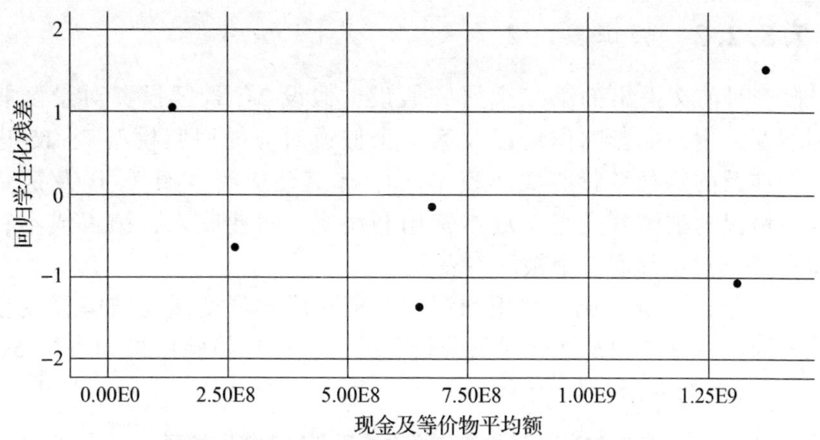

图 7-8　景区投资与现金及等价物平均额模型散点图

通过模型方差分析表（见表 7-48）可以直观地看出，回归模型 F 检验统计量 $F=252.406$，其对应的显著性水平 P 值 $P\approx0.000$，P 值明显小于 0.01，因此，说明此回归模型具有极为显著的统计学意义。

由回归模型的回归系数表（见表 7-49）可以明显看出，两个解释变量实收资本与非流动资产回归系数的显著性 P 值分别为 0.000 和 0.011，均小于 0.05，说明回归系数的显著性检验结果具有显著的统计学意义，两个解释变量都通了检验验证，均可以保存在模型中。解释变量容差值为 0.941，接近于 1，方差膨胀因子（*VIF*）为 1.063，小于 10，说明此回归模型解释变量间多重共线性较弱，不存在严重的多重共线性。

由残差统计表（见表 7-50）和散点图（见图 7-8）可以直观地看出，学生化残差值的最小值为 −1.365，最大值为 1.52，平均值为 −0.113，学生化残差的绝对值 $|SRE|$ 均小于 2，符合概率的 3σ 原则 $|SRE|<3$，因此，证明此回归模型不存在异常的奇异值。

综上所述，上文已对回归模型 7-14 进行回归模型的拟合优度、显著性及 DW 检验，回归系数的显著性与解释变量共线性检验及残差检验。经验证分析，回归模型 7-14 通过各项检验，证明景区投资与丽江玉龙旅游股份有限公司的现金及等价物平均额存在较为明显的正向线性关系，景区投资的增加明显影响着丽江玉龙旅游股份有限公司的现金及等价物平均额的升高。

7.5.2.2 验证假设 2

接着对前文提出的第二个研究假设，假设 2：景区投资对景区收益获利情况产生正向影响作用以及第二个假设对应的回归模型 7-15 进行验证，涉及的解释变量有实收资本 X_1、非流动资产金额 X_2 以及衡量景区收益情况的被解释变量：成本费用利润率、营业收入、销售成本、本期净资产、营业利润 5 个被解释变量。

（1）景区投资与成本费用利润率。把对应解释变量与被解释变量数据代入回归模型 7-15 进行回归分析和检验，模型检验结果如表 7-51 至表 7-54 和图 7-9 所示。

表 7-51　景区投资与成本费用利润率模型摘要

模型	R	R^2	调整后 R^2	标准估算的错误	更改统计					DW 检验值
					R^2 变化量	F 变化量	自由度 1	自由度 2	显著性 F 变化量	
1	0.966*a*	0.932	0.887	0.05096	0.932	20.699	2	3	0.018	2.908

表 7-52　景区投资与成本费用利润率模型方差分析

模型		平方和	自由度	均方	F	显著性
1	回归	0.107	2	0.054	20.699	0.018*b*
	残差	0.008	3	0.003		
	总计	0.115	5			

表 7-53　景区投资与成本费用利润率模型回归系数

模型		未标准化系数		标准化系数	t	显著性	共线性统计	
		B	标准错误	Beta			容差	VIF
1	（常量）	0.265	0.055		4.784	0.017		
	实收资本	$2.982E-9$	0.000	0.956	6.179	0.009	0.941	1.063
	非流动资产	$1.293E-9$	0.000	0.502	3.246	0.048	0.941	1.063

表 7-54　景区投资与成本费用利润率模型残差统计

	最小值	最大值	平均值	标准偏差	个案数
预测值	0.4050	0.7453	0.5817	0.14662	6
标准预测值	-1.205	1.116	0.000	1.000	6
预测值的标准误差	0.021	0.045	0.035	0.008	6
调整后预测值	0.4186	0.7523	0.6054	0.15720	6
残差	-0.02725	0.07708	0.00000	0.03947	6
标准残差	-0.535	1.513	0.000	0.775	6
学生化残差	-1.128	1.662	-0.158	0.985	6
剔除残差	-0.12127	0.09307	-0.02374	0.07176	6
学生化剔除残差	-1.214	4.827	0.384	2.220	6
马氏距离	0.026	3.043	1.667	1.005	6
库克距离	0.004	1.464	0.345	0.558	6
居中杠杆值	0.005	0.609	0.333	0.201	6

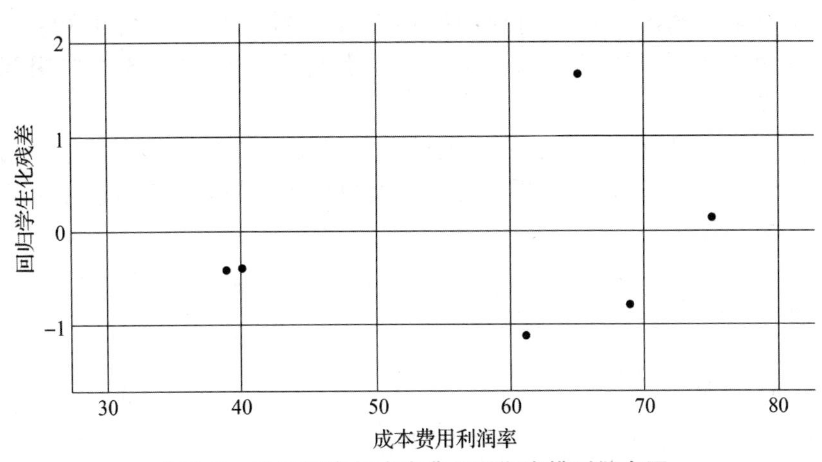

图 7-9　景区投资与成本费用利润率模型散点图

从模型摘要表（见表 7-51）可以明显看出，模型相关系数为 $R=0.966$，拟合度 $R^2=0.932$，调整后 $R^2=0.887$，表明模型拟合程度较好，解释变量与被解释变量之间高度相关，存在着十分明显的线性关系，R^2 调整后解释变量可以解释 86.6% 的被解释变量的变化。

通过模型方差分析表（见表 7-52）可以直观地看出，回归模型 F 检验统计量 $F=20.699$，其对应的显著性水平 P 值 $P=0.018$，P 值明显小于 0.05，因此，说明此回归模型具有显著的统计学意义。

由回归模型的回归系数表（见表 7-53）可以明显看出，两个解释变量实收资本与非流动资产回归系数的显著性 P 值分别为 0.009 和 0.048，均小于 0.05，说明回归系数的显著性检验结果具有显著的统计学意义，两个解释变量都通了检验验证，均可以保存在模型中。解释变量容差值为 0.941，接近于 1，方差膨胀因子（VIF）为 1.063，小于 10，说明此回归模型解释变量间多重共线性较弱，不存在严重的多重共线性。

由残差统计表（见表 7-54）和散点图（见图 7-9）可以直观地看出，学生化残差值的最小值为 -1.128，最大值为 1.662，平均值为 -0.158，学生化残差的绝对值 $|SRE|$ 均小于 2，符合概率的 3σ 原则 $|SRE|<3$，因此，证明此回归模型不存在异常的奇异值。

综上所述，上文已对回归模型 7-15 进行回归模型的拟合优度、显著性检验，回归系数的显著性与解释变量共线性检验及残差检验。经验证分析，回归模型 7-15 通过各项检验，证明景区投资与丽江玉龙旅游股份有限公司的成本费用利润率存在较为明显的正向线性关系，景区投资的增加明显影响着丽江玉龙旅游股份有限公司的成本费用利润率的提高。

（2）景区投资与营业收入。把对应解释变量与被解释变量数据代入回归模型 7-15 进行回归分析和检验，模型检验结果如表 7-55 至表 7-58 和图 7-10 所示。

表 7-55　景区投资与营业收入模型摘要

模型	R	R^2	调整后 R^2	标准估算的错误	更改统计					DW 检验值
					R^2 变化量	F 变化量	自由度 1	自由度 2	显著性 F 变化量	
1	0.974*a*	0.948	0.914	54070125.74647	0.948	27.540	2	3	0.012	2.318

表 7-56　景区投资与营业收入模型方差分析

模型		平方和	自由度	均方	*F*	显著性
1	回归	161030059 102372384.000	2	805150295 51186192.000	27.540	0.012*b*
	残差	877073549 4718795.000	3	292357849 8239598.500		
	总计	1698007945 97091168.000	5			

表 7-57　景区投资与营业收入模型回归系数

模型		未标准化系数		标准化系数	*t*	显著性	共线性统计	
		B	标准错误	Beta			容差	*VIF*
1	（常量）	260081 669.352	587781 36.559		4.425	0.021		
	实收资本	3.714	0.512	0.981	7.254	0.005	0.941	1.063
	非流动资产	1.390	0.423	0.445	3.288	0.046	0.941	1.063

表 7-58　景区投资与营业收入模型残差统计

	最小值	最大值	平均值	标准偏差	个案数
预测值	419247456.0000	840947968.0000	638665959.6633	179460334.95030	6
标准预测值	-1.223	1.127	0.000	1.000	6
预测值的标准误差	22415326.000	47609916.000	37438786.515	8494222.512	6
调整后预测值	428483200.0000	851049344.0000	651467650.2021	183902851.22834	6
残差	-45681616.00000	76635968.00000	0.00000	41882539.30869	6
标准残差	-0.845	1.417	0.000	0.775	6
学生化残差	-1.166	1.557	-0.087	0.939	6
剔除残差	-87007824.00000	92539896.00000	-12801690.53874	63507894.85609	6
学生化剔除残差	-1.287	2.907	0.139	1.447	6

续表

	最小值	最大值	平均值	标准偏差	个案数
马氏距离	0.026	3.043	1.667	1.005	6
库克距离	0.027	0.410	0.155	0.138	6
居中杠杆值	0.005	0.609	0.333	0.201	6

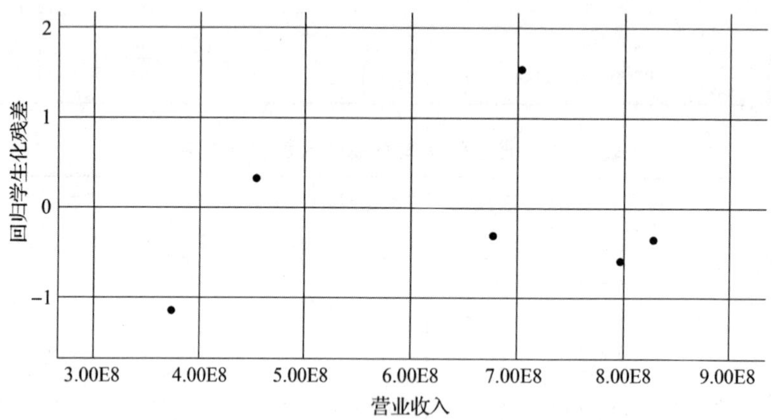

图 7–10　景区投资与营业收入模型散点图

从模型摘要表（见表 7–55）可以明显看出，模型相关系数为 $R = 0.974$，拟合度 $R^2 = 0.948$，调整后 $R^2 = 0.914$，表明模型拟合程度较好，解释变量与被解释变量之间高度相关，存在着十分明显的线性关系，R^2 调整后解释变量可以解释 91.4% 的被解释变量的变化。

通过模型方差分析表（见表 7–56）可以直观地看出，回归模型 F 检验统计量 $F = 27.540$，其对应的显著性水平 P 值 $P = 0.012$，P 值明显小于 0.05，因此，说明此回归模型具有显著的统计学意义。

由回归模型的回归系数表（见表 7–57）可以明显看出，两个解释变量实收资本与非流动资产回归系数的显著性 P 值分别为 0.005 和 0.046，均小于 0.05，说明回归系数的显著性检验结果具有显著的统计学意义，两个解释变量都通了检验验证，均可以保存在模型中。解释变量容差值为 0.941，接近于 1，方差膨胀因子（VIF）为 1.063，小于 10，说明此回归模型解释变量间多重共线性较弱，不存在严重的多重共线性。

由残差统计表（见表 7–58）和散点图（见图 7–10）可以直观地看出，学生化残差值的最小值为 -1.166，最大值为 1.557，平均值为

-0.087，学生化残差的绝对值|SRE|均小于 2，符合概率的 3σ 原则|SRE|<3，因此，证明此回归模型不存在异常的奇异值。

综上所述，上文已对回归模型 7-15 进行回归模型的拟合优度、显著性检验，回归系数的显著性与解释变量共线性检验及残差检验。经验证分析，回归模型 7-15 通过各项检验，证明景区投资与丽江玉龙旅游股份有限公司的营业收入存在较为明显的正向线性关系，景区投资的增加明显影响着丽江玉龙旅游股份有限公司的营业收入的提高。

（3）景区投资与销售成本。把对应解释变量与被解释变量数据代入回归模型 7-15 进行回归分析和检验，模型检验结果如表 7-59 至表 7-62 和图 7-11 所示。

表 7-59　景区投资与销售成本模型摘要

模型	R	R^2	调整后 R^2	标准估算的错误	更改统计					DW 检验值
					R^2 变化量	F 变化量	自由度 1	自由度 2	显著性 F 变化量	
1	0.960*a*	0.921	0.868	180870 18.85804	0.921	17.502	2	3	0.022	2.641

表 7-60　景区投资与销售成本模型方差分析

模型		平方和	自由度	均方	F	显著性
1	回归	11451363677 183914.000	2	57256818385 91957.000	17.502	0.022*b*
	残差	98142075351 3674.900	3	32714025117 1224.940		
	总计	12432784430 697588.000	5			

表 7-61　景区投资与销售成本模型回归系数

模型		未标准化系数		标准化系数	t	显著性	共线性统计	
		B	标准错误	Beta			容差	VIF
1	（常量）	582980 92.890	196618 97.392		2.965	0.059		
	实收资本	0.959	0.171	0.936	5.598	0.011	0.941	1.063
	非流动资产	0.455	0.141	0.539	3.221	0.049	0.941	1.063

表 7-62　景区投资与销售成本模型残差统计

	最小值	最大值	平均值	标准偏差	个案数
预测值	106058952.0000	215883024.0000	162971662.9967	47856794.03634	6
标准预测值	-1.189	1.106	0.000	1.000	6
预测值的标准误差	7498159.500	15926012.000	12523663.083	2841405.686	6
调整后预测值	98831680.0000	218758832.0000	167680502.9798	50862043.98732	6
残差	-15682900.00000	24189498.00000	0.00000	14010144.56395	6
标准残差	-0.867	1.337	0.000	0.775	6
学生化残差	-1.197	1.470	-0.094	0.970	6
剔除残差	-29870550.00000	29209440.00000	-4708839.98311	22940413.05472	6
学生化剔除残差	-1.351	2.267	0.020	1.261	6
马氏距离	0.026	3.043	1.667	1.005	6
库克距离	0.000	0.432	0.205	0.164	6
居中杠杆值	0.005	0.609	0.333	0.201	6

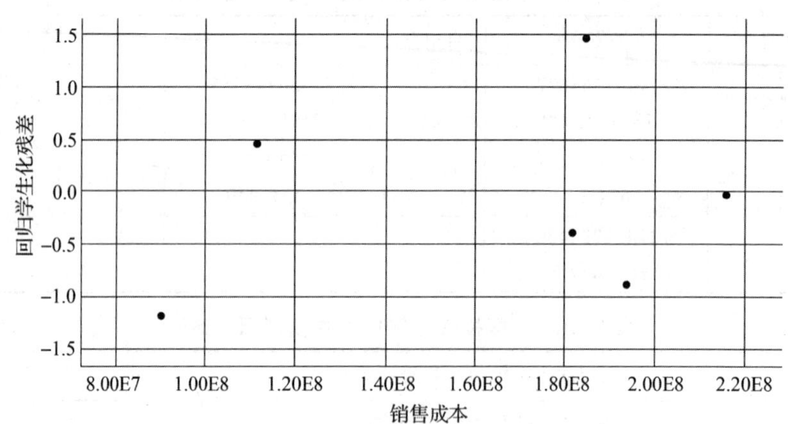

图 7-11　景区投资与销售成本模型散点图

从模型摘要表（见表 7-59）可以明显看出，模型相关系数为 $R=0.960$，拟合度 $R^2=0.921$，调整后 $R^2=0.868$，表明模型拟合程度较好，解释变量与被解释变量之间高度相关，存在着十分明显的线性关系，R^2 调整后解释变量可以解释 86.8% 的被解释变量的变化。

通过模型方差分析表（见表 7–60）可以直观地看出，回归模型 F 检验统计量 $F=17.502$，其对应的显著性水平 P 值 $P=0.022$，P 值明显小于 0.05，因此，说明此回归模型具有显著的统计学意义。

由回归模型的回归系数表（见表 7–61）可以明显看出，两个解释变量实收资本与非流动资产回归系数的显著性 P 值分别为 0.011 和 0.049，均小于 0.05，说明回归系数的显著性检验结果具有显著的统计学意义，两个解释变量都通了检验验证，均可以保存在模型中。解释变量容差值为 0.941，接近于 1，方差膨胀因子（VIF）为 1.063，小于 10，说明此回归模型解释变量间多重共线性较弱，不存在严重的多重共线性。

由残差统计表（见表 7–62）和散点图（见图 7–11）可以直观地看出，学生化残差值的最小值为 −1.197，最大值为 1.470，平均值为 −0.094，学生化残差的绝对值 $|SRE|$ 均小于 2，符合概率的 3σ 原则 $|SRE|<3$，因此，证明此回归模型不存在异常的奇异值。

综上所述，上文已对回归模型 7–15 进行回归模型的拟合优度、显著性检验，回归系数的显著性与解释变量共线性检验及残差检验。经验证分析，回归模型 7–15 通过各项检验，证明景区投资与丽江玉龙旅游股份有限公司的销售成本存在较为明显的正向线性关系，景区投资的增加明显影响着丽江玉龙旅游股份有限公司的销售成本的变化。

（4）景区投资与本期净资产。把对应解释变量与被解释变量数据代入回归模型 7–15 进行回归分析和检验，模型检验结果如表 7–63 至表 7–66 和图 7–12 所示。

表 7–63　景区投资与本期净资产模型摘要

模型	R	R^2	调整后 R^2	标准估算的错误	更改统计					DW 检验值
					R^2 变化量	F 变化量	自由度 1	自由度 2	显著性 F 变化量	
1	0.990*a*	0.980	0.967	1292138 54.61609	0.980	74.898	2	3	0.003	1.830

从模型摘要表（见表 7–63）可以明显看出，模型相关系数为 $R=0.990$，拟合度 $R^2=0.980$，调整后 $R^2=0.967$，表明模型拟合程度较好，解释变量与被解释变量之间高度相关，存在着十分明显的线性关系，R^2 调整后解释变量可以解释 96.7% 的被解释变量的变化。DW 检验值为 $DW\approx2$，不存在自相关问题。

表 7–64　景区投资与本期净资产模型方差分析

模型		平方和	自由度	均方	*F*	显著性
1	回归	2501030867323591200.000	2	1250515433661795580.000	74.898	0.003*b*
	残差	50088660674240784.000	3	16696220224746928.000		
	总计	2551119527997832200.000	5			

表 7–65　景区投资与本期净资产模型回归系数

模型		未标准化系数		标准化系数	*t*	显著性	共线性统计	
		B	标准错误	Beta			容差	*VIF*
1	（常量）	1038137 63.588	1404648 03.568		0.739	0.513		
	实收资本	14.958	1.224	1.020	12.224	0.001	0.941	1.063
	非流动资产	3.593	1.010	0.297	3.557	0.038	0.941	1.063

表 7–66　景区投资与本期净资产模型残差统计

	最小值	最大值	平均值	标准偏差	个案数
预测值	606354560.0000	2297291520.0000	1484415363.1983	707252552.81598	6
标准预测值	−1.242	1.149	0.000	1.000	6
预测值的标准误差	53566932.000	113775600.000	89469181.937	20299032.369	6
调整后预测值	596716672.0000	2462808320.0000	1499334091.6345	738541683.01867	6
残差	−118651112.00000	164585936.00000	0.00000	100088621.40547	6
标准残差	−0.918	1.274	0.000	0.775	6
学生化残差	−1.421	1.678	−0.031	1.078	6
剔除残差	−284167968.00000	285551520.00000	−14918728.43616	199970648.44608	6
学生化剔除残差	−2.030	5.515	0.516	2.595	6
马氏距离	0.026	3.043	1.667	1.005	6
库克距离	0.004	0.939	0.347	0.383	6
居中杠杆值	0.005	0.609	0.333	0.201	6

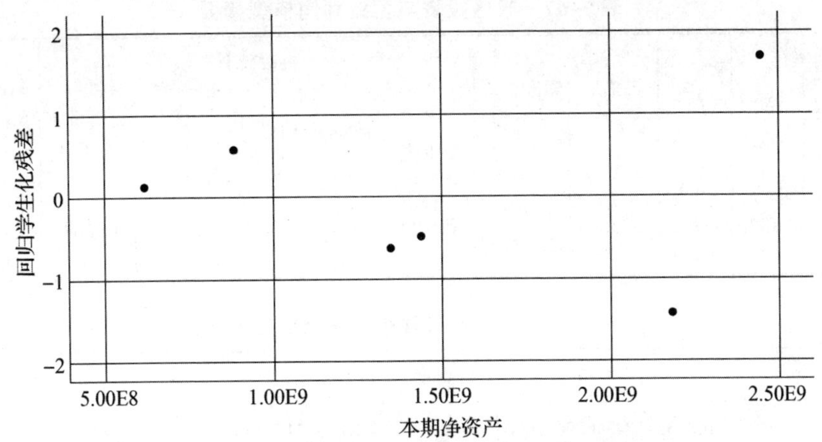

图 7–12　景区投资与本期净资产模型散点图

通过模型方差分析表（见表 7–64）可以直观地看出，回归模型 F 检验统计量 $F=74.898$，其对应的显著性水平 P 值 $P=0.003$，P 值明显小于 0.05，因此，说明此回归模型具有显著的统计学意义。

由回归模型的回归系数表（见表 7–65）可以明显看出，两个解释变量实收资本与非流动资产回归系数的显著性 P 值分别为 0.001 和 0.038，均小于 0.05，说明回归系数的显著性检验结果具有显著的统计学意义，两个解释变量都通了检验验证，均可以保存在模型中。解释变量容差值为 0.941，接近于 1，方差膨胀因子（VIF）为 1.063，小于 10，说明此回归模型解释变量间多重共线性较弱，不存在严重的多重共线性。

由残差统计表（见表 7–66）和散点图（见图 7–12）可以直观地看出，学生化残差值的最小值为 −1.421，最大值为 1.678，平均值为 −0.031，学生化残差的绝对值 $|SRE|$ 均小于 2，符合概率的 3σ 原则 $|SRE|<3$，因此，证明此回归模型不存在异常的奇异值。

综上所述，上文已对回归模型 7–15 进行回归模型的拟合优度、显著性及 DW 检验，回归系数的显著性与解释变量共线性检验及残差检验。经验证分析，回归模型 7–15 通过各项检验，证明景区投资与丽江玉龙旅游股份有限公司的本期净资产存在较为明显的正向线性关系，景区投资的增加明显影响着丽江玉龙旅游股份有限公司的本期净资产的升高。

（5）景区投资与营业利润。把对应解释变量与被解释变量数据代入回归模型 7–15 进行回归分析和检验，模型检验结果如表 7–67、表 7–68 所示。

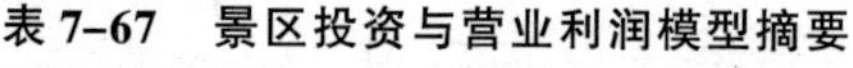

表 7-67 景区投资与营业利润模型摘要

模型	R	R^2	调整后 R^2	标准估算的错误	更改统计					DW 检验值
					R^2 变化量	F 变化量	自由度 1	自由度 2	显著性 F 变化量	
1	0.837*a*	0.700	0.500	490088 82.12904	0.700	3.498	2	3	0.164	1.602

表 7-68 景区投资与营业利润模型方差分析

模型		平方和	自由度	均方	F	显著性
1	回归	16803245043482968.000	2	8401622521741484.000	3.498	0.164*b*
	残差	7205611582613968.000	3	2401870527537989.500		
	总计	24008856626096936.000	5			

如表 7-67 所示，模型相关系数为 $R=0.837$，拟合度 $R^2=0.7000$，调整后$R^2=0.500$，说明解释变量非流动资产与被解释变量资产负债率之间线性相关关联一般，回归模型 F 检验统计量 $F=3.498$，其对应的显著性水平 P 值 $P=0.164$，大于 0.05，说明代入数值后此回归模型并不具有显著的统计学意义，检验未能通过。因此，就不再进行后面的各项检验，也证明景区两个投资变量并不都与丽江玉龙旅游股份有限公司的营业利润存在较为明显的线性关系，因此需要把两个投资变量进行单独代入模型进行分析。

先把解释变量非流动资产单独代入模型进行检验分析，分析结果如表 7-69 所示。模型相关系数为 $R=0.009$，拟合度 $R^2=0.000$，说明解释变量非流动资产与被解释变量资产负债率之间几乎不存在线性相关关联，回归模型 F 检验统计量 $F=0.000$，其对应的显著性水平 P 值$P=0.987$，远远大于 0.05，说明代入数值后此回归模型并不具有显著的统计学意义，检验未能通过。因此，就不再进行后面的各项检验，证明景区的非流动资产的投入对丽江玉龙旅游股份有限公司的营业利润影响显著性不明显。

表 7-69　将非流动资产单独代入的景区投资与营业利润模型摘要

模型	R	R^2	调整后 R^2	标准估算的错误	更改统计					DW 检验值
					R^2 变化量	F 变化量	自由度 1	自由度 2	显著性 F 变化量	
1	0.009a	0.000	-0.250	77470900.14824	0.000	0.000	1	4	0.987	0.591

然后，把解释变量实收资本单独代入模型进行检验分析，分析结果如表 7-70 至表 7-73 和图 7-13 所示。

表 7-70　将实收资本单独代入后的景区投资与营业利润模型摘要

模型	R	R^2	调整后 R^2	标准估算的错误	更改统计				
					R^2 变化量	F 变化量	自由度 1	自由度 2	显著性 F 变化量
1	0.814a	0.662	0.577	45054106.27519	0.662	7.828	1	4	0.049

表 7-71　将实收资本单独代入后的景区投资与营业利润模型方差分析

模型		平方和	自由度	均方	F	显著性
1	回归	15889366657073998.000	1	15889366657073998.000	7.828	0.049b
	残差	8119489969022938.000	4	2029872492255734.500		
	总计	24008856626096936.000	5			

表 7-72　将实收资本单独代入后的景区投资与营业利润模型回归系数

模型		未标准化系数		标准化系数	t	显著性
		B	标准错误	Beta		
1	（常量）	150379057.948	36086973.859		4.167	0.014
	实收资本	1.158	0.414	0.814	2.798	0.049

表 7-73　将实收资本单独代入后的景区投资与营业利润模型残差统计

	最小值	最大值	平均值	标准偏差	个案数
预测值	170061264.0000	313504064.0000	237244669.2283	56372629.27534	6
标准预测值	-1.192	1.353	0.000	1.000	6
预测值的标准误差	18570436.000	32882276.000	25477183.228	5748457.067	6
调整后预测值	197262304.0000	324501440.0000	246073528.6570	57380222.30078	6
残差	-58780532.00000	51266828.00000	0.00000	40297617.71873	6
标准残差	-1.305	1.138	0.000	0.894	6
学生化残差	-1.760	1.249	-0.079	1.102	6
剔除残差	-107016024.00000	61759296.00000	-8828859.42867	61883058.21549	6
学生化剔除残差	-3.212	1.385	-0.294	1.613	6
马氏距离	0.016	1.830	0.833	0.730	6
库克距离	0.006	1.272	0.296	0.482	6
居中杠杆值	0.003	0.366	0.167	0.146	6

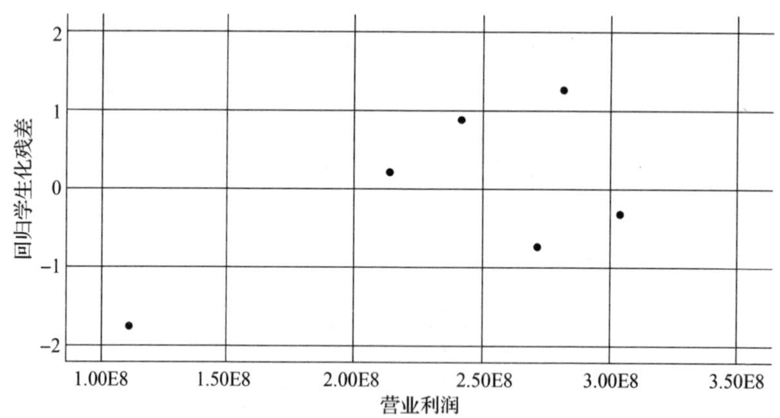

图 7-13　将实收资本单独代入后的景区投资与营业利润模型散点图

从模型摘要表（见表 7-70）可以明显看出，模型相关系数为 $R=0.814$，拟合度 $R^2=0.662$，调整后 $R^2=0.577$，表明模型拟合程度一般，解释变量与被解释变量之间存在着较为明显的线性关系，R^2 调整后解释变量可以解释 57.7% 的被解释变量的变化。

通过模型方差分析表（见表 7–71）可以直观地看出，回归模型 F 检验统计量 $F=7.828$，其对应的显著性水平 P 值 $P=0.049$，P 值明显小于 0.05，因此，说明此回归模型具有显著的统计学意义。

由回归模型的回归系数表（见表 7–72）可以明显看出，解释变量实收资本回归系数的显著性 P 值为 0.049，小于 0.05，说明回归系数的显著性检验结果具有显著的统计学意义。

由残差统计表（见表 7–73）和散点图（见图 7–13）可以直观地看出，学生化残差值的最小值为 –1.76，最大值为 1.249，平均值为 –0.079，学生化残差的绝对值 $|SRE|$ 均小于 2，符合概率的 3σ 原则 $|SRE|<3$，因此，证明此回归模型不存在异常的奇异值。

综上所述，上文已对回归模型 7–15 进行回归模型的拟合优度、显著性检验，回归系数的显著性与解释变量共线性检验及残差检验。经验证分析，回归模型 7–15 通过各项检验，证明景区实收资本的投入对丽江玉龙旅游股份有限公司的营业利润存在较为明显的正向线性关系，景区实收资本的投入明显影响着丽江玉龙旅游股份有限公司的营业利润的提高。

7.5.2.3　验证假设 3

继续对前文提出的第三个研究假设，假设 3：景区投资对景区当地周边社会的发展具有正向影响作用，以及第三个假设对应的回归模型 7–16 进行验证，涉及的解释变量有实收资本 X_1、非流动资产金额 X_2 以及衡量景区周边社会发展情况的被解释变量：第三产业从业人数、地区生产总值、人均地区生产总值、地方财政收入、民用航空旅客运量 5 个被解释变量。

（1）景区投资与第三产业从业人数。把对应解释变量与被解释变量数据代入回归模型 7–16 进行回归分析和检验，模型检验结果如表 7–74 至表 7–77 和图 7–14 所示。

表 7–74　景区投资与第三产业从业人数模型摘要

模型	R	R^2	调整后 R^2	标准估算的错误	更改统计					DW 检验值
					R^2 变化量	F 变化量	自由度 1	自由度 2	显著性 F 变化量	
1	0.978*a*	0.957	0.929	0.32103	0.957	33.655	2	3	0.009	1.892

表 7–75　景区投资与第三产业从业人数模型方差分析

模型		平方和	自由度	均方	F	显著性
1	回归	6.937	2	3.468	33.655	0.009*b*
	残差	0.309	3	0.103		
	总计	7.246	5			

表 7–76　景区投资与第三产业从业人数模型回归系数

模型		未标准化系数		标准化系数	t	显著性	共线性统计	
		B	标准错误	Beta			容差	*VIF*
1	（常量）	4.951	0.349		14.187	0.001		
	实收资本	2.408*E* – 8	0.000	0.974	7.920	0.004	0.941	1.063
	非流动资产	1.005*E* – 8	0.000	0.493	4.006	0.028	0.941	1.063

表 7–77　景区投资与第三产业从业人数模型残差统计

	最小值	最大值	平均值	标准偏差	个案数
预测值	6.0547	8.7987	7.4800	1.17786	6
标准预测值	–1.210	1.120	0.000	1.000	6
预测值的标准误差	0.133	0.283	0.222	0.050	6
调整后预测值	6.1172	8.9301	7.5423	1.18301	6
残差	–0.24474	0.46352	0.00000	0.24867	6
标准残差	–0.762	1.444	0.000	0.775	6
学生化残差	–1.052	1.587	–0.074	0.917	6
剔除残差	–0.46615	0.55971	–0.06226	0.35481	6
学生化剔除残差	–1.081	3.230	0.214	1.537	6
马氏距离	0.026	3.043	1.667	1.005	6
库克距离	0.005	0.334	0.117	0.126	6
居中杠杆值	0.005	0.609	0.333	0.201	6

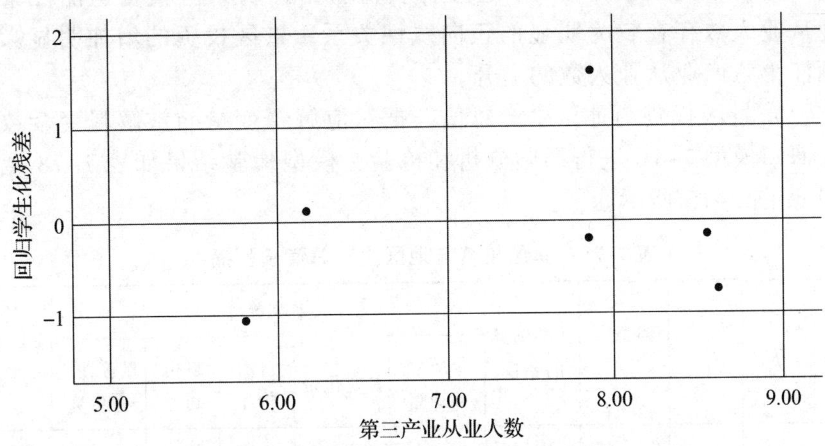

图 7-14　景区投资与第三产业从业人数模型散点图

从模型摘要表（见表 7-74）可以明显看出，模型相关系数为 $R=0.978$，拟合度 $R^2=0.957$，调整后 $R^2=0.929$，表明模型拟合程度较好，解释变量与被解释变量之间高度相关，存在着十分明显的线性关系，R^2 调整后解释变量可以解释 92.9% 的被解释变量的变化。DW 检验值为 $DW\approx 2$，不存在自相关问题。

通过模型方差分析表（见表 7-75）可以直观地看出，回归模型 F 检验统计量 $F=33.655$，其对应的显著性水平 P 值 $P=0.009$，P 值明显小于 0.05，因此，说明此回归模型具有显著的统计学意义。

由回归模型的回归系数表（见表 7-76）可以明显看出，两个解释变量实收资本与非流动资产回归系数的显著性 P 值分别为 0.004 和 0.028，均小于 0.05，说明回归系数的显著性检验结果具有显著的统计学意义，两个解释变量都通了检验验证，均可以保存在模型中。解释变量容差值为 0.941，接近于 1，方差膨胀因子（VIF）为 1.063，小于 10，说明此回归模型解释变量间多重共线性较弱，不存在严重的多重共线性。

由残差统计表（见表 7-77）和散点图（见图 7-14）可以直观地看出，学生化残差值的最小值为 −1.052，最大值为 1.587，平均值为 −0.074，学生化残差的绝对值 |SRE| 均小于 2，符合概率的 3σ 原则 |SRE| <3，因此，证明此回归模型不存在异常的奇异值。

综上所述，上文已对回归模型 7-16 进行回归模型的拟合优度、显著性及 DW 检验，回归系数的显著性与解释变量共线性检验及残差检验。

经验证分析，回归模型7-16通过各项检验，证明景区投资与丽江第三产业从业人数存在较为明显的正向线性关系，景区投资的增加明显影响着丽江第三产业从业人数的上升。

（2）景区投资与地区生产总值。把对应解释变量与被解释变量数据代入回归模型7-16进行回归分析和检验，模型检验结果如表7-78至表7-81和图7-15所示。

表7-78　景区投资与地区生产总值模型摘要

模型	R	R^2	调整后 R^2	标准估算的错误	更改统计					DW检验值
					R^2 变化量	F 变化量	自由度1	自由度2	显著性 F 变化量	
1	0.976*a*	0.952	0.920	1948 69.44396	0.952	29.721	2	3	0.011	3.168

表7-79　景区投资与地区生产总值模型方差分析

模型		平方和	自由度	均方	F	显著性
1	回归	2257267520274.374	2	1128633760137.187	29.721	0.011*b*
	残差	113922300566.460	3	37974100188.820		
	总计	2371189820840.834	5			

表7-80　景区投资与地区生产总值模型回归系数

模型		未标准化系数		标准化系数	t	显著性	共线性统计	
		B	标准错误	Beta			容差	VIF
1	（常量）	1001648.388	211837.177		4.728	0.018		
	实收资本	0.014	0.002	0.989	7.580	0.005	0.941	1.063
	非流动资产	0.005	0.002	0.419	3.212	0.049	0.941	1.063

表7-81　景区投资与地区生产总值模型残差统计

	最小值	最大值	平均值	标准偏差	个案数
预测值	1577450.5000	3162241.7500	2402864.1667	671902.89779	6
标准预测值	-1.228	1.130	0.000	1.000	6

续表

	最小值	最大值	平均值	标准偏差	个案数
预测值的标准误差	80785.133	171586.766	134929.879	30613.290	6
调整后预测值	1567301.0000	3359337.5000	2458431.4535	726377.41204	6
残差	-193412.46875	167310.51563	0.00000	150945.22223	6
标准残差	-0.993	0.859	0.000	0.775	6
学生化残差	-1.536	0.943	-0.097	1.082	6
剔除残差	-463220.56250	224611.37500	-55567.28680	305743.36196	6
学生化剔除残差	-2.714	0.919	-0.305	1.417	6
马氏距离	0.026	3.043	1.667	1.005	6
库克距离	0.062	1.097	0.383	0.369	6
居中杠杆值	0.005	0.609	0.333	0.201	6

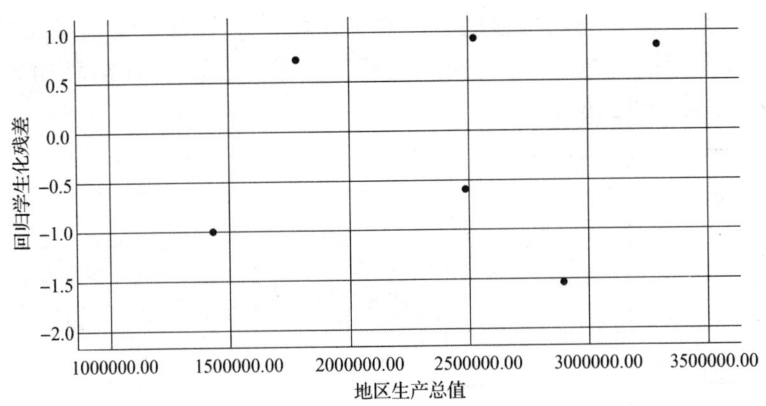

图 7-15　景区投资与地区生产总值模型散点图

从模型摘要表（见表 7-78）可以明显看出，模型相关系数为 $R=0.976$，拟合度 $R^2=0.952$，调整后 $R^2=0.920$，表明模型拟合程度较好，解释变量与被解释变量之间高度相关，存在着十分明显的线性关系，R^2 调整后解释变量可以解释 92% 的被解释变量的变化。

通过模型方差分析表（见表 7-79）可以直观地看出，回归模型 F 检验统计量 $F=29.721$，其对应的显著性水平 P 值 $P=0.011$，P 值明显小于0.05，因此，说明此回归模型具有显著的统计学意义。

由回归模型的回归系数表（见表7-80）可以明显看出，两个解释变量实收资本与非流动资产回归系数的显著性P值分别为0.005和0.049，均小于0.05，说明回归系数的显著性检验结果具有显著的统计学意义，两个解释变量都通了检验验证，均可以保存在模型中。解释变量容差值为0.941，接近于1，方差膨胀因子（VIF）为1.063，小于10，说明此回归模型解释变量间多重共线性较弱，不存在严重的多重共线性。

由残差统计表（见表7-81）和散点图（见图7-15）可以直观地看出，学生化残差值的最小值为-1.536，最大值为0.943，平均值为-0.097，学生化残差的绝对值|SRE|均小于2，符合概率的3σ原则|SRE|<3，因此，证明此回归模型不存在异常的奇异值。

综上所述，上文已对回归模型7-16进行回归模型的拟合优度、显著性检验，回归系数的显著性与解释变量共线性检验及残差检验。经验证分析，回归模型7-16通过各项检验，证明景区投资与丽江地区生产总值存在较为明显的正向线性关系，景区投资的增加明显影响着丽江地区生产总值的上升。

（3）景区投资与人均地区生产总值。把对应解释变量与被解释变量数据代入回归模型7-16进行回归分析和检验，模型检验结果如表7-82至表7-85和图7-16所示。

表7-82　景区投资与人均地区生产总值模型摘要

模型	R	R^2	调整后 R^2	标准估算的错误	更改统计					DW检验值
					R^2 变化量	F 变化量	自由度1	自由度2	显著性 F 变化量	
1	0.967*a*	0.936	0.893	1716.32155	0.936	21.790	2	3	0.016	3.054

表7-83　景区投资与人均地区生产总值模型方差分析

模型		平方和	自由度	均方	F	显著性
1	回归	128375428.348	2	64187714.174	21.790	0.016*b*
	残差	8837278.985	3	2945759.662		
	总计	137212707.333	5			

表 7-84　景区投资与人均地区生产总值模型回归系数

模型		未标准化系数		标准化系数	t	显著性	共线性统计	
		B	标准错误	Beta			容差	VIF
1	（常量）	8306.432	1865.766		4.452	0.021		
	实收资本	0.000	0.000	0.959	6.347	0.008	0.941	1.063
	非流动资产	4.435E-5	0.000	0.499	3.305	0.046	0.941	1.063

表 7-85　景区投资与人均地区生产总值模型残差统计

	最小值	最大值	平均值	标准偏差	个案数
预测值	13124.1289	24894.3457	19234.6667	5067.05888	6
标准预测值	-1.206	1.117	0.000	1.000	6
预测值的标准误差	711.519	1511.258	1188.401	269.628	6
调整后预测值	12319.7393	26017.1934	19684.6590	5520.11920	6
残差	-1516.16309	1733.79114	0.00000	1329.45696	6
标准残差	-0.883	1.010	0.000	0.775	6
学生化残差	-1.367	1.110	-0.092	1.052	6
剔除残差	-3631.19238	2093.59717	-449.99232	2548.49084	6
学生化剔除残差	-1.818	1.181	-0.188	1.183	6
马氏距离	0.026	3.043	1.667	1.005	6
库克距离	0.085	0.869	0.325	0.293	6
居中杠杆值	0.005	0.609	0.333	0.201	6

从模型摘要表（见表 7-82）可以明显看出，模型相关系数为 $R=0.967$，拟合度 $R^2=0.936$，调整后 $R^2=0.893$，表明模型拟合程度较好，解释变量与被解释变量之间高度相关，存在着十分明显的线性关系，R^2 调整后解释变量可以解释 89.3% 的被解释变量的变化。

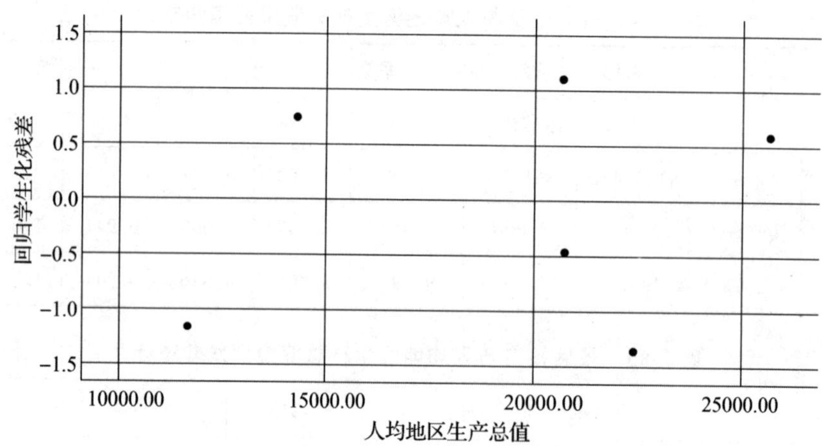

图 7-16 景区投资与人均地区生产总值模型散点图

通过模型方差分析表（见表 7-83）可以直观地看出，回归模型 F 检验统计量 $F=21.790$，其对应的显著性水平 P 值 $P=0.008$，P 值明显小于 0.05，因此，说明此回归模型具有显著的统计学意义。

由回归模型的回归系数表（见表 7-84）可以明显看出，两个解释变量实收资本与非流动资产回归系数的显著性 P 值分别为 0.008 和 0.046，均小于 0.05，说明回归系数的显著性检验结果具有显著的统计学意义，两个解释变量都通了检验验证，均可以保存在模型中。解释变量容差值为 0.941，接近于 1，方差膨胀因子（*VIF*）为 1.063，小于 10，说明此回归模型解释变量间多重共线性较弱，不存在严重的多重共线性。

由残差统计表（见表 7-85）和散点图（见图 7-16）可以直观地看出，学生化残差值的最小值为 -1.367，最大值为 1.110，平均值为 -0.092，学生化残差的绝对值 $|SRE|$ 均小于 1.5，符合概率的 3σ 原则 $|SRE|<3$，因此，证明此回归模型不存在异常的奇异值。

综上所述，上文已对回归模型 7-16 进行回归模型的拟合优度、显著性检验，回归系数的显著性与解释变量共线性检验及残差检验。经验证分析，回归模型 7-16 通过各项检验，证明景区投资与丽江人均地区生产总值存在较为明显的正向线性关系，景区投资的增加明显影响着丽江人均地区生产总值的上升。

（4）景区投资与地方财政收入。把对应解释变量与被解释变量数据代入回归模型 7-16 进行回归分析和检验，模型检验结果如表 7-86 至表 7-89 和图 7-17 所示。

表 7–86　景区投资与地方财政收入模型摘要

模型	R	R^2	调整后 R^2	标准估算的错误	更改统计					DW 检验值
					R^2 变化量	F 变化量	自由度 1	自由度 2	显著性 F 变化量	
1	0.945*a*	0.894	0.823	65082.08467	0.894	12.608	2	3	0.035	1.780

表 7–87　景区投资与地方财政收入模型方差分析

模型		平方和	自由度	均方	F	显著性
1	回归	106808873146.925	2	53404436573.462	12.608	0.035*b*
	残差	12707033236.575	3	4235677745.525		
	总计	119515906383.500	5			

表 7–88　景区投资与地方财政收入模型回归系数

模型		未标准化系数		标准化系数	t	显著性	共线性统计	
		B	标准错误	Beta			容差	*VIF*
1	（常量）	43261.668	70748.932		0.611	0.584		
	实收资本	0.003	0.001	0.878	4.522	0.020	0.941	1.063
	非流动资产	0.002	0.001	0.625	3.218	0.049	0.941	1.063

表 7–89　景区投资与地方财政收入模型残差统计

	最小值	最大值	平均值	标准偏差	个案数
预测值	184284.0781	526145.0625	370086.5000	146156.67836	6
标准预测值	−1.271	1.068	0.000	1.000	6
预测值的标准误差	26980.447	57306.188	45063.595	10224.162	6
调整后预测值	193530.3125	558252.2500	383757.0031	147641.33457	6
残差	−43685.08594	95573.60156	0.00000	50412.36602	6
标准残差	−0.671	1.469	0.000	0.775	6
学生化残差	−0.884	1.614	−0.079	0.910	6

续表

	最小值	最大值	平均值	标准偏差	个案数
剔除残差	-75792.27344	115407.57031	-13670.50314	70981.25156	6
学生化剔除残差	-0.840	3.627	0.284	1.676	6
马氏距离	0.026	3.043	1.667	1.005	6
库克距离	0.002	0.209	0.113	0.093	6
居中杠杆值	0.005	0.609	0.333	0.201	6

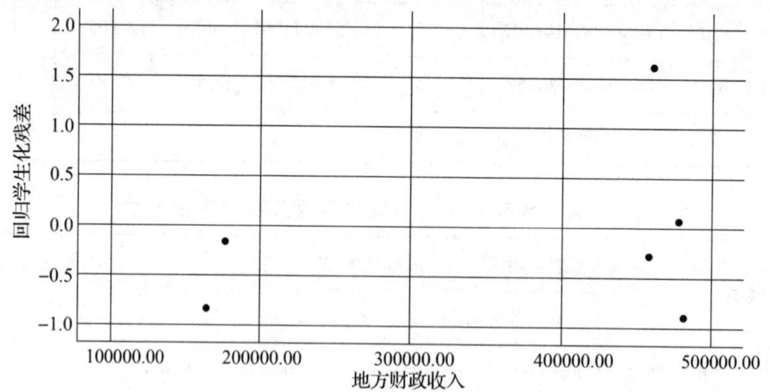

图 7-17　景区投资与地方财政收入模型散点图

从模型摘要表（见表 7-86）可以明显看出，模型相关系数为 $R=0.945$，拟合度 $R^2=0.894$，调整后 $R^2=0.823$，表明模型拟合程度较好，解释变量与被解释变量之间相关度较高，存在着十分明显的线性关系，R^2 调整后解释变量可以解释 82.3% 的被解释变量的变化。DW 检验值为 $DW\approx2$，不存在自相关问题。

通过模型方差分析表（见表 7-87）可以直观地看出，回归模型 F 检验统计量 $F=12.608$，其对应的显著性水平 P 值 $P=0.035$，P 值明显小于 0.05，因此，说明此回归模型具有显著的统计学意义。

由回归模型的回归系数表（见表 7-88）可以明显看出，两个解释变量实收资本与非流动资产回归系数的显著性 P 值分别为 0.020 和 0.049，均小于 0.05，说明回归系数的显著性检验结果具有显著的统计学意义，两个解释变量都通了检验验证，均可以保存在模型中。解释变量容差值为 0.941，接近于 1，方差膨胀因子（VIF）为 1.063，小于 10，说明此回归模型解释变量间多重共线性较弱，不存在严重的多重共线性。

由残差统计表（见表7-89）和散点图（见图7-17）可以直观地看出，学生化残差值的最小值为-0.884，最大值为1.614，平均值为-0.079，学生化残差的绝对值|SRE|均小于2，符合概率的3σ原则|SRE|<3，因此，证明此回归模型不存在异常的奇异值。

综上所述，上文已对回归模型7-16进行回归模型的拟合优度、显著性及DW检验，回归系数的显著性与解释变量共线性检验及残差检验。经验证分析，回归模型7-16通过各项检验，证明景区投资与丽江地方财政收入存在较为明显的正向线性关系，景区投资的增加明显影响着丽江地方财政收入的上升。

（5）景区投资与民用航空旅客运量。把对应解释变量与被解释变量数据代入回归模型7-16进行回归分析和检验，模型检验结果如表7-90至表7-92所示。

表7-90　景区投资与民用航空旅客运量模型摘要

模型	R	R^2	调整后 R^2	标准估算的错误	更改统计					DW检验值
					R^2 变化量	F 变化量	自由度1	自由度2	显著性 F 变化量	
1	0.951*a*	0.905	0.841	77.46550	0.905	14.233	2	3	0.029	3.033

表7-91　景区投资与民用航空旅客运量模型方差分析

模型		平方和	自由度	均方	F	显著性
1	回归	170817.301	2	85408.651	14.233	0.029*b*
	残差	18002.713	3	6000.904		
	总计	188820.014	5			

表7-92　景区投资与民用航空旅客运量模型回归系数

模型		未标准化系数		标准化系数	t	显著性	共线性统计	
		B	标准错误	Beta			容差	VIF
1	（常量）	54.724	84.211		0.650	0.562		
	实收资本	$3.875E-6$	0.000	0.971	5.282	0.013	0.941	1.063
	非流动资产	$1.220E-6$	0.000	0.370	2.014	0.137	0.941	1.063

从模型摘要表（见表7-90）可以明显看出，模型相关系数为 $R=0.951$，拟合度 $R^2=0.905$，调整后 $R^2=0.841$，表明模型拟合程度较好，解释变量与被解释变量之间相关度较高，存在着十分明显的线性关系，R^2 调整后解释变量可以解释 84.1% 的被解释变量的变化。

通过模型方差分析表（见表7-91）可以直观地看出，回归模型 F 检验统计量 $F=14.233$，其对应的显著性水平 P 值 $P=0.029$，P 值明显小于0.05，因此，说明此回归模型具有显著的统计学意义。

由回归模型的回归系数表（见表7-92）可以明显看出，两个解释变量实收资本与非流动资产回归系数的显著性 P 值分别为0.013 和0.137，解释变量实收资本回归系数的显著性 P 值小于0.05，而非流动资产回归系数的显著性 P 值大于0.05，说明只有解释变量实收资本回归系数的显著性检验结果具有显著的统计学意义，解释变量实收资本通了检验验证，非流动资产应在模型中剔除掉，检验未能通过，因此，就不再进行后面的各项检验，需要把解释变量实收资本单独代入模型进行检验分析，分析结果如表7-93 至表7-96 和图7-18 所示。

表7-93　将实收资本单独代入后的景区投资与民用航空旅客运量模型摘要

模型	R	R^2	调整后 R^2	标准估算的错误
1	0.881*a*	0.776	0.720	102.88517

表7-94　将实收资本单独代入后的景区投资与民用航空旅客运量模型方差分析

模型		平方和	自由度	均方	F	显著性
1	回归	146478.580	1	146478.580	13.838	0.020*b*
	残差	42341.434	4	10585.359		
	总计	188820.014	5			

表7-95　将实收资本单独代入后的景区投资与民用航空旅客运量模型回归系数

模型		平方和	自由度	均方	F	显著性
1	（常量）	169.385	82.408		2.055	0.109
	实收资本	$3.515E-6$	0.000	0.881	3.720	0.020

表 7-96　将实收资本单独代入后的景区投资与民用航空旅客运量模型残差统计

	最小值	最大值	平均值	标准偏差	个案数
预测值	229.1445	664.6689	433.1283	171.15991	6
标准预测值	-1.192	1.353	0.000	1.000	6
预测值的标准误差	42.407	75.090	58.179	13.127	6
调整后预测值	235.1960	780.5510	443.7435	195.09213	6
残差	-118.29630	95.85944	0.00000	92.02330	6
标准残差	-1.150	0.932	0.000	0.894	6
学生化残差	-1.446	1.196	-0.039	1.119	6
剔除残差	-217.55096	157.87973	-10.61517	147.52372	6
学生化剔除残差	-1.811	1.292	-0.131	1.265	6
马氏距离	0.016	1.830	0.833	0.730	6
库克距离	0.004	1.191	0.339	0.450	6
居中杠杆值	0.003	0.366	0.167	0.146	6

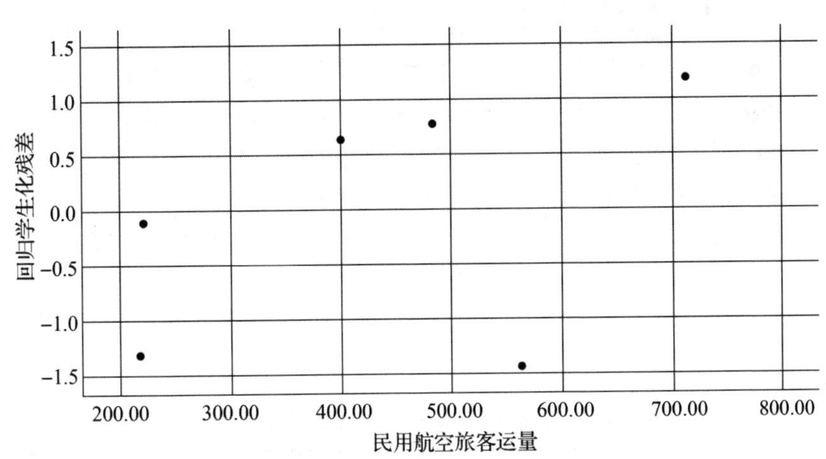

图 7-18　将实收资本单独代入后的景区投资与民用航空旅客运量模型散点图

从模型摘要表（见表7-93）可以明显看出，模型相关系数为$R=0.881$，拟合度$R^2=0.776$，调整后$R^2=0.720$，表明模型拟合程度一般，解释变量与被解释变量之间存在着较为明显的线性关系，R^2 调整后解释变量可以解释 72.0% 的被解释变量的变化。

通过模型方差分析表（见表 7-94）可以直观地看出，回归模型 F 检验统计量 $F=13.838$，其对应的显著性水平 P 值 $P=0.020$，P 值明显小于 0.05，因此，说明此回归模型具有显著的统计学意义。

由回归模型的回归系数表（见表 7-95）可以明显看出，解释变量实收资本回归系数的显著性 P 值为 0.020，小于 0.05，说明回归系数的显著性检验结果具有显著的统计学意义。

由残差统计表（见表 7-96）和散点图（见图 7-18）可以直观地看出，学生化残差值的最小值为 -1.446，最大值为 1.196，平均值为 -0.039，学生化残差的绝对值 |SRE| 均小于 1.5，符合概率的 3σ 原则 |SRE| <3，因此，证明此回归模型不存在异常的奇异值。

综上所述，上文已对回归模型 7-16 进行回归模型的拟合优度、显著性检验，回归系数的显著性与解释变量共线性检验及残差检验。经验证分析，回归模型 7-16 通过各项检验，证明景区实收资本的投入对丽江民用航空旅客运量存在较为明显的正向线性关系，景区实收资本的投入明显影响着丽江民用航空旅客运量的提高。

7.5.2.4 验证假设 4

继续对前文提出的第四个研究假设，假设 4：景区投资对景区及周边的生态环境保护产生正向影响作用，以及第四个假设对应的回归模型 7-17 进行实证研究和验证，涉及的解释变量有实收资本 X_1、非流动资产金额 X_2 以及衡量景区及周边生态环境保护情况的被解释变量：年均空气质量、绿地面积、环保基金税、生活垃圾无害化处理率 4 个被解释变量。

（1）景区投资与年均空气质量。把对应解释变量与被解释变量数据代入回归模型 7-17 进行回归分析和检验，模型检验结果如表 7-97、表 7-98 所示。

表 7-97　景区投资与年均空气质量模型摘要

模型	R	R^2	调整后 R^2	标准估算的错误	DW 检验值
1	0.824*a*	0.678	0.464	3.42346	2.098

表 7-98　景区投资与年均空气质量模型方差分析

模型		平方和	自由度	均方	F	显著性
1	回归	74.173	2	37.087	3.164	0.182*b*
	残差	35.160	3	11.720		
	总计	109.333	5			

从模型摘要表（见表 7-97）可以明显看出，模型相关系数为 $R=0.824$，拟合度 $R^2=0.678$，调整后 $R^2=0.464$，表明模型拟合程度较好，解释变量与被解释变量之间相关度较高，存在着十分明显的线性关系，R^2 调整后解释变量可以解释 46.4% 的被解释变量的变化。

通过模型方差分析表（见表 7-98）可以直观地看出，回归模型 F 检验统计量 $F=3.164$，其对应的显著性水平 P 值 $P=0.182$，P 值大于 0.05，因此，说明此回归模型不具有显著的统计学意义。检验未能通过。因此，就不再进行后面的各项检验，需要把两个解释变量分别单独代入模型进行检验分析。

先把解释变量非流动资产单独代入模型进行检验分析，分析结果如表7-99、表 7-100 所示。

表 7-99　将非流动资产单独代入后的景区投资与年均空气质量模型摘要

模型	R	R^2	调整后 R^2	标准估算的错误
1	0.199*a*	0.040	-0.201	5.12364

表 7-100　将非流动资产单独代入后的景区投资与年均空气质量模型方差分析

模型		平方和	自由度	均方	F	显著性
1	回归	4.326	1	4.326	0.165	0.706*b*
	残差	105.007	4	26.252		
	总计	109.333	5			

如表 7-99 所示，模型相关系数为 $R=0.199$，拟合度 $R^2=0.040$，说明解释变量非流动资产与被解释变量资产负债率之间线性相关关联较低，回归模型 F 检验统计量 $F=0.165$，其对应的显著性水平 P 值 $P=0.706$，远远大于 0.05，说明代入数值后此回归模型并不具有显著的统计学意义，检验未能通过。因此，就不再进行后面的各项检验，证明景

区的非流动资产的投入对丽江年均空气质量影响显著性不明显。

然后，把解释变量实收资本单独代入模型进行检验分析，分析结果如表 7-101 至表 7-104 和图 7-19 所示。

表 7-101 将实收资本单独代入后的景区投资与年均空气质量模型摘要

模型	R	R^2	调整后 R^2	标准估算的错误
1	0.824*a*	0.678	0.598	2.96481

表 7-102 将实收资本单独代入后的景区投资与年均空气质量模型方差分析

模型		平方和	自由度	均方	F	显著性
1	回归	74.173	1	74.173	8.438	0.044*b*
	残差	35.160	4	8.790		
	总计	109.333	5			

表 7-103 将实收资本单独代入后的景区投资与年均空气质量模型回归系数

模型		未标准化系数		标准化系数	t	显著性
		B	标准错误	Beta		
1	（常量）	49.602	2.375		20.887	0.000
	实收资本	$-7.910E-8$	0.000	−0.824	−2.905	0.044

表 7-104 将实收资本单独代入后的景区投资与年均空气质量模型残差统计

	最小值	最大值	平均值	标准偏差	个案数
预测值	38.4564	48.2569	43.6667	3.85157	6
标准预测值	−1.353	1.192	0.000	1.000	6
预测值的标准误差	1.222	2.164	1.677	0.378	6
调整后预测值	36.6969	46.9988	43.1685	4.02335	6
残差	−3.84565	3.74314	0.00000	2.65181	6
标准残差	−1.297	1.263	0.000	0.894	6
学生化残差	−1.479	1.704	0.066	1.116	6
剔除残差	−4.99876	6.81477	0.49813	4.18662	6

续表

	最小值	最大值	平均值	标准偏差	个案数
学生化剔除残差	-1.902	2.816	0.181	1.571	6
马氏距离	0.016	1.830	0.833	0.730	6
库克距离	0.010	1.191	0.323	0.450	6
居中杠杆值	0.003	0.366	0.167	0.146	6

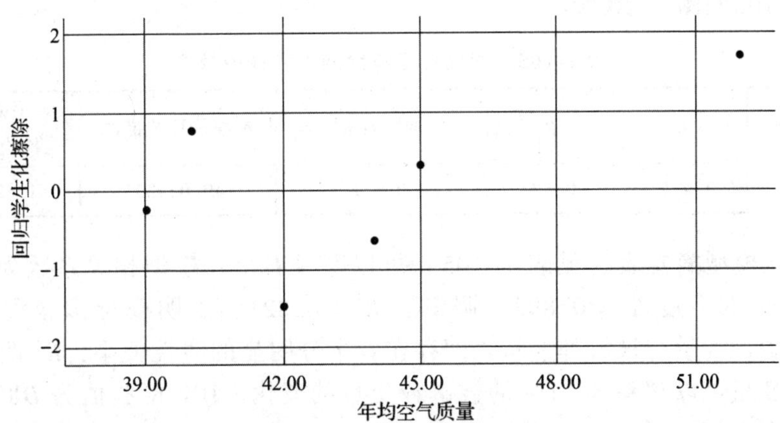

图7-19　将实收资本单独代入后的景区投资与年均空气质量模型散点图

从模型摘要表（见表7-101）可以明显看出，模型相关系数为 $R=0.824$，拟合度 $R^2=0.678$，调整后 $R^2=0.598$，表明模型拟合程度一般，解释变量与被解释变量之间存在的线性关系的关联性一般，R^2 调整后解释变量可以解释59.8%的被解释变量的变化。

通过模型方差分析表（见表7-102）可以直观地看出，回归模型F检验统计量 $F=8.438$，其对应的显著性水平 P 值 $P=0.044$，P 值明显小于0.05，因此，说明此回归模型具有显著的统计学意义。

由回归模型的回归系数表（见表7-103）可以明显看出，解释变量实收资本回归系数的显著性 P 值为0.044，小于0.05，说明回归系数的显著性检验结果具有显著的统计学意义。

由残差统计表（见表7-104）和散点图（见图7-19）可以直观地看出，学生化残差值的最小值为-1.479，最大值为1.704，平均值为0.066，学生化残差的绝对值 $|SRE|$ 均小于2，符合概率的3σ原则 $|SRE|<3$，因此，证明此回归模型不存在异常的奇异值。

综上所述，上文已对回归模型 7-17 进行回归模型的拟合优度、显著性检验，回归系数的显著性与解释变量共线性检验及残差检验。经验证分析，回归模型 7-17 通过各项检验，证明景区实收资本的投入对丽江年均空气质量存在较为明显的正向线性关系，景区实收资本的投入对丽江空气质量的改善具有一定的影响。

（2）景区投资与绿地面积。把对应解释变量与被解释变量数据代入回归模型 7-17 进行回归分析和检验，模型检验结果如表 7-105 至表 7-108 和图 7-20 所示。

表 7-105　景区投资与绿地面积模型摘要

模型	R	R^2	调整后 R^2	标准估算的错误	DW 检验值
1	0. 945*a*	0. 893	0. 821	49. 03933	1. 625

从模型摘要表（见表 7-105）可以明显看出，模型相关系数为 $R=0.945$，拟合度 $R^2=0.893$，调整后 $R^2=0.821$，表明模型拟合程度较好，解释变量与被解释变量之间存在着十分明显的线性关系，R^2 调整后解释变量可以解释 82. 1% 的被解释变量的变化。DW 检验值为 $DW \approx 2$，不存在自相关问题。

表 7-106　景区投资与绿地面积模型方差分析

模型		平方和	自由度	均方	F	显著性
1	回归	60042. 766	2	30021. 383	12. 484	0. 035*b*
	残差	7214. 568	3	2404. 856		
	总计	67257. 333	5			

表 7-107　景区投资与绿地面积模型回归系数

模型		未标准化系数		标准化系数	t	显著性	共线性统计	
		B	标准错误	Beta			容差	VIF
1	（常量）	636. 295	53. 309		11. 936	0. 001		
	实收资本	$2.078E-6$	0. 000	0. 872	4. 475	0. 021	0. 941	1. 063
	非流动资产	$1.245E-6$	0. 000	0. 633	3. 246	0. 048	0. 941	1. 063

表 7-108　景区投资与绿地面积模型残差统计

	最小值	最大值	平均值	标准偏差	个案数
预测值	741.5611	998.1874	881.6667	109.58354	6
标准预测值	-1.279	1.063	0.000	1.000	6
预测值的标准误差	20.330	43.180	33.955	7.704	6
调整后预测值	736.9695	1024.7839	887.7652	109.73624	6
残差	-37.60038	66.85278	0.00000	37.98570	6
标准残差	-0.767	1.363	0.000	0.775	6
学生化残差	-1.058	1.498	-0.052	0.929	6
剔除残差	-71.61584	80.72646	-6.09852	55.65681	6
学生化剔除残差	-1.091	2.437	0.095	1.266	6
马氏距离	0.026	3.043	1.667	1.005	6
库克距离	0.000	0.338	0.122	0.143	6
居中杠杆值	0.005	0.609	0.333	0.201	6

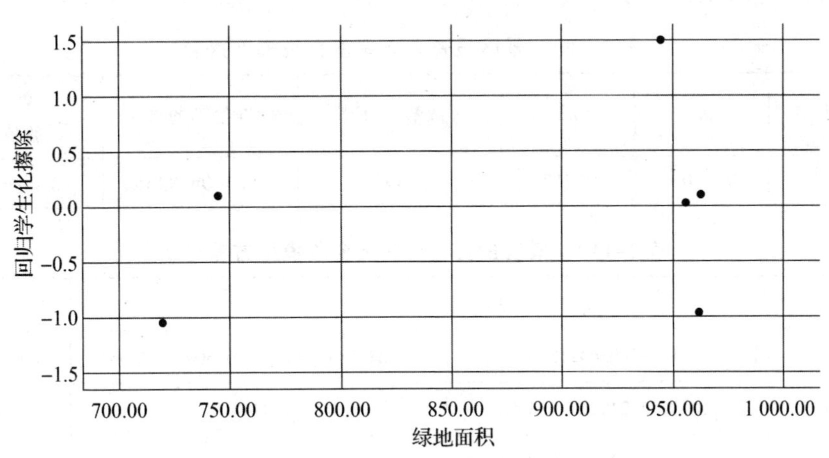

图 7-20　景区投资与绿地面积模型散点图

通过模型方差分析表（见表 7-106）可以直观地看出，回归模型 F 检验统计量 $F=12.484$，其对应的显著性水平 P 值 $P=0.035$，P 值明显小于0.05，因此，说明此回归模型具有显著的统计学意义。

由回归模型的回归系数表（见表7–107）可以明显看出，两个解释变量实收资本与非流动资产回归系数的显著性 P 值分别为0.021和0.048，均小于0.05，说明回归系数的显著性检验结果具有显著的统计学意义，两个解释变量都通了检验验证，均可以保存在模型中。解释变量容差值为0.941，接近于1，方差膨胀因子（*VIF*）为1.063，小于10，说明此回归模型解释变量间多重共线性较弱，不存在严重的多重共线性。

由残差统计表（见表7–108）和散点图（见图7–20）可以直观地看出，学生化残差值的最小值为－1.058，最大值为1.498，平均值为－0.052，学生化残差的绝对值 $|SRE|$ 均小于2，符合概率的 3σ 原则 $|SRE|<3$，因此，证明此回归模型不存在异常的奇异值。

综上所述，上文已对回归模型7–17进行回归模型的拟合优度、显著性及DW检验，回归系数的显著性与解释变量共线性检验及残差检验。经验证分析，回归模型7–17通过各项检验，证明景区投资与丽江绿地面积存在较为明显的正向线性关系，景区投资的增加明显影响着丽江绿地面积的扩大。

（3）景区投资与环保基金税。把对应解释变量与被解释变量数据代入回归模型7–17进行回归分析和检验，模型检验结果如表7–109、表7–110所示。

表7–109　景区投资与环保基金税模型摘要

模型	R	R^2	调整后 R^2	标准估算的错误	DW检验值
1	0.870*a*	0.757	0.595	24823006.94868	2.289

表7–110　景区投资与环保基金税模型方差分析

模型		平方和	自由度	均方	F	显著性
1	回归	5751681380364213.000	2	2875840690182106.500	4.667	0.120*b*
	残差	1848545021922746.800	3	616181673974248.900		
	总计	7600226402286960.000	5			

从模型摘要表（见表7–109）可以明显看出，模型相关系数为 $R=0.870$，拟合度 $R^2=0.757$，调整后 $R^2=0.595$，表明模型拟合程度较好，

解释变量与被解释变量之间相关度较高，存在着十分明显的线性关系，R^2 调整后解释变量可以解释 59.5% 的被解释变量的变化。

通过模型方差分析表（见表 7–110）可以直观地看出，回归模型 F 检验统计量 $F=4.667$，其对应的显著性水平 P 值 $P=0.12$，P 值大于 0.05，说明此回归模型不具有显著的统计学意义，检验未能通过。因此，就不再进行后面的各项检验，需要把两个解释变量分别单独代入模型进行检验分析。

先把解释变量非流动资产单独代入模型进行检验分析，分析结果如表 7–111、表 7–112 所示。

表 7–111　将非流动资产单独代入后的景区投资与环保基金税模型摘要

模型	R	R^2	调整后 R^2	标准估算的错误
1	0.071a	0.005	−0.244	43478133.00106

表 7–112　将非流动资产单独代入后的景区投资与环保基金税模型方差分析

模型		平方和	自由度	均方	F	显著性
1	回归	38834205255130.000	1	38834205255130.000	0.021	0.893b
	残差	7561392197031830.000	4	1890348049257957.500		
	总计	7600226402286960.000	5			

如表 7–111 所示，模型相关系数为 $R=0.1071$，拟合度 $R^2=0.005$，说明解释变量非流动资产与被解释变量资产负债率之间线性相关关联极低，回归模型 F 检验统计量 $F=0.021$，其对应的显著性水平 P 值 $P=0.893$，远远大于 0.05，说明代入数值后此回归模型并不具有显著的统计学意义，检验未能通过，因此，就不再进行后面的各项检验，证明景区的非流动资产的投入对丽江环保基金税影响显著性不明显。

然后，把解释变量实收资本单独代入模型进行检验分析，分析结果如表 7–113 至表 7–116 和图 7–21 所示。

表 7–113　将实收资本单独代入后的景区投资与环保基金税模型摘要

模型	R	R^2	调整后 R^2	标准估算的错误
1	0.823a	0.678	0.598	24730403.73867

表 7-114　将实收资本单独代入后的景区投资与环保基金税模型方差分析

模型		平方和	自由度	均方	F	显著性
1	回归	5153854925975647.000	1	5153854925975647.000	8.427	0.044*b*
	残差	2446371476311313.000	4	611592869077828.200		
	总计	7600226402286960.000	5			

表 7-115　将实收资本单独代入后的景区投资与环保基金税模型回归系数

模型		未标准化系数		标准化系数	t	显著性
		B	标准错误	Beta		
1	（常量）	52297907.721	19808303.993		2.640	0.058
	实收资本	0.659	0.227	0.823	2.903	0.044

表 7-116　将实收资本单独代入后的景区投资与环保基金税模型残差统计

	最小值	最大值	平均值	标准偏差	个案数
预测值	63507416.0000	145201680.0000	101770045.9750	32105622.32998	6
标准预测值	-1.192	1.353	0.000	1.000	6
预测值的标准误差	10193396.000	18049230.000	13984541.686	3155354.215	6
调整后预测值	78366248.0000	167359040.0000	107506392.9402	35300556.86010	6
残差	-33035926.00000	22046808.00000	0.00000	22119545.54828	6
标准残差	-1.336	0.891	0.000	0.894	6
学生化残差	-1.802	1.011	-0.092	1.143	6
剔除残差	-60145312.00000	28381502.00000	-5736346.96520	36593968.72928	6
学生化剔除残差	-3.602	1.015	-0.415	1.754	6
马氏距离	0.016	1.830	0.833	0.730	6
库克距离	0.009	1.333	0.391	0.540	6
居中杠杆值	0.003	0.366	0.167	0.146	6

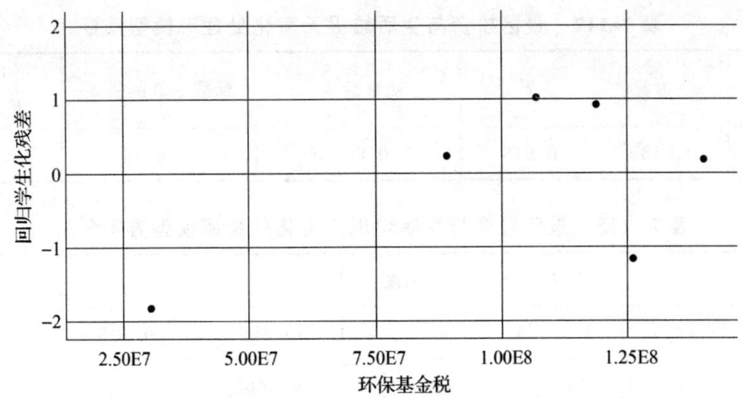

图 7–21　将实收资本单独代入后的景区投资与环保基金税模型散点图

从模型摘要表（见表 7–113）可以明显看出，模型相关系数为 $R=0.823$，拟合度 $R^2=0.678$，调整后 $R^2=0.598$，表明模型拟合程度一般，解释变量与被解释变量之间存在的线性关系的关联性一般，R^2 调整后解释变量可以解释 59.8% 的被解释变量的变化。

通过模型方差分析表（见表 7–114）可以直观地看出，回归模型 F 检验统计量 $F=8.427$，其对应的显著性水平 P 值 $P=0.044$，P 值明显小于 0.05，因此，说明此回归模型具有显著的统计学意义。

由回归模型的回归系数表（见表 7–115）可以明显看出，解释变量实收资本回归系数的显著性 P 值为 0.044，小于 0.05，说明回归系数的显著性检验结果具有显著的统计学意义。

由残差统计表（见表 7–116）和散点图（见图 7–21）可以直观地看出，学生化残差值的最小值为 −1.802，最大值为 1.011，平均值为 −0.092，学生化残差的绝对值 $|SRE|$ 均小于 2，符合概率的 3σ 原则 $|SRE|<3$，因此，证明此回归模型不存在异常的奇异值。

综上所述，上文已对回归模型 7–17 进行回归模型的拟合优度、显著性检验，回归系数的显著性与解释变量共线性检验及残差检验。经验证分析，回归模型 7–17 通过各项检验，证明景区实收资本的投入对景区环保基金税存在较为明显的正向线性关系，景区实收资本的投入对景区环保基金税的缴纳金额的提升具有一定的影响。

（4）景区投资与生活垃圾无害化处理率。把对应解释变量与被解释变量数据代入回归模型 7–17 进行回归分析和检验，模型检验结果如表 7–117 至表 7–120 和图 7–22 所示。

表 7-117　景区投资与生活垃圾无害化处理率模型摘要

模型	R	R^2	调整后 R^2	标准估算的错误	DW 检验值
1	0.958*a*	0.918	0.863	2.18170	3.310

表 7-118　景区投资与生活垃圾无害化处理率模型方差分析

模型		平方和	自由度	均方	*F*	显著性
1	回归	159.794	2	79.897	16.786	0.023*b*
	残差	14.279	3	4.760		
	总计	174.074	5			

表 7-119　景区投资与生活垃圾无害化处理率模型回归系数

模型		未标准化系数		标准化系数	*t*	显著性	共线性统计	
		B	标准错误	Beta			容差	*VIF*
1	（常量）	79.593	2.372		33.560	0.000		
	实收资本	1.078*E*-7	0.000	0.889	5.217	0.014	0.941	1.063
	非流动资产	6.338*E*-8	0.000	0.634	3.716	0.034	0.941	1.063

表 7-120　景区投资与生活垃圾无害化处理率模型残差统计

	最小值	最大值	平均值	标准偏差	个案数
预测值	85.0462	98.2700	92.2350	5.65321	6
标准预测值	-1.272	1.068	0.000	1.000	6
预测值的标准误差	0.904	1.921	1.511	0.343	6
调整后预测值	85.1079	100.0706	93.2457	6.48177	6
残差	-1.84334	2.73630	0.00000	1.68993	6
标准残差	-0.845	1.254	0.000	0.775	6
学生化残差	-1.308	1.378	-0.155	1.052	6

续表

	最小值	最大值	平均值	标准偏差	个案数
剔除残差	-5.31061	3.30415	-1.01074	3.42975	6
学生化剔除残差	-1.628	1.858	-0.146	1.276	6
马氏距离	0.026	3.043	1.667	1.005	6
库克距离	0.000	1.531	0.442	0.607	6
居中杠杆值	0.005	0.609	0.333	0.201	6

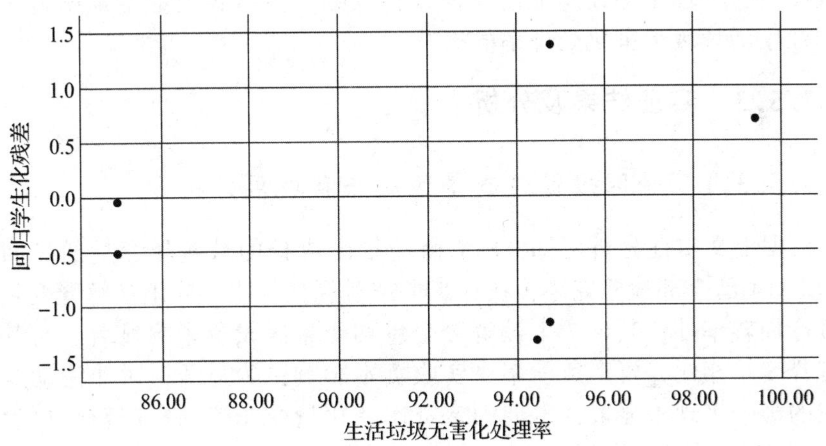

图 7-22　景区投资与生活垃圾无害化处理率模型散点图

从模型摘要表（见表 7-117）可以明显看出，模型相关系数为 $R=0.958$，拟合度 $R^2=0.918$，调整后 $R^2=0.863$，表明模型拟合程度较好，解释变量与被解释变量之间存在着十分明显的线性关系，R^2 调整后解释变量可以解释 84.1% 的被解释变量的变化。

通过模型方差分析表（见表 7-118）可以直观地看出，回归模型 F 检验统计量 $F=16.786$，其对应的显著性水平 P 值 $P=0.023$，P 值明显小于 0.05，因此，说明此回归模型具有显著的统计学意义。

由回归模型的回归系数表（见表 7-119）可以明显看出，两个解释变量实收资本与非流动资产回归系数的显著性 P 值分别为 0.014 和 0.034，均小于 0.05，说明回归系数的显著性检验结果具有显著的统计学意义，两个解释变量都通了检验验证，均可以保存在模型中。解释变量容差值为

0.941，接近于1，方差膨胀因子（*VIF*）为1.063，小于10，说明此回归模型解释变量间多重共线性较弱，不存在严重的多重共线性。

由残差统计表（见表7-120）和散点图（见图7-22）可以直观地看出，学生化残差值的最小值为-1.308，最大值为1.378，平均值为-0.155，学生化残差的绝对值|SRE|均小于1.5，符合概率的3σ原则|SRE|<3，因此，证明此回归模型不存在异常的奇异值。

综上所述，上文已对回归模型7-17进行回归模型的拟合优度、显著性及DW检验，回归系数的显著性与解释变量共线性检验及残差检验。经验证分析，回归模型7-17通过各项检验，证明景区投资与丽江生活垃圾无害化处理率存在明显的正向线性关系，景区投资的增加明显影响着丽江生活垃圾无害化处理率的提升。

7.5.3 实证结果及分析

7.5.3.1 景区投资促进景区成长和发展分析

根据上文实证分析可知，8个衡量景区成长的被解释变量通过回归模型7-14已全部检验完毕，在这8个被解释变量中，除了被解释变量流动资产周转率外，其余7个被解释变量均受景区投资影响显著。与其他被解释变量相比，资产负债率受实收资本影响更为显著，对非流动资产造成的影响表现不显著，本期固定资产变化量受非流动资产影响更为显著，而对实收资本造成的影响变现不显著。本部分的检验和回归分析证明了景区成长与景区投资存在十分明显的正向线性关系，景区投资的增加显著影响着衡量景区成长性的7个被解释变量，这7个被解释变量又反映着景区成长和发展的变现情况，因此，前文提出的研究假设1：景区投资能够促进景区成长和发展，对景区产生正向影响作用，验证成立。同时，回归模型7-14也验证通过，能够很好地反映出景区投资对景区成长性的影响，也证明了景区投资驱动着景区的成长。

对研究结果进行分析后发现，本期平均固定资产余额、本期平均流动资产总额、现金及等价物平均额这3个反映景区成长和发展的变现情况的被解释变量对景区投资较为敏感，它们的调整后R^2均已超过95%，解释变量与被解释变量之间存在着极为明显的线性关系。说明投资的不断进入，使景区拥有的固定资产金额不断增加，景区在不断更新完善景区内房屋建筑物、运输工具以及活动相关的设施设备等基础设施，来进一步提升游客的旅游体验，提升景区的价值，景区企业资金结构的流动性不断增强，企业对外的偿还债务能力也不断提升，景区企业长久持续经营的能力得到增强，景区在资金注入后快速成长和发展。

7.5.3.2　景区投资驱动景区收益获利增长分析

根据上文实证分析可知，5个衡量景区收益获利情况的被解释变量通过回归模型7-15已全部检验完毕，这5个被解释变量均受景区投资影响显著。与其他被解释变量相比，被解释变量营业利润受实收资本影响更为显著，而对于非流动资产对其造成的影响表现不显著。本部分的检验和回归分析证明了景区收益获利情况与景区投资存在十分明显的正向线性关系，景区投资的增加显著影响着衡量景区收益获利情况的5个被解释变量，这5个被解释变量又反映着景区收益获利情况，因此，前文提出的研究假设2：景区投资对景区收益获利情况产生正向影响作用，验证成立。同时，回归模型7-15也验证通过，能够很好地反映出景区投资对景区收益获利情况的影响，也证明了景区投资驱动着景区收益获利的增长。

对研究结果进行分析后发现，营业收入、本期净资产这2个反映着景区收益获利情况的被解释变量对景区投资较为敏感，它们的调整后 R^2 均已超过90%，解释变量与被解释变量之间存在着极为明显的线性关系。说明景区投资的增加，景区营业收入随之增加，营业收入是景区企业获取收益的主要来源，持续增长的营业收入体现了企业发展良好，有着不错的盈利能力。资金进入后景区提升了服务质量、游客游览体验和新项目景点，游客人数不断增加，在景区及其周边的消费金额也随之增加，景区的规模和资产都在不断扩张，所拥有的旅游市场和消费人群正在不断扩大，投资的进入带动着景区收益的增长。

7.5.3.3　景区投资驱动景区周边社会发展分析

根据上文实证分析可知，5个衡量景区周边社会发展情况的被解释变量通过回归模型7-16已全部检验完毕，5个被解释变量均受景区投资影响显著。与其他被解释变量相比，被解释变量民用航空旅客运量受实收资本影响更为显著，而对于非流动资产对其造成的影响表现不显著。本部分的检验和回归分析证明了景区周边社会发展情况与景区投资存在十分明显的正向线性关系，景区投资的增加显著影响着景区周边社会发展情况的5个被解释变量，这5个被解释变量又反映着景区周边社会的发展情况，因此，前文提出的研究假设3：景区投资对景区当地周边社会的发展具有正向影响作用，验证成立。同时，回归模型7-16也验证通过，能够很好地反映出景区投资对景区周边社会发展情况的影响，也证明了景区投资驱动着景区周边社会的发展。

对研究结果进行分析后发现，第三产业从业人数、地区生产总值这2个被解释变量对景区投资增加变化较为敏感，它们的调整后 R^2 均已超过90%，解释变量与被解释变量之间存在着极为明显的线性关系。说明当景区投资的资金进入景区后带动了景区周边居民就业以及其他产业的发展，景区带来了众多旅游者在景区及周边产生巨大的消费市场，带动了当地各行各业尤其是第三产业的发展，直接或间接地增加就业机会、促进当地居民就业，提高改善当地居民生活水平和质量，带动当地社会、经济整体的发展进步。

7.5.3.4 景区投资驱动景区及周边生态环境保护和改善分析

根据上文实证分析可知，4个衡量景区周边社会发展情况的被解释变量通过回归模型7-17已全部检验完毕，4个被解释变量均受景区投资影响显著。与其他被解释变量相比，年均空气质量、环保基金税2个被解释变量受实收资本影响更为显著，而对于非流动资产对其造成的影响表现不显著。本部分的检验和回归分析证明了景区及周边的生态环境和保护情况与景区投资存在较为明显的正向线性关系，景区投资的增加显著影响着景区及周边的生态环境和保护情况的4个被解释变量，这4个被解释变量又反映着景区及周边的生态环境的保护和改善情况。因此，前文提出的研究假设4：景区投资对景区及周边的生态环境保护产生正向影响作用，验证成立。同时，回归模型7-17也验证通过，能够很好地反映出景区投资对景区及周边的生态环境保护情况的影响，也证明了景区投资驱动着景区及周边的生态环境的保护和改善。

对研究结果进行分析后发现，绿地面积、生活垃圾无害化处理率这2个被解释变量对景区投资增加变化较为敏感，它们的调整后 R^2 均已超过80%，解释变量与被解释变量之间存在着十分明显的线性关系。说明景区投资在带动景区发展的同时，还让景区更加注重绿色环保和生态环境的改善，在景区日常经营中更加注重绿色环保电动车、环保设施设备的使用，积极无害化处理游客及居民产生的生活垃圾，在发展山地景区的同时使其对生态环境的不良影响降到最低，加大对景区及周边的环保资金的投资，保护珍贵且脆弱的山地资源，改善景区及周边的生态环境，使游客和当地居民都能感受到绿色健康舒适的生活环境和旅游体验。

本章通过对根据资料整理和走访调研收集的资料设计的2个解释变量指标和22个被解释变量指标，提出了4个研究假设，并通过设计4个研究假设对应的4个回归模型对这2个解释变量指标和22个被解释变量指标进行了实证检验和回归分析，提出了4个研究假设和对应的回归模型均通过检验，验证成立，4个回归模型均可以很好地反映出景区投资对景区成长、收益、景区及周边社会的发展以及生态环境保护情况都能产生良好的影响，用实证分析证明了景区投资的驱动效应。

第 8 章 提升景区投资驱动效应策略

8.1 山地景区投资驱动存在的主要问题

8.1.1 景区投资渠道和方式相对单一

山地景区良好的社会带动效应以及独特的山地和人文景观吸引到政府、民间资本、外商等众多类型投资主体的投资，然而因为当地政策法规等的一些因素的影响，在山地景区投资中政府投资和景区自身投资还是山地景区投资的主力，投资渠道和方式较为单一，在面对一些较大山地景区项目时，过大的资金投入不仅使当地财政负担过重，还让景区自身负债过高，或者日常经营运营流动资金不足，影响景区的持续健康的发展。同时投资建设造成投资成本过大，短期也无法快速收回成本，而外部充足灵活的社会资本也无法大量进入，单一的投资方式和渠道造成资源配置不合理，无法合理高效地利用资金对山地景区进行投资建设。

8.1.2 投资偏重观光游，融合新业态项目投资较少

随着我国经济快速发展，山地景区独特的魅力吸引越来越多的旅游者进行游览体验，吸引到的投资也不断增多，成为旅游投资热门选择。然而在我国山地景区投资中大多以观光游项目为主，造成山地景区多由山地景观观光游为主的旅游产品构成，“旅游 +”或者“ + 旅游”的旅游融合产业新业态旅游产品较少，游览观光游客深度游、慢游的项目过少，门票收入占据山地景区收入的比重过大。相比新兴优质的旅游融合旅游项目和产品，传统山地景观投资附加值和利润也较低，投资产生的

带动效应有限，无法带动更多的产业和人员参与山地旅游发展，难以带动当地更多就业和收入较快增长，山地景区的投资就无法达到更广泛的社会效应。

8.1.3　高层次旅游人才缺乏，未来发展动力不足

景区的发展离不开高层次的旅游人才，优秀的旅游人才可以帮助景区吸引到更多优质的投资资金，为景区量身制定符合自身条件的科学合理的投资计划和投资方式及渠道，更好地运营管理景区的发展，使景区获得更多的利润，进一步吸引更多的投资资金，合理的利用投资促进景区发展，增强景区投资带来的社会经济效益等。然而，在我国高层次旅游人才缺口巨大，一方面是经济发展带动旅游业发展迅速，而旅游人才培养没有跟上旅游业发展步伐，另一方面培养出的高层次旅游人才流失严重，因为社会地位、薪资福利待遇等行业内部问题导致旅游人才转行进入其他行业，现有人员无法满足旅游市场日益增长的各种需求，高层次旅游人才目前是旅游业发展中所不得不面对的一个长期问题，随着未来旅游业的发展这一矛盾问题将更加凸显。长久的高层次旅游人才缺乏会导致旅游业未来发展动力不足，景区对旅游投资吸引力降低，从而降低景区投资的带动作用。

8.1.4　投资监管不严，投资效率过低

景区投资日益成为目前热门投资地之一，面对不断增加的投资资金，景区投资监管问题成为投资到位后景区投资面临的又一难题，当景区收到投资后没有科学评估就开发建设，不完善的投资监管制度等都会导致景区投资资金使用效率过低，无法取得或者达到预计的回报，甚至还开会出现投资的项目不符合当前市场，无法满足游客的需求而亏损严重，无法收回投资成本，形成“烂尾”项目和景点。投资监管不严和投资效率低下都会降低景区投资吸引力以及山地景区投资巨大的社会效应的驱动作用的发挥，进而影响山地景区未来投资发展，那些收益不高却让景区和投资者负债累累的项目或景点，不仅会降低投资者和当地居民进入旅游业的积极性，甚至还会耗费人力、物力、财力阻碍当地经济的发展。

8.2 山地景区旅游发展驱动力的优化

8.2.1 山地景区旅游发展驱动力存在问题分析

基于景区旅游发展驱动力评价结果并结合景区发展实际情况，分析目前玉龙雪山景区旅游发展驱动力存在的问题主要如下。

8.2.1.1 人文资源开发不足，旅游产品更新缓慢

玉龙雪山景区拥有丰富的人文旅游资源和深厚的文化基底，但目前景区对纳西文化和东巴文化的旅游开发还停留在表面，对民族文化资源仅仅只是浅层次的利用或单一的物质文化展示，很少使用现代化科技和手段和市场化理念对其进行深入挖掘和设计推广。文化和旅游还呈现出割裂的状态，缺乏有效融合，导致文化类旅游资源和产品对游客的吸引力十分有限，在本书驱动力评价结果中，体现在山地文化艺术产品吸引力指标得分不高，未能体现出人文旅游资源的文化价值，难以产生良好的经济社会效益。另外，玉龙雪山景区观光游憩类旅游产品较为丰富，而山地休闲度假和山地运动康体产品开发还不够深入，缺乏面向大众旅游市场的康体运动产品。如位于甘海子的雪山高尔夫球场，由于高尔夫运动在中国普及度不高，除了专业运动或会议团队，少有游客到此进行开展旅游活动。目前玉龙雪山景区的山地旅游产品体系还不够完善，依托特色旅游资源，建立层次丰富、类型多样的多元化产品结构体系是景区转型升级的主要方向。

8.2.1.2 旅游交通系统不完善

首先，从玉龙雪山景区在外部交通可达性来说，游客从客源地到达丽江的交通选择方式多样且较为灵活，但从丽江市区前往玉龙雪山景区的主要道路只有一条，仅在景区出入口附近修建有第二条分流车道，这在一定程度上减轻了通景公路的交通拥堵问题。另外一个问题是，目前从丽江至景区以旅行社团队大巴、私家车为主，缺乏公共交通运输，较少考虑到自助游散客的交通服务需求。目前仅有一条玉龙雪山旅游专线（101 路旅游公交）运行该条线路，从丽江汽车客运站至玉龙雪山甘海子游客集散中心，运行时间为早上 7 点至下午 5 点。这对景区整体散客客

流量来说是远远不够的，加上公交收班较早，大部分非团队游客进出雪山不得不考虑使用网约车、拼车或者其他打车方式，给游客造成不便。其次，从景区内部交通通达度来说，目前景区内部各景点和服务点交通连接以景区自营旅游观光车为主，禁止私家车进入，蓝月谷区域可选电瓶车游览，这样虽然考虑到了生态环保问题，但存在非高峰时期游客等待时间过长、非热门景点交通运输效率低下等问题，也会浪费掉大量游客活动时间，间接影响景区运营效率和效益。

8.2.1.3　旅游环境有待优化

从评价结果和各因子权重占比来看，玉龙雪山景区的硬件环境还有较大提升空间，目前景区内外基础设施已经较为完善，但景区内部的山地旅游服务设施还不够健全。考虑到景区生态环境保护问题，在高海拔区域不宜设置过多旅游服务设施及建筑，应在必要性设施中完善其旅游服务功能或限制性设置小型附属性设施。据笔者实地考察发现，景区内部分景点旅游服务设施存在缺失、老旧、损坏等问题，如牦牛坪木质游客步道不同路段存在不同程度的损坏和腐朽，存在较大安全隐患，需及时对其维修。此外，相关山地旅游安全设施及救援设备、特殊游客人群服务设施设置还需要进一步完善，以建立一个更加安全、便利的旅游环境。

8.2.1.4　旅游管理体制不健全

首先是人力资源管理方面，缺乏高端山地旅游人才和高素质的山地景区管理及服务人才，可能对景区管理、决策、营销等多方面产生影响，也可能导致景区服务质量不高，降低游客体验等问题；其次是市场管理方面，景区内部旅游市场秩序和市场规范程度还有待提高，同时部分景点存在游客与景区相关旅游公司之间的资源使用冲突。此外，在景区对外宣传营销上，目前已经做到多样化媒体宣传，但在新媒体运营和营销方面还比较粗线，旅游信息和活动覆盖面较小，需结合各新媒体特点和目标受众进行深层次的营销手段创新。最后是智慧景区管理和建设方面，当前，随着大数据和 5G 技术的快速迭代更新，智慧景区建设势在必行，玉龙雪山景区在这一方面谋划较早但进展较慢，近年来在智能化基础服务设施、在线旅游服务和智慧旅游数据获取方面有较大进步，但尚未对大数据等信息进行实质性的开发利用，尚未建成涵盖资源监护、安全监控、游客服务、景区办公、旅游信息智能化共享网络等功能的现代化旅游指挥中心。

此外，玉龙雪山景区近年来处于转型升级发展的关键阶段和突破现存问题的瓶颈期，在延长旅游产业链条和延长游客停留时间、旅游资源和旅游产品开发方面急需创新发展，如何从山地出发，把握国内国际旅游发展趋势和方向，并结合景区实际提升景区竞争力、强化优势驱动力、提升弱势驱动力是景区解决问题的突破口。基于上述问题，提出玉龙雪山景区旅游发展驱动力优化对策。

8.2.2 山地景区旅游发展驱动力优化策略

8.2.2.1 整合旅游资源，创新开发产品

整合已开发旅游资源，适当利用潜在可开发资源，充分发挥现代化旅游要素作用，运用现代化金融手段和科技手段对景区旅游资源进行整体规划设计与开发，不断延长山地旅游产业链，加强旅游产品生产全过程的联系与合作，提高玉龙雪山景区综合服务质量。依托玉龙雪山景区特有资源优势，深挖景区所拥有的人文资源内涵，加快文化与旅游的融合进程，创新性地利用本土文化旅游资源并结合市场需求将其转化为特色旅游产品和旅游商品，打造特色文化旅游节庆、旅游演艺、非物质文化遗产传习所等参与度高、娱乐性强的体验式文化旅游项目和产品，满足游客精神文化需要。根据评价结果来看，玉龙雪山景区观光游憩类旅游产品发展已经比较成熟，山地休闲度假和运动康体产品发展势头较好，但还不是大众旅游者的主要选择。在此基础上，可大力发展玉龙雪山户外运动、民族体育、体育竞赛和大众运动健身项目等高原山地体育运动旅游产业，借助体育赛事和民族节事推广受众广、参与度高、门槛低的山地户外运动项目，如登山、攀岩、露营、山地自行车、探险、户外越野素质拓展等运动项目。同时在海拔较低的甘海子片区建立大型综合性山地休闲度假基地，面向各类旅游人群提供个性化、细分化服务。创新设计多元化、特色化旅游产品，在转型升级背景下，逐渐由山地观光旅游产品为主向休闲度假、沉浸式参与、康体娱乐等多元产品转变，完善景区产品结构和服务功能。

8.2.2.2　完善服务设施，优化旅游环境

第一，完善旅游交通网络，增设玉龙雪山景区旅游直通车，增加旅游专线班次和站点，延长旅游直通车和旅游专线（公交）的运营时间，并根据节假日等景区客流高峰时间灵活调整，以提高运输效率、节省公共资源。优化景区内部交通接驳网络体系，在现有旅游观光大巴基础上，增加小型车辆配置，并根据客流量灵活调整和调度车辆使用，达到客流高峰与低谷时期满足游客运输需要的目的。同时，探索建立自助用车、自行车、电瓶车租用等多样化的交通方式选择，满足不同游客人群的交通需要，增加游客在景区内的消费和服务体验。第二，完善玉龙雪山景区各主要旅游集聚区设施功能，在有条件的区域增加部分山地旅游服务和娱乐设施，如可在云杉坪、牦牛坪建设高山动植物科普教育馆，设置高山植物科普标识牌，吸引游客参与科普教育和互动体验，提高旅游文化内涵。定期对景区内基础设施和服务设施进行检查和维修保养，保障其功能正常的同时适当增加趣味性，要注意人为建筑和配套服务设施风格保持与周围自然环境协调一致。第三，完善景区山地旅游安全设施和户外救援设施设备，在安全风险较高区域配置安全防护装置、户外应急装置、紧急救援等设备并设置安全警示标识信息。高标准建立专业的高原山地户外救援队伍，加强日常演练，形成集户外救援、消防、医疗、运输等于一体的紧急救援服务体系和安全管理制度。

8.2.2.3　健全规章制度，优化管理体系

管理主体方面，玉龙雪山景区有国家级风景名胜区、国家 5A 级旅游景区、省级自然保护区、国家地质公园等多重属性，同时有多个国家和地方管理机构对其行使管理权，在这当中明确各方权责尤为重要，要协调各方做好景区旅游发展规划，充分发挥地方政府作用，加强各部门机构间合作，理顺玉龙雪山景区管理体制，防止发生权责混乱、多头管理等问题。企业管理方面，健全景区管理制度和规章制度，完善旅游服务标准和规范。加大引进高端山地旅游人才力度，优化管理层结构，借鉴同类型景区先进理念，创新管理手段，协调政府、企业、社区居民三方利益关系。玉龙雪山景区实施了旅游业反哺农业政策，较好地解决了旅游开发和当地居民之间的矛盾，同时助力当地村民脱贫攻坚，实现多方共赢。加强景区工作人员服务技能培训，鼓励居民参与景区服务和管

理，引导形成良好的旅游社会环境。市场营销管理方面，在云南省打造全域旅游和严厉整顿旅游市场背景下，继续保持对旅游市场违法违规行为的高压态势，形成诚信、和谐的旅游市场环境。加大玉龙雪山品牌营销力度，联合传统媒体和新媒体、自媒体等渠道，细分旅游市场，有针对性地分析国内外潜在客源市场特征，选择适应不同市场的传播媒体和营销方案。例如，针对广东福建等华南市场，根据旅游者对避暑、户外运动和冰雪风光的偏好，主打雪山、山地户外运动旅游目的地形象，与当地媒体合作发布玉龙雪山景区独特雪山冰川地质地貌风光宣传资料。还可通过举办特色活动，如与专业旅游文化机构合作，结合地方民族文化和历史遗迹策划举办大型旅游文化节，拍摄影视作品，举办山地自行车赛、越野跑比赛等户外赛事活动。

8.2.2.4 运用现代技术，打造智慧景区

在已有“数字玉龙”信息化服务系统基础上，继续提升玉龙雪山景区智慧化水平，争取建设成为国家级、省级智慧旅游示范景区。结合云南省“一部手机游云南”工程，加大对现代旅游信息技术、大数据和5G技术的应用和投入，集成景区办公自动化、游客在线服务、安全保障信息系统、景区资源环境监护、旅游信息共享等模块，建立完善景区智慧化管理指挥中心和数据存储分析中心。提高景区智慧化管理程度，运用现代管理理念实现协同管理、扁平化管理、精细化管理。实现资源保护智慧化、经营管理智能化、产业整合网络化，创新管理和营销方式。逐步实现由大数据获取到大数据分析再到大数据利用的转变过程，智能化分析游客偏好、旅游产品市场推广状况以及景区在线联动管理实施状况。充分运用现代科技、物联网、互联网技术，全方位、多角度展示和宣传玉龙雪山特色资源。建立游客互动反馈平台，让游客在官方网站、第三方OTA、微信、微博、抖音等在线平台能够及时获取票务、旅游活动、游客量预警等信息，实现景区山地旅游产品和服务在预订、使用和售后全过程中的数字化、便利化。

8.2.2.5 兼顾景区内外，促进转型升级

玉龙雪山景区旅游业转型升级、实现新突破的方向是建立玉龙雪山景区山地旅游度假综合体，在地势相对平坦、海拔较低的甘海子片区打造玉龙雪山休闲度假基地，布置大体量餐饮住宿、户外运动、安全保

障、娱乐体验、文化创意设施和场地，以甘海子为游客集散中心和大本营向周围和山上辐射旅游项目和活动，利用交通线路，以玉龙雪山景区为中心，联动景区周边景点和资源，打造多元化产品结构和旅游线路。玉龙雪山景区游客近三年年均游客量达到了400万人次以上，是云南省接待游客数量最多的景区，要容纳下如此体量的游客并且考虑未来可能会继续增长，应合理规划景区游客承载量。首先从景区内部拓展考虑，完善云杉坪、牦牛坪、蓝月谷、冰川公园等景点的旅游接待设施和运输组织，兼顾生态环境保护的同时在白水河有条件的区域设置游客步道等亲水设施，在黑水河水域开发生态旅游和特种旅游项目和产品。此外，从景区外部及周围区域来看，中远期可规划由景区至大具、鸣音（鸣音览雪亭）、宝山（宝山石头城）、大东等方向沿河沿公路线结合地方资源开发相应旅游产品，丰富玉龙雪山景区整体产品层次和内容。玉龙雪山景区邻近丽江市区，玉龙雪山是纳西族人民的精神家园，可联合文脉相近的丽江古城，打造纳西生态文明、东巴文化研学旅游和科研科考基地。在现有大玉龙联合经营模式下，继续完善玉龙雪山核心景区与周围景区的管理和营销模式，规范旅游团队、旅游市场行为，联合各旅游企业，在统一管理之下对大玉龙范围内的景点进行联合营销、旅游产品开发和旅游线路设计，对外树立统一的玉龙雪山品牌形象。对于大玉龙景区内各景点出现的利益冲突、景区景点资源产品同质化、旅游产品质量不高等问题，应从管理上建立健全景区间的统一制度和利益分配机制，给予企业更多自主权，促进山地旅游产品的创新性开发并保障项目顺利实施。

8.3　提升景区投资驱动效应策略

8.3.1　拓展投资方式和渠道，优化投资结构

稳定充足的资金不仅能够保证景区的可持续发展，在一定程度上还能反映景区经营状况良好，进一步吸引到包括社会民间资本在内的资本进入。经过多年的发展和积淀，我国社会民间资本日渐发展壮大，因此，应拓展进入景区投资的方式和渠道，政府降低旅游景区资本进入门槛，合理地引导社会民间资本进入，通过景区和社会民间资本PPP模式、BOT模式、BT模式等多种融资模式进行山地景区投资。景区通过增

加多种的投融资方式和渠道，不仅可以优化投资结构，还可以降低景区在经营中资金风险，增加景区企业抵抗风险的能力，进一步促进景区的成长和发展，景区持续健康的发展也不断带动周边居民和社会的持续发展，使景区投资带来更多的社会效应。

8.3.2 增加景区基础设施建设和服务质量提升投资

景区设施设备和游览服务是游客前来开心游览的基础，良好健全的景区设施设备和优质的服务质量不仅能够方便游客更好地游览，还能提升游客的体验感和舒适度。因此，建设并完善景区设施设备、提升景区服务质量向更人性化的服务方向努力，能够不断增加景区的品牌影响力和游客的吸引力。同时还要重视游客投诉，建立通畅的游客反馈投诉通道，使游客可以在景区安全、放心、开心地游玩，而且要鼓励游客使其积极参与到景区管理中来，通过极佳的口碑和品牌影响力，强化景区客源市场的印象和地位，从而吸引更多的游客慕名而来进入景区游览，同时吸引到更多的资金参与到景区的发展中，形成良性循环，进而促进景区的发展，拉动当地经济发展，带来更多良性的社会效应。

8.3.3 加大旅游产业融合投资，增加景区竞争力

传统的观光旅游开发投资，收益和带动效率都不高，如何利用充足的资金投资优质项目就显得十分重要。旅游业是一个融合性极强的产业，旅游业融合发展也是未来旅游业发展的趋势。通过优化景区的产业结构，重点开发旅游产业融合项目，与其他产业进一步加大产业联动、融合发展，不仅可以促进旅游业发展，还能带动其他产业的发展进步。景区发展不能看到其他景区什么火爆就跟风，要合理运用生命周期理论和旅游发展规律，开发已处于发展末期的项目和景点无异于饮鸩止渴，应放远眼光用开阔的视野投资开发处于上升期的项目。投资开发多产业融合的新业态优质项目或景点在优化景区产业结构的同时，还能增加景区的吸引力和竞争力。例如，把旅游业与传统的农业进行联动、融合发展，可以在促进农业健康发展的同时，还能为农业增值，提升景区的吸引力和竞争力，实现农业和旅游业相互促进发展。景区投资促进旅游业同多种产业融合发展，可以带动更多传统低产值的行业增值，还能促进当地居民就业，促使多行业和旅游景区一起共同发展，造福当地百姓，带动社会进步发展，使景区投资社会驱动效应产生更广泛的影响。

8.3.4　制定出台优惠政策吸引投资，助力景区发展

随着旅游业的快速发展，旅游市场竞争也日益激烈，景区企业面对的竞争压力也逐渐增大。旅游业的发展对带动当地经济、社会以及提升当地居民收入和生活水平都有明显带动效果，政府应该发挥自己的调控职能，依照当地景区的实际发展情况，制定出台一系列与景区企业发展息息相关、切实可行的优惠政策，取消或调整不利于景区发展的政策，改善景区企业的发展环境，营造良好的投资环境。同时提高政府办事效率，缩短审批流程，吸引更多投资进入，助力景区发展，从而带动当地社会、经济的发展。

8.3.5　加大环保投资，重视可持续发展

景区企业依旧是以营利为最根本的目的，摆脱不了追求利益最大化的目标。改革开放后，我国经济、旅游业都得到了快速发展，然而喜人的成果背后，旅游业对资源环境的掠夺式开发以及景区粗放式的管理问题日益严重，自然资源和生态环境毁坏严重，但是景区的发展是以自然资源和环境为依托发展的，想要景区得到持续、健康的发展，就需要对自然资源和生态环境提升重视程度，建立起良好的可持续化发展的观念。在景区日常经营过程中，注重对生态环境的保护，加大环保投资，多开发对生态环境损害较低的旅游产品，尽可能使用环保设施设备，确保在投资开发重视经济利益的同时兼顾生态环境的保护乃至改善，把对生态环境和自然资源的破坏降到最低，确保景区可持续的成长和发展。

8.3.6　加强投资监管监控，合理高效利用投资资金

在积极吸引投资的同时，更要重视资金的监督管理。景区企业要重视投资监管制度的重要性，在制度制定过程中要认真思考、注意细节，建立起完善的投资监管制度，保证可以合理高效地利用投资资金，为景区带来更高的效益。当地政府还要发挥监督作用，不定期对景区进行监督审查，保证投资监管制度能够真正地落实执行，还要及时有效地组织相关管理和使用人员进行制度的学习，保证人员严格按照制度执行。同时也要制定处罚措施，对相关人员管理不善、使用不当、造成资产流失和严重后果的进行处罚和责任追究。这样才能保证可以合理高效地利用投资资金，提升资金对景区、社会发展的推动作用。

8.3.7 加大旅游人才培养和投资

景区高效的发展、高效的管理都离不开优秀的旅游人才，尤其是优秀的高端人才。我国高端旅游人才目前还较为匮乏，因此，加快优秀的高端旅游人才的培养和引进，是提升景区管理、带动景区成长和发展的重要的一个环节。首先要完善旅游人才培养机制，改善旅游人才成长环境，整合优秀的旅游教育资源。景区可与省内外优秀院校合作，资源共享，优势互补，培养出一批理论、实践能力都过硬的旅游人才。其次要建立健全薪酬激励制度，增加物质奖励，进一步吸引高端旅游人才，使其可以留下长期发展。最后要加强对从业人员的定期培训和培养，带动更多本地居民加入旅游业，进一步带动景区当地经济、社会的发展以及人民生活质量的提高。

参考文献

[1] 全国土地利用总体规划纲要（2006—2020年）[EB/OL] http://www.gov.cn/test/2005-05/25/content_17358.html.

[2] 龙鸥. 新常态下发展农村山地旅游的思考 [J]. 农村经济与科技，2019，30（18）：34-36.

[3] 钟祥浩，刘淑珍. 中国山地分类研究 [J]. 山地学报，2014，32（2）：129-140.

[4] 明庆忠. 走出中国资源环境困局的新思维：山—海战略 [J]. 云南师范大学学报（哲学社会科学版），2011，43（3）：47-51.

[5] 陈海鹰. 自然保护区旅游生态补偿运作机理与实现路径研究 [D]. 昆明：云南大学，2016.

[6] 孙鸿雁，朱丽艳，李百航，等. 玉龙雪山省级自然保护区旅游发展现状及对策 [J]. 林业建设，2010（5）：37-40.

[7] 何元庆，章典. 气候变暖是玉龙雪山冰川退缩的主要原因 [J]. 冰川冻土，2004（2）：230-231.

[8] 院玲玲，何元庆，和献中，等. 游客人体释放热量对玉龙雪山冰川退化是否有影响 [J]. 冰川冻土，2008（2）：356-357.

[9] 宋瑞. 旅游绿皮书：2016~2017年中国旅游发展分析与预测 [M]. 北京：社会科学文献出版社，2017.

[10] Willard B E, Marr J W. Effects of human activities on alpine tundra ecosystems in Rocky Mountain National Park [J]. Colorado Biological Conservation, 2020, 2 (4): 257-265.

[11] James Higham. Tourism and development in mountain regions [J]. Tourism Management, 2003, 24 (4): 137-149.

[12] 田瑾，明庆忠. 中国近30年山地旅游研究进展与展望 [J]. 云南地理环境研究，2018，30（6）：19-26+41.

[13] Nepal S K. Mountain ecotourism and sustainable development：Ecology, economics, and ethics [J]. Mountain Research and Development, 2002，22（2）：107-109.

[14] 王瑞花. 云南山地旅游资源特征及开发保护策略 [D]. 昆明：昆明理工大学，2005.

[15] 唐利文，吴柏清，陈玲. 我国山地度假旅游区开发探讨——以甘肃省和政县松鸣岩度假旅游区为例 [J]. 技术与市场，2009，16（6）：69-70.

[16] 陈兴，覃建雄，李晓琴，等. 川西横断山脉高山峡谷区旅游特色化开发战略——兼论中国西部山地旅游发展路径 [J]. 经济地理，2012，32（9）：143-148.

[17] 陈建波，明庆忠，王娟. 中国山地旅游研究进展及展望 [J]. 资源开发与市场，2017，33（11）：1391-1395+1409.

[18] Cole V, Sinclai A J. Measuring the ecological footprint of a Himalayan tourist center [J]. Mountain Research and Development, 2002, 22（2）：132-141.

[19] Davide Geneletti, Dorje Dawa. Environmental impact assessment of mountain tourism in developing regions：A study in Ladakh, Indian Himalaya [J]. Environmental Impact Assessment Review, 2009, 29（4）：59-78.

[20] Barros Agustina, Monz Catherine. Is tourism damaging ecosystems in the Andes? Current knowledge and an agenda for future research [J]. Ambio：A Journal of the Human Environmen, 2015, 44（2）：82-98.

[21] Roşca O M, Dippong T, Marian M, et al. Impact of anthropogenic activities on water quality parameters of glacial lakes from Rodnei mountains, Romania [J]. Environmental Research, 2020（182）：28-40.

[22] Godde P M, Price M F, Zimmerman F M. Tourism and development in mountain regions [M]. New York：CABI, 2000：1-25.

[23] Teodoro Lasanta, María Laguna, Sergio M. Vicente-Serrano. Do

tourism-based ski resorts contribute to the homogeneous development of the Mediterranean mountains? A case study in the Central Spanish Pyrenees [J]. Tourism Management, 2007, 28 (5): 65-74.

[24] Ishii K. The impact of ethnic tourism on hill tribes in Thailand [J]. Annals of Tourism Research, 2012, 39 (1): 290-310.

[25] Choenkwan S, Promkhambut A, Hayao F, et al. Does agrotourism benefit mountain farmers? A case study in Phu Ruea district, northeast Thailand [J]. Mountain Research and Development, 2016, 36 (2): 162-172.

[26] Mohammed Bala Banki, Hairul Nizam Ismail, Isa Bala Muhammad. Coping with seasonality: A case study of family owned micro tourism businesses in Obudu Mountain Resort in Nigeria [J]. Tourism Management Perspectives, 2016 (18): 250-263.

[27] Edwards F. Environmentally Sound Tourism Development in the Caribbean [M]. Calgary: University of Calgary Press, 1988.

[28] Gyan P Nyaupane, Duarte B, et al. Lorraine Dowler. The role of community involvement and number/type of visitors on tourism impacts: A controlled comparison of Annapurna, Nepal and Northwest Yunnan, China [J]. Tourism Management, 2005, 27 (6): 189-193.

[29] William P W, Gill A M, Zukiwsky J F. Tourism-led amenity migration in a mountain community: quality of life implications for Fernie, British Columbia [M] //Richins H, Hull JS. Mountain Tourism: Experiences, Communities, Environments and Sustainable Futures. Wallingford, UK: CABI, 2016: 97-110.

[30] 李贞, 保继刚, 覃朝锋. 旅游开发对丹霞山植被的影响研究 [J]. 地理学报, 1998 (6): 76-83.

[31] 刘丽丽. 北京灵山地区旅游开发对环境的影响研究 [J]. 首都师范大学学报 (自然科学版), 2005 (2): 95-100.

[32] 马国民, 徐淑梅, 李圆慧. 帽儿山景区旅游生态足迹研究 [J]. 地理与地理信息科学, 2011, 27 (5): 109-112.

[33] 郑玲玲, 王斌, 黄学虎, 等. 旅游活动对森林公园生态环境的影响 [J]. 阴山学刊 (自然科学版), 2018, 32 (3): 103-105.

[34] 陆林. 山岳风景区国际旅游经济效益探析——以黄山国际旅游业为

例［J］. 旅游学刊, 1991（1）: 39-43+71-72.

［35］刘益. 旅游开发对社区居民经济影响的时空分异特征研究——以丹霞山、世外桃源景区为例［J］. 经济地理, 2006（4）: 706-709.

［36］武晓英, 李辉. “生产、生活、生态”融合背景下黔西南州山地旅游发展研究［J］. 贵州商学院学报, 2016, 29（2）: 35-39.

［37］刘翘莹, 李锦宏. 精准扶贫视角下贵州山地旅游发展研究［J］. 经济研究导刊, 2018（24）: 160-162.

［38］龚志强, 江小蓉. 近现代（1895—1937）庐山旅游开发与牯岭城市化［J］. 江西社会科学, 2006（6）: 245-251.

［39］陈嘉睿. 夹金山山地旅游保护性开发研究［D］. 成都: 成都理工大学, 2010.

［40］向秋霜. 武陵山区民族文化生态保护价值补偿研究［D］. 长沙: 湖南师范大学, 2019.

［41］Pyo S. Knowledge map for tourist destinations-Needs and implications［J］. Tourism Management, 2005, 26（4）: 583-594.

［42］Andrew S Dye, Shih-Lung Shaw. A GIS-based spatial decision support system for tourists of Great Smoky Mountains National Park［J］. Journal of Retailing and Consumer Services, 2006, 14（4）: 13-28.

［43］Boller F, Hunziker M, Conedera M, et al. Fascinating remoteness: the dilemma of hiking tourism development in peripheral mountain areas［J］. Mountain Research and Development, 2010, 30（4）: 320-331.

［44］Bülent Deniz, Çigdem Kılıçaslan, Barıs Kara, et al. Evaluation of the tourism potential of Besparmak Mountains in the respect of protection-use balance［J］. Procedia-Social and Behavioral Sciences, 2011（19）: 430-457.

［45］Stilianos Tampakis, Veronika Andrea, Paraskevi Karanikola, et al. The growth of mountain tourism in a traditional forest area of Greece［J］. Forests, 2019, 10（11）: 10-22.

［46］Christophe Clivaza, Marc Langenbach. Organisation and professional development of mountain guides and leaders in tourist regions: The Swiss case compared with the French experience［J］. Journal of Outdoor Recreation and Tourism, 2020（29）: 125-136.

[47] 雍万里. 武夷山风景区划及其旅游资源评价［J］. 地理科学，1984（3）：269-276.

[48] 陈烈. 山地旅游资源的基本特征及其开发利用必须注意的几个问题——兼论北山太洋山地旅游区的开发与规划［C］//中国地质学会旅游地学与地质公园研究分会. 全国第十二届旅游地学年会暨山岳景观、皖西南旅游资源开发研讨会论文集，1997：220-231.

[49] 冯德显. 山地旅游资源特征及景区开发研究［J］. 人文地理，2006（6）：67-70.

[50] 石长波，王玉. 基于AHM改进模型的黑龙江山地旅游资源评价与开发战略设计［J］. 旅游学刊，2009，24（2）：67-69.

[51] 王国新，杨晓娜，苏飞. 临安市山地气候旅游资源时空分布特征［J］. 浙江农林大学学报，2015，32（2）：298-307.

[52] 袁茏，张晓松，郑立发，等. 山地旅游目的地空间结构研究——以六盘水市为例［J］. 贵州师范大学学报（自然科学版），2017，35（3）：15-21.

[53] 郝永花. 基于昂普（RMP）分析的日喀则山地旅游开发研究［D］. 拉萨：西藏大学，2019.

[54] 武克军，郭剑英. 西北生态山岳旅游健康发展评估［J］. 科技和产业，2019，19（9）：17-20.

[55] Greg Richards. Skilled consumption and UK ski holidays［J］. Tourism Management，1996，17（1）：47-56.

[56] Peter Williams，Paul R. Fidgeon. Addressing participation constraint：a case study of potential skiers［J］. Tourism Management，2000，21（4）：55-69.

[57] Dinca G E，Dinca A I. Tourism-A vulnerable strength in the protected areas of the Romanian Carpathians［J］. Procedia-Social and Behavioral Sciences，2011（19）：190-197.

[58] Steinicke E，Neuburger M. The impact of community-based Afro-alpine tourism on regional development：a case study in the Mt Kenya region［J］. Mountain Research and Development，2012，32（4）：420-430.

[59] Taher S M，Jamal S A，Sumarjan N，et al. Examining the structural relations among hikers' assessment of pull-factors，satisfaction and

revisit intentions: The case of mountain tourism in Malaysia [J]. Journal of Outdoor Recreation and Tourism, 2015 (12): 82-88.

[60] Hussain, Chen, Nurunnabi. The role of social media for sustainable development in mountain region tourism in Pakistan [J]. International Journal of Sustainable Development & World Ecology, 2019, 26 (3): 226-231.

[61] Suau-Sanchez, Voltes-Dorta. Drivers of airport scheduled traffic in European winter tourism areas: Infrastructure, accessibility, competition and catchment area [J]. Journal of Air Transport Management, 2019 (81): 156-170.

[62] 陆林. 山岳旅游地旅游者动机行为研究——黄山旅游者实证分析 [J]. 人文地理, 1997 (1): 10-14.

[63] 陆林. 山岳风景区旅游者空间行为研究——兼论黄山与美国黄石公园之比较 [J]. 地理学报, 1996 (4): 315-321.

[64] 李景宜. "黄金周"山地旅游市场竞争态及其转移研究 [J]. 山地学报, 2002 (5): 531-535.

[65] 童春容. 山地旅游者交通行为研究 [D]. 成都: 成都理工大学, 2013.

[66] 胡明文, 赵丽桂, 李梁平. 武功山旅游者山地游憩行为特征分析 [J]. 萍乡高等专科学校学报, 2014, 31 (5): 28-34.

[67] 郑群明, 段霓婧, 刘嘉, 等. 山地度假旅游者动机与旅游消费行为关联研究——基于广东南昆山度假游客的调查 [J]. 广西经济管理干部学院学报, 2016, 28 (4): 82-87+101.

[68] 张望星, 张贺, 徐仰良. "宁镇扬一体化"战略背景下对镇江市山地体育旅游营销市场的研究——基于营销学的4P理论 [J]. 体育科技, 2019, 40 (4): 88-89.

[69] Clivaz C, Langenbach M. Organisation and professional development of mountain guides and leaders in tourist regions: The Swiss case compared with the French experience [J]. Journal of Outdoor Recreation and Tourism, 2020 (29): 87-96.

[70] Perić M, Vitezić V, Badurina J. Business models for active outdoor sport event tourism experiences [J]. Tourism Management Perspectives, 2019, 32: 69-87.

[71] Hinojosa L, Tasser E, Rüdisser J, et al. Geographical heterogeneity in mountain grasslands dynamics in the Austrian-Italian Tyrol region [J]. Applied Geography, 2019 (106): 50-59.

[72] Cochrane J. The role of the community in relation to the tourism industry: a case study from mount Bromo, East Java, Indonesia [M] //Godde P M, Price M F. Tourism and Development in Mountain Regions. New York: CABI, 2000: 199-220.

[73] Yergeau M. Tourism and local welfare: A multilevel analysis in Nepal's protected areas [J]. World Development, 2020 (127): 23-36.

[74] Wondirad A, Ewnetu B. Community participation in tourism development as a tool to foster sustainable land and resource use practices in a national park milieu [J]. Land Use Policy, 2019 (88): 78-89.

[75] 韦跃龙，陈伟海，覃建雄，等. 岩溶天坑纵向分带旅游产品开发方式——以广西乐业大石围天坑群为例 [J]. 桂林理工大学学报，2011，31 (1): 52-60.

[76] 江昼. 文化融合理念下的庐山文化旅游产品开发 [J]. 社会科学家，2015 (5): 99-104.

[77] 周晓琴，明庆忠，陈建波. 山地健康旅游产品体系研究 [J]. 资源开发与市场，2017，33 (6): 727-731.

[78] 丁勇. 贵州山地体育旅游产品的开发优化策略探析 [J]. 中外企业家，2019 (34): 184-185.

[79] 陈兴. 中国西部山地旅游可持续发展战略思考 [J]. 西南民族大学学报：人文社会科学版，2013 (2): 153-155.

[80] 闫丽丽，杨青林，黄中奕，等. 山地景区生态旅游适宜性分析及功能区划——以黑竹沟风景名胜区为例 [J]. 四川师范大学学报：自然科学版，2020，43 (1): 123-131.

[81] Leiper N. Tourism Management [M]. Collingwood: TAFE Publications, 1995.

[82] Hjalager A M: Repairing innovation defectiveness in tourism [J]. Tourism Management, 2002, 23 (5): 465-474.

[83] Tae Gyou Ko. Development of a tourism sustainability assessment Producer: a conceptual approach [J]. Tourism Management, 2005, 26 (3): 431-445.

[84] Park D, Yoon Y. Segmentation by motivation in rural tourism: A Korean case study [J]. Tourism Management, 2009, 30 (1), 99-108.
[85] Denicolai S, Cioccarelli G, Zucchella A. Resource - based local development and network corecompetencies for tourism excellence [J]. Tourism Management, 2010, 31 (2): 260-266.
[86] Grünewald C, Schleuning M, Böhning-Gaese K. Biodiversity, scenery and infrastructure: Factors driving wildlife tourism in an African savannah national park [J]. Biological Conservation, 2016 (201): 60-68.
[87] Pongthanaisawan J, Wangjiraniran W, Chuenwong K, Pimonsree L. Scenario planning for low carbon tourism city: a case study of Nan [J]. Energy Procedia, 2018 (152): 715-724.
[88] Bu Y, Parkinson J, Thaichon P. Digital content marketing as a catalyst for e - WOM in food tourism [J]. Australasian Marketing Journal (AMJ). 2020 (1): 13-31.
[89] 彭华. 旅游发展驱动机制及动力模型探析 [J]. 旅游学刊, 1999 (6): 39-44.
[90] 袁国宏. 旅游业可持续发展的动力系统研究 [J]. 旅游科学, 2004 (1): 17-21.
[91] 张立生. 行政区域旅游发展动力机制研究 [J]. 桂林旅游高等专科学报, 2004 (4): 10-12 +68.
[92] 陈德广. 旅游驱动力研究 [D]. 开封: 河南大学, 2007.
[93] 黄正文, 邓茂林, 余波, 等. 城市旅游的驱动机制和突变发展模式研究——以都江堰市经济开发区为例 [J]. 资源开发与市场, 2010, 26 (12): 1148-1150.
[94] 任燕. 西安旅游城市化过程、格局与机制 [J]. 西安财经学院学报, 2017, 30 (3): 68-75.
[95] 游诗咏. 广东城市旅游效率的时空特征及驱动机制研究 [D]. 广州: 暨南大学, 2018.
[96] 杨军. 中国乡村旅游驱动力因子及其系统优化研究 [J]. 旅游科学, 2006 (4): 7-11.
[97] 曹艳英, 李凤霞. 基于自组织系统理论的区域旅游产业竞争力形成

发展机制研究［J］. 软科学，2010，24（2）：83-88.

［98］舒小林，黄明刚. 生态文明视角下欠发达地区生态旅游发展模式及驱动机制研究——以贵州省为例［J］. 生态经济，2013（11）：99-105.

［99］张广海，龚荷. 东部沿海地区新型城镇化旅游驱动机制分析［J］. 经济与管理评论，2015，31（4）：106-112.

［100］王馨，管卫华. 江苏旅游经济联系的空间结构及其驱动机制研究［J］. 现代城市研究，2018（10）：45-51.

［101］朱艳莉. 乡村旅游的扶贫效率和驱动机制研究［D］. 乌鲁木齐：新疆大学，2018.

［102］陈志军，徐飞雄. 乡村旅游地发展驱动因素及机制研究——基于长沙市的实证分析［J］. 经济地理，2019，39（10）：231-239.

［103］王冠孝，张佑印，晋迪. 资源型地区旅游经济增长的驱动机制——以山西省为例［J］. 陕西师范大学学报（自然科学版），2020，48（4）：8.

［104］张凌云. 旅游地空间竞争的交叉弹性分析［J］. 地理学与国土研究，1989（1）：40-43.

［105］保继刚，彭华. 名山旅游地的空间竞争研究——以皖南三大名山为例［J］. 人文地理，1994（2）：7-9.

［106］张朝枝. 旅游地衰退与复苏的驱动力分析——以几个典型旅游景区为例［J］. 地理科学，2003（3）：372-378.

［107］丁绍莲. 我国红树林自然保护区旅游发展动力机制理论探讨［J］. 生态经济，2007（1）：118-122.

［108］李晓琴. 西部地区旅游景区低碳转型动力机制及驱动模式探讨［J］. 西南民族大学学报（人文社会科学版），2013，34（8）：128-131.

［109］曹芳东，黄震方，余凤龙，等. 国家级风景名胜区旅游效率空间格局动态演化及其驱动机制［J］. 地理研究，2014，33（6）：1151-1166.

［110］王凯，甘畅，欧艳，等. 旅游景区低碳行为绩效及其驱动机制——以世界遗产地张家界为例［J］. 应用生态学报，2019，30（1）：266-276.

［111］John Swarbrooke. The Development and Management of Visitor

Attractions (second edition) [M]. England: Elservier, 2002: 7.

[112] Bornhors T. Brent Ritchie, Sheehan L. Determinants of tourism success for DMOs & destinations: An empirical examination of stakeholders'perspectives [J]. Tourism Management , 2010 (31) : 572-589.

[113] Kemal Kantarci. Perceptions of foreign investors on the tourism market in central Asia including Kyrgyistan, Kazakhstan, Uzbekistan, Turkmenistan [J]. Tourism Management, 2007, 28 (3): 820-829.

[114] Ivo Kunst. The Role of the Government in Promoting Tourism Investment in Selected Mediterranean Countries - Implications for the Republic of Croatia [J]. Tourism &Hospitality Management, 2011, 17 (1): 115.

[115] Rios Morales R, Gamberger D, Jenkins I, etal. Modelling investment in the tourism industry using the World Bank's good governance indicators [J]. Journal of Modelling in Management, 2011, 6 (3): 279-296.

[116] John E Fletcher. Input - output analysis and tourism impact studies [J]. Annals of Tourism Research, 1989, 16 (4): 517-529.

[117] Chen J C, Arbor A. Forecasting method applications to recreation and tourism demand [M]. Carolina: North Carolina State University, 2000.

[118] Harold L V. Travel industry economics: a guide for financial analysis [M]. London: Cambridge University Press, 2001.

[119] Vanhove N. Micro and Macro - Evaluation of Projects in the Tourism and Hospitality Industry [J]. Economics of Tourism Destinations, 2005: 209-236.

[120] Karin Mahony, Jurgens Van Zyl. The impacts. of tourism investment on rural communities: Three case studies in South Africa [J]. Development Southern Africa, 2002, 19 (1): 83-103.

[121] Mainul Haque. Trends in tourism accommodation investment in Australia [J]. Advances in Hospitality and Leisure, 2006, 2 (5): 215-238.

[122] Kumi Endo. Foreign direct investment in tourism—flows and volumes. Tourism Management, 2006, 27 (4): 600-614.

[123] Larry Dwyer, Peter Forsyth, Ray Spurr. Evaluating tourism's economic effects: new and old approaches [J]. Tourism Management, 2004, 25 (3): 307-317.

[124] Alper Aslan. Tourism development and economic growth in the Mediterranean countries: evidence from panel Granger causality tests [J]. Current Issues in Tourism, 2014, 17 (4): 363-372.

[125] 李铁松. 玉龙雪山冰川公园的旅游资源特色及其保护 [J]. 资源开发与市场, 1999, 15 (5): 311-312.

[126] 王世金, 赵井东, 何元庆. 气候变化背景下山地冰川旅游适应对策研究——以玉龙雪山冰川地质公园为例 [J]. 冰川冻土, 2012, 34 (1): 207-213.

[127] 王世金, 何元庆, 和献中, 等. 我国海洋型冰川旅游资源的保护性开发研究——以丽江市玉龙雪山景区为例 [J]. 云南师范大学学报: 哲学社会科学版, 2008, 40 (6): 38-43.

[128] 者丽艳, 徐小荣, 赵东升. 云南玉龙雪山景区优质品牌战略构建对策研究 [J]. 经济问题探索, 2008 (3): 128-133.

[129] 徐柯健. 大香格里拉地区旅游开发模式比较分析 [J]. 地理科学进展, 2008, 27 (3): 137-140.

[130] 陈海鹰, 杨桂华. 社区旅游生态补偿贡献度及意愿研究——玉龙雪山案例 [J]. 旅游学刊, 2015, 30 (8): 53-65.

[131] 管宁生. 对云南丽江玉龙雪山开展生态旅游的探析 [J]. 云南林业科技, 1999 (2): 78-81.

[132] 刘冬, 王欣. 丽江玉龙雪山型生态游发展战略思考 [J]. 山西建筑, 2007, 33 (10): 56-57.

[133] 鲁芬. 旅游景区生态化水平测度研究 [D]. 昆明: 云南师范大学, 2017.

[134] 段德罡, 曹力尹. “可逆式”旅游规划模式研究——以丽江玉龙雪山裸美乐峡谷旅游规划为例 [J]. 规划师, 2009, 25 (11): 59-66.

[135] 陈东琳. 基于保护优先原则的古村落旅游规划研究 [D]. 西安: 西安建筑科技大学, 2009.

[136] 宋巍. “多园并存”下旅游景区空间规划冲突及协调策略研究[D]. 西安：西北大学，2018.

[137] 邹琼，和赴宇，王珂. 丽江玉龙雪山景区应对气候变化探索和实践[J]. 环境科学导刊，2019，38（4）：22-25.

[138] 保继刚，龙江智. 城市旅游驱动力的转化及其实践意义[J]. 地理研究，2005（2）：277-282.

[139] 鲍艳杰，龙江智. 旅游发展的驱动力分析[J]. 中国西部科技，2006（4）：3.

[140] 张宏梅，陆林. 近10年国外旅游动机研究综述[J]. 地域研究与开发，2005（2）：60-64+69.

[141] Dann G. Anomie, ego-enhancement and tourism [J]. Annals of Tourism Research, 1977 (4): 187-194.

[142] Dann G. Tourism motivation: an appraisal [J]. Annals of Tourism Research, 1981, 8 (2): 187-219.

[143] Klenosky D B. The pull of tour destinations: a means-end investigation [J]. Journal of Travel Research, 2002, 40 (4): 385-395.

[144] W Christaller. Some considerations of tourism locations in europe: the peripheral regions-underdeveloped countries-recreation areas [J]. Regional Science Association Papers, 1963 (12): 95-105.

[145] Butler R W. The concept of a tourism area cycle of evolution: implications for management of resources [J]. Canadian Geographer, 1980, 24 (1): 5-12.

[146] 祁洪玲，刘继生，梅林. 国内外旅游地生命周期理论研究进展[J]. 地理科学，2018，38（2）：264-271.

[147] 杨效忠，陆林. 旅游地生命周期研究的回顾和展望[J]. 人文地理，2004（5）：5-10.

[148] 陆林. 山岳型旅游地生命周期研究——安徽黄山、九华山实证分析[J]. 地理科学，1997（1）：63-69.

[149] 杨效忠，陆林，张光生，等. 旅游地生命周期与旅游产品结构演变关系初步研究——以普陀山为例[J]. 地理科学，2004（4）：500-505.

[150] 李永文，陈扬乐，范士陈. 旅游经济学[M]. 北京：中国旅游出

版社，2007.
[151] 戴斌. 旅游供求：两个初步的模型［J］. 南开经济研究，1997（2）：61-65.
[152] 陈秋华，林秀治，修新田. 森林旅游景区低碳化发展的动力机制研究［J］. 福建论坛（人文社会科学版），2017（7）：159-163.
[153] 约翰·梅纳德·凯恩斯. 就业、利息和货币通论［M］. 商务印书馆，2014.
[154] 明庆忠，史正涛，邓亚静，等. 试论山地高梯度效应——以横断山地的自然—人文景观效应为例［J］. 冰川冻土，2006，28（6）：6.
[155] 王琦. 山地自然养生旅游开发潜力评价研究［D］. 武汉：华中师范大学，2016.
[156] 王娟，明庆忠. 山地旅游发展潜力评价研究［J］. 资源开发与市场，2019，35（12）：1537-1542.
[157] 李婷. 山地健康旅游目的地评价与建设研究［D］. 昆明：云南师范大学，2020.
[158] 许春霞. 山岳型旅游地生态旅游评价与规划研究［D］. 上海：同济大学，2007.
[159] 杨坤. 泰山旅游景区竞争力研究［D］. 青岛：中国海洋大学，2012.
[160] 张喜喜. 旅游景区竞争力评价指标体系研究［D］. 西安：西安外国语大学，2012.
[161] 侯文静. 山地旅游休闲度假目的地评价指标体系研究［D］. 北京：北京交通大学，2012.
[162] 祝爱民. 山地度假旅游目的地竞争力评价指标及模型研究［D］. 长沙：湖南师范大学，2017.
[163] 刘莉. 滨海旅游目的地竞争力评价研究［D］. 广州：暨南大学，2014.
[164] 张安安. 旅游发展型特色小城镇特征及发展动力机制研究［D］. 青岛：青岛理工大学，2019.
[165] 夏正超. 旅游小城镇发展的动力机制研究［J］. 地域研究与开发，2015，34（5）：90-94.
[166] 安俊梅. 工业旅游发展的驱动机制研究［D］. 无锡：江南大

学，2008.

[167] 段兆雯. 乡村旅游发展动力系统研究 [D]. 咸阳：西北农林科技大学，2012.

[168] 邵革军. 旅游目的地的竞争力评价及其应用研究 [D]. 成都：西南交通大学，2015.

[169] 张守信. 滑雪旅游目的地竞争力评价指标体系研究 [J]. 冰雪运动，2014，36 (6)：55-63.

[170] 张东亮. 旅游目的地竞争力指标体系及评价研究 [D]. 杭州：浙江大学，2006.

[171] 周彬，钟林生，王灵恩，等. 自然保护区旅游生态健康评价指标与评价模型——以黑龙江省白头鹤自然保护区为例 [J]. 林业资源管理，2015 (5)：145-150.

[172] 吴小同. 云南省玉龙雪山旅游区山地旅游产品开发适宜性评价研究 [D]. 昆明：云南财经大学，2020.

[173] 刘爱丽. 景区智慧旅游体系构建研究 [D]. 泉州：华侨大学，2013.

[174] 邓贤峰，李霞. "智慧景区"评价标准体系研究 [J]. 电子政务，2012 (9)：100-106.

[175] 汪侠，甄峰，吴小根. 基于游客视角的智慧景区评价体系及实证分析——以南京夫子庙秦淮风光带为例 [J]. 地理科学进展，2015，34 (4)：448-456.

[176] 杨媛媛. 山地城市景区空间结构优化研究 [D]. 重庆：重庆理工大学，2015.

附录 A
玉龙雪山景区旅游发展驱动因子指标筛选专家调查问卷

尊敬的专家：

您好！非常感谢您抽出宝贵的时间填写问卷。该问卷旨在讨论玉龙雪山景区旅游发展驱动因子指标选取的合理性，请根据您丰富的研究与实践经验判断这些指标选取的重要程度，并在相应位置打“√”，其中，“非常重要”得 5 分，“比较重要”得 4 分，“一般”得 3 分，“不太重要”得 2 分，“不重要”得 1 分。您的指导和意见对本研究将具有重要的参考价值。此调查仅用于学术目的，您的相关资料将会被严格保密。再次衷心感谢您对本研究的支持！祝您工作顺利！谢谢！

表 A1 为玉龙雪山景区旅游发展驱动因子指标体系初拟详情，用以说明专家意见征询表的相关指标。

表 A1　玉龙雪山景区旅游发展驱动因子指标体系

目标层	一级指标	二级指标	指标解释
玉龙雪山景区旅游发展驱动因子 A	山区经济发展 B1	山区经济发展水平 C1	山区经济基础能否为山地旅游发展提供经济支撑
		山地产业基础 C2	山地产业基础能力强弱
		旅游对山地经济的作用 C3	旅游对山地经济作用大小

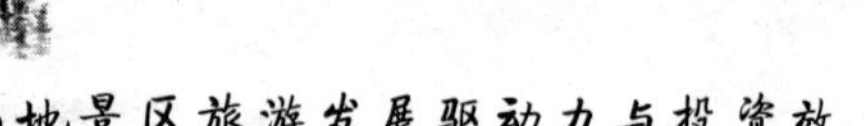

续表

目标层	一级指标	二级指标	指标解释
玉龙雪山景区旅游发展驱动因子 A	山地旅游市场需 B2	闲暇时间 C4	旅游者闲暇时间与出游机会
		客源地人均 GDP C5	景区的主要客源地人均 GDP 高，旅游消费潜力大
		游客旅游消费水平 C6	游客旅游消费水平高低
		游客满意度 C7	游客满意程度
		景区知名度与影响力 C8	景区知名度与对外界影响力
	山区发展政策 B3	山区旅游发展政策 C9	山区发展政策为景区旅游发展提供支持和保障程度
		政府及企业资金投入 C10	政府及企业对景区开发建设的资金投入大小
		旅游市场规范程度 C11	旅游市场秩序状况
	山地旅游资源 B4	山地自然旅游资源富集度 C12	山地自然类旅游资源的丰度和疏密度
		山地人文旅游资源富集度 C13	山地民族文化等人文旅游资源的丰度
		山地旅游资源的独特性 C14	山地旅游资源的珍稀与奇特程度
		山地旅游资源的多样性 C15	山地旅游资源类型多样性程度
		山地旅游资源的功能价值 C16	山地旅游资源的观赏、历史文化、科学艺术价值等
	山地旅游产品 B5	山地旅游产品组合度 C17	不同类型山地旅游产品组合程度
		山地旅游产品数量 C18	山地旅游产品的数量状况
		山地特色旅游产品吸引力 C19	山地特色旅游产品对游客的吸引程度
		山地旅游产品价格水平 C20	山地旅游产品价格是否合理
		景区旅游服务质量 C21	景区旅游服务质量水平

续表

目标层	一级指标	二级指标	指标解释
玉龙雪山景区旅游发展驱动因子 A	山地旅游基础服务设施 B6	山地基础设施 C22	水、电、通信、厕所等基础设施配备和覆盖情况
		山地旅游服务设施 C23	山地旅游服务设施的设置和分布状况
		山地旅游安全设施 C24	山地旅游安全设施、设备等情况
	景区自然生态环境 B7	山地景区空气质量 C25	景区空气质量状况
		山地景区植被覆盖率 C26	植被覆盖面积在研究区域的占比
		山地景区生物多样性 C27	景区生物多样性丰富程度
		山地气候的舒适度 C28	山地气候舒适感知程度
		山地景区的适游期 C29	景区全年适宜游览的时间
	山地社会文化环境 B8	居民参与度 C30	当地居民参与景区旅游工作情况
		居民旅游态度 C31	居民对景区旅游开发的态度
		居民好客度 C32	居民对外来游客的接纳态度
	景区人力资源管理 B9	山地旅游人才教育和培训 C33	面向山地景区旅游发展专门人才的教育和培训
		景区员工服务管理 C34	景区对员工服务和业务的规范化、标准化管理
	山地景区市场管理 B10	游客投诉与意见处理效率 C35	景区对游客投诉与意见的处理效率
		景区旅游市场营销 C36	景区运营管理机构对市场营销、秩序的管理
		山地资源管理与保护 C37	山地资源管理与保护监管能力
	山地景区危机与风险管理 B11	山地户外应急救援能力 C38	山地户外应急救援能力
		山地景区安全管理 C39	山地景区的治安、消防、应急等安全管理能力
		危机事件管理能力 C40	旅游危机事件管理能力

续表

目标层	一级指标	二级指标	指标解释
玉龙雪山景区旅游发展驱动因子 A	现代信息技术应用 B12	景区网站建设 C41	景区官方网站建设情况
		移动旅游平台建设 C42	景区智能移动终端平台建设情况
		数字虚拟旅游建设 C43	3D 数字虚拟旅游展示等新技术的运用
		在线旅游服务 C44	在线导游、导览、支付、投诉等服务获取的便捷程度
		景区综合智慧管理 C45	运用大数据、云计算等开展监管、预警、营销等管理
	山地旅游交通 B13	外部交通可达性 C46	外地进入景区的交通通达性
		景区内部交通便利度 C47	景区内部交通便利程度
		多样化的山地交通方式 C48	景区内可选择的交通方式多样
		景区内交通价格水平 C49	景区内部景点之间交通价格是否合理
	传媒传播 B14	新闻媒体关注度 C50	新闻媒体对景区的关注度
		景区广告宣传力度 C51	景区对外投放广告宣传力度
		景区旅游口碑 C52	游客对景区的旅游口碑效应

第一部分：指标打分

表 A2　专家意见咨询（一级指标）

一级指标 / 重要程度	非常重要	比较重要	一般	不太重要	不重要
山区经济发展					
山地旅游市场需求					
山区发展政策					

续表

一级指标 \ 重要程度	非常重要	比较重要	一般	不太重要	不重要
山地旅游资源					
山地旅游产品					
山地旅游基础服务设施					
景区自然生态环境					
山地社会文化环境					
景区人力资源管理					
山地景区市场管理					
山地景区危机与风险管理					
现代信息技术应用					
山地旅游交通					
传媒传播					

表 A3　专家意见咨询（二级指标）

二级指标 \ 重要程度	非常重要	比较重要	一般	不太重要	不重要
山区经济发展水平					
山地产业基础					
旅游对山地经济的作用					
闲暇时间					
客源地人均 GDP					
游客旅游消费水平					
游客满意度					
景区知名度与影响力					

续表

二级指标 重要程度	非常重要	比较重要	一般	不太重要	不重要
山区旅游发展政策					
政府及企业资金投入					
旅游市场规范程度					
山地自然旅游资源富集度					
山地人文旅游 资源富集度 D13					
山地旅游资源的独特性					
山地旅游资源的多样性					
山地旅游资源的功能价值					
山地旅游产品组合度					
山地旅游产品数量					
山地特色旅游产品吸引力					
山地旅游产品价格水平					
景区旅游服务质量					
山地基础设施					
山地旅游服务设施					
山地旅游安全设施					
山地景区空气质量					
山地景区植被覆盖率					
山地景区生物多样性					
山地气候的舒适度					
山地景区的适游期					
居民参与度					

续表

二级指标 重要程度	非常重要	比较重要	一般	不太重要	不重要
居民旅游态度					
居民好客度					
山地旅游人才教育和培训					
景区员工服务管理					
游客投诉与意见处理效率					
景区旅游市场营销					
山地资源管理与保护					
山地户外应急救援能力					
山地景区安全管理					
危机事件管理能力					
景区网站建设					
移动旅游平台建设					
数字虚拟旅游建设					
在线旅游服务					
景区综合智慧管理					
外部交通可达性					
景区内部交通便利度					
多样化的山地交通方式					
景区内交通价格水平					
新闻媒体关注度					
广告宣传力度					
景区旅游口碑					

针对表 A1 指标，请您帮助补充某些指标，或者您认为哪些指标需要调整。

	指标名称
补充	
调整	

第二部分：专家信息

您的姓名：______________________

您所在单位：____________________

您的专业领域：__________________

您的学历水平：__________________

调查结束，感谢您的支持！

附录B

玉龙雪山景区旅游发展驱动力变化研究——旅游管理人员调查问卷

尊敬的先生/女士：

您好！非常感谢您在百忙之中填写本问卷。此份问卷旨在了解玉龙雪山景区旅游发展驱动因子在各个发展阶段驱动作用大小及其变化，相关信息仅供研究使用，期待您提出宝贵意见。结合旅游地生命周期理论与玉龙雪山实际发展情况，我们将玉龙雪山景区旅游发展分为以下几个阶段：1984—1993年（起步阶段），1994—2004年（发展阶段），2005—2011年（巩固阶段），2012年至今（成熟阶段）。

请您根据您的实践及工作经验判断1994—2004年（发展阶段）、2005—2011年（巩固阶段）、2012年至今（成熟阶段）的驱动因子驱动作用大小。再次感谢您的支持！

表B1　玉龙雪山景区旅游发展驱动因子驱动作用打分表（1994—2004年）

准则层	一级指标	二级指标	驱动作用				
			很大	较大	一般	较小	小
山地旅游发展基础	山区经济支撑	山区经济发展水平					
		山地产业基础能力					
		旅游经济带动能力					
	山区发展投入	山区旅游发展政策					
		政府及企业资金投入					

续表

准则层	一级指标	二级指标	驱动作用				
			很大	较大	一般	较小	小
山地旅游发展基础	山地旅游交通	外部交通可达性					
		景区内部交通便利度					
		景区内交通价格水平					
	景区自然生态环境	山地景区空气质量					
		山地景区植被覆盖率					
		山地景区的适游期					
	山地旅游社会环境	居民参与度					
		居民好客度					
	山地旅游基础服务设施	山地基础设施					
		山地旅游服务设施					
		山地旅游安全救援设施					
山地旅游吸引物系统	山地旅游资源	山地自然旅游资源富集度					
		山地人文旅游资源富集度					
		山地旅游资源的独特性					
		山地旅游资源的多样性					
		山地旅游资源的功能价值					
山地旅游吸引物系统	山地特色旅游产品	山地观光旅游产品吸引力					
		山地休闲度假产品吸引力					
		山地娱乐体验产品吸引力					
		山地文化艺术产品吸引力					
		山地运动康体产品吸引力					
		山地科研科考产品吸引力					

续表

准则层	一级指标	二级指标	驱动作用				
			很大	较大	一般	较小	小
山地旅游市场	山地旅游市场需求	景区接待游客人数					
		景区旅游总收入					
		闲暇时间					
		游客旅游消费水平					
		游客满意度					
		游客重游意愿					
山地旅游管理	山地旅游人才管理	山地旅游人才教育和培训					
		景区旅游服务质量					
	旅游市场监督管理	游客投诉与意见处理效率					
		旅游市场规范程度					
	现代信息技术应用	在线旅游服务					
		景区综合智慧管理					
	传媒传播	新闻媒体关注度					
		景区广告宣传力度					
		景区知名度与影响力					

表B2　玉龙雪山景区旅游发展驱动因子驱动作用打分表（2005—2011年）

准则层	一级指标	二级指标	驱动作用				
			很大	较大	一般	较小	小
山地旅游发展基础	山区经济支撑	山区经济发展水平					
		山地产业基础能力					
		旅游经济带动能力					

续表

准则层	一级指标	二级指标	驱动作用				
			很大	较大	一般	较小	小
山地旅游发展基础	山区发展投入	山区旅游发展政策					
		政府及企业资金投入					
	山地旅游交通	外部交通可达性					
		景区内部交通便利度					
		景区内交通价格水平					
	景区自然生态环境	山地景区空气质量					
		山地景区植被覆盖率					
		山地景区的适游期					
	山地旅游社会环境	居民参与度					
		居民好客度					
	山地旅游基础服务设施	山地基础设施					
		山地旅游服务设施					
		山地旅游安全救援设施					
山地旅游吸引物系统	山地旅游资源	山地自然旅游资源富集度					
		山地人文旅游资源富集度					
		山地旅游资源的独特性					
		山地旅游资源的多样性					
		山地旅游资源的功能价值					

续表

准则层	一级指标	二级指标	驱动作用				
			很大	较大	一般	较小	小
山地旅游吸引物系统	山地特色旅游产品	山地观光旅游产品吸引力					
		山地休闲度假产品吸引力					
		山地娱乐体验产品吸引力					
		山地文化艺术产品吸引力					
		山地运动康体产品吸引力					
		山地科研科考产品吸引力					
山地旅游市场	山地旅游市场需求	景区接待游客人数					
		景区旅游总收入					
		闲暇时间					
		游客旅游消费水平					
		游客满意度					
		游客重游意愿					
山地旅游管理	山地旅游人才管理	山地旅游人才教育和培训					
		景区旅游服务质量					
	旅游市场监督管理	游客投诉与意见处理效率					
		旅游市场规范程度					
	现代信息技术应用	在线旅游服务					
		景区综合智慧管理					
	传媒传播	新闻媒体关注度					
		景区广告宣传力度					
		景区知名度与影响力					

表 B3 玉龙雪山景区旅游发展驱动因子驱动作用打分表（2012 年至今）

准则层	一级指标	二级指标	驱动作用				
			很大	较大	一般	较小	小
山地旅游发展基础	山区经济支撑	山区经济发展水平					
		山地产业基础能力					
		旅游经济带动能力					
	山区发展投入	山区旅游发展政策					
		政府及企业资金投入					
	山地旅游交通	外部交通可达性					
		景区内部交通便利度					
		景区内交通价格水平					
	景区自然生态环境	山地景区空气质量					
		山地景区植被覆盖率					
		山地景区的适游期					
	山地旅游社会环境	居民参与度					
		居民好客度					
	山地旅游基础服务设施	山地基础设施					
		山地旅游服务设施					
		山地旅游安全救援设施					
山地旅游吸引物系统	山地旅游资源	山地自然旅游资源富集度					
		山地人文旅游资源富集度					
		山地旅游资源的独特性					
		山地旅游资源的多样性					
		山地旅游资源的功能价值					

续表

准则层	一级指标	二级指标	驱动作用				
			很大	较大	一般	较小	小
山地旅游吸引物系统	山地特色旅游产品	山地观光旅游产品吸引力					
		山地休闲度假产品吸引力					
		山地娱乐体验产品吸引力					
		山地文化艺术产品吸引力					
		山地运动康体产品吸引力					
		山地科研科考产品吸引力					
山地旅游市场	山地旅游市场需求	景区接待游客人数					
		景区旅游总收入					
		闲暇时间					
		游客旅游消费水平					
		游客满意度					
		游客重游意愿					
山地旅游管理	山地旅游人才管理	山地旅游人才教育和培训					
		景区旅游服务质量					
	旅游市场监督管理	游客投诉与意见处理效率					
		旅游市场规范程度					
	现代信息技术应用	在线旅游服务					
		景区综合智慧管理					
	传媒传播	新闻媒体关注度					
		景区广告宣传力度					
		景区知名度与影响力					

附录 C
玉龙雪山景区旅游发展驱动力评价指标专家调查问卷权重打分

尊敬的专家：

您好！非常感谢您抽出宝贵时间填写问卷，该问卷旨在对玉龙雪山景区旅游发展驱动力进行评价，并通过层次分析模型确定各指标在整体驱动作用中的权重。请根据您的研究与实践经验评判各个指标两两比较的相对重要性，并在相应选项处打√。

评价方法说明：评价尺度分为 5 个等级并赋予相应分值：绝对重要 9 分、十分重要 7 分、比较重要 5 分、稍微重要 3 分、同等重要 1 分。1 分作为分界点，其左侧指标衡量尺度表示：左列指标 *A* 比右列指标 *B* 重要；右侧指标衡量尺度表示：右列指标 *B* 比左列指标 *A* 重要。表 C1 为玉龙雪山景区旅游发展驱动因子评价指标和释义，用以说明权重打分表中的相关指标。

衷心感谢您的支持！

表 C1　玉龙雪山景区旅游发展驱动因子指标体系

目标层	准则层	一级指标	二级指标	指标解释
玉龙雪山景区旅游发展驱动因子 A	山地旅游发展基础 B1	经济发展驱动力 C1	山区经济发展水平 D1	山区经济为山地旅游发展提供经济支撑程度
			山地产业基础能力 D2	山地产业（农业、工业、服务业）基础能力强弱
			旅游经济带动能力 D3	旅游对山地经济作用大小
		政府政策驱动力 C2	山区旅游发展政策 D4	山区发展政策为景区旅游发展提供支持和保障程度
			政府及企业资金投入 D5	政府及企业对景区开发建设的资金投入大小
		旅游交通驱动力 C3	外部交通可达性 D6	景区外部交通可进入性
			景区内部交通便利度 D7	景区内部交通便利程度
			景区内交通价格水平 D8	景区内部景点之间交通价格是否合理
		旅游环境驱动力 C4	山地景区空气质量 D9	景区空气质量状况
			山地景区植被覆盖率 D10	植被覆盖面积在研究区域的占比
			山地景区的适游期 D11	景区全年适宜游览的时间
			居民参与度 D12	当地居民参与景区旅游工作情况
			居民好客度 D13	居民对外来游客的接纳态度
			山地基础设施 D14	水、电、通信、厕所等基础设施配备和覆盖情况
			山地旅游服务设施 D15	山地旅游服务设施的设置和分布状况
			山地旅游安全救援设施 D16	山地旅游安全和户外救援设施、设备等情况

续表

目标层	准则层	一级指标	二级指标	指标解释
玉龙雪山景区旅游发展驱动因子 A	山地旅游吸引物系统 B2	旅游资源驱动力 C5	山地自然旅游资源富集度 D17	山地自然类旅游资源的丰度和疏密度
			山地人文旅游资源富集度 D18	山地民族文化等人文旅游资源的丰度和疏密度
			山地旅游资源的独特性 D19	山地旅游资源的珍稀与奇特程度
			山地旅游资源的多样性 D20	山地旅游资源类型多样性程度
			山地旅游资源的功能价值 D21	山地旅游资源的观赏、历史文化、科学艺术价值等
		旅游产品驱动力 C6	山地观光旅游产品吸引力 D22	山地观光游憩类旅游产品的吸引力
			山地休闲度假产品吸引力 D23	山地休闲度假类旅游产品的吸引力
			山地娱乐体验产品吸引力 D24	山地娱乐体验类旅游产品的吸引力
			山地文化艺术产品吸引力 D25	山地民族文化、宗教、艺术类旅游产品的吸引力
			山地运动康体产品吸引力 D26	山地体育运动、健康疗养类旅游产品的吸引力
			山地科研科考产品吸引力 D27	山地科学研究、考察、科普教育类旅游产品的吸引力

续表

目标层	准则层	一级指标	二级指标	指标解释
玉龙雪山景区旅游发展驱动因子A	山地旅游市场B3	市场需求驱动力C7	景区旅游总收入D28	景区的旅游综合总收入情况
			景区接待旅游人数D29	景区游客接待人次数量
			闲暇时间D30	旅游者闲暇时间与出游机会大小
			游客旅游消费水平D31	游客在景区的旅游消费水平
			游客满意度D32	游客对景区整体满意程度
		旅游管理驱动力C8	山地旅游人才教育和培训D33	景区对山地旅游发展专门人才的教育和培训
			景区旅游服务质量D34	景区旅游服务质量水平
			游客投诉与意见处理效率D35	景区对游客投诉与意见的处理效率
			旅游市场规范程度D36	旅游市场规范程度和市场秩序状况
			在线旅游服务D37	在线导游、导览、支付、投诉等服务获取的便捷程度
			景区综合智慧管理D38	运用大数据、云计算等开展监管、预警、营销等管理
		传媒传播驱动力C9	新闻媒体关注度D39	新闻媒体对景区的关注度
			景区广告宣传力度D40	景区对外投放广告宣传力度
			景区知名度与影响力D41	景区知名度与对外界影响力大小

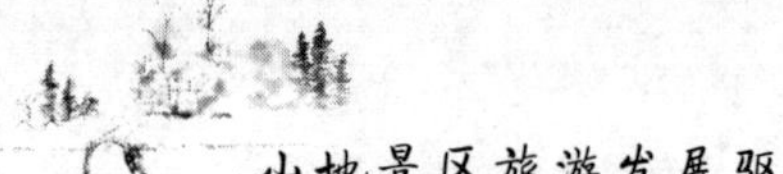

一、评价项目层（一级）各指标的相对重要性对比程度

A	重要程度									B
	9	7	5	3	1	3	5	7	9	
经济发展驱动力	□	□	□	□	□	□	□	□	□	政府政策驱动力
经济发展驱动力	□	□	□	□	□	□	□	□	□	旅游交通驱动力
经济发展驱动力	□	□	□	□	□	□	□	□	□	旅游环境驱动力
经济发展驱动力	□	□	□	□	□	□	□	□	□	旅游资源驱动力
经济发展驱动力	□	□	□	□	□	□	□	□	□	旅游产品驱动力
经济发展驱动力	□	□	□	□	□	□	□	□	□	市场需求驱动力
经济发展驱动力	□	□	□	□	□	□	□	□	□	旅游管理驱动力
经济发展驱动力	□	□	□	□	□	□	□	□	□	传媒传播驱动力
政府政策驱动力	□	□	□	□	□	□	□	□	□	旅游交通驱动力
政府政策驱动力	□	□	□	□	□	□	□	□	□	旅游环境驱动力
政府政策驱动力	□	□	□	□	□	□	□	□	□	旅游资源驱动力
政府政策驱动力	□	□	□	□	□	□	□	□	□	旅游产品驱动力
政府政策驱动力	□	□	□	□	□	□	□	□	□	市场需求驱动力
政府政策驱动力	□	□	□	□	□	□	□	□	□	旅游管理驱动力
政府政策驱动力	□	□	□	□	□	□	□	□	□	传媒传播驱动力
旅游交通驱动力	□	□	□	□	□	□	□	□	□	旅游环境驱动力
旅游交通驱动力	□	□	□	□	□	□	□	□	□	旅游资源驱动力
旅游交通驱动力	□	□	□	□	□	□	□	□	□	旅游产品驱动力
旅游交通驱动力	□	□	□	□	□	□	□	□	□	市场需求驱动力
旅游交通驱动力	□	□	□	□	□	□	□	□	□	旅游管理驱动力
旅游交通驱动力	□	□	□	□	□	□	□	□	□	传媒传播驱动力
旅游环境驱动力	□	□	□	□	□	□	□	□	□	旅游资源驱动力

续表

A	重要程度									B
	9	7	5	3	1	3	5	7	9	
旅游环境驱动力	□	□	□	□	□	□	□	□	□	旅游产品驱动力
旅游环境驱动力	□	□	□	□	□	□	□	□	□	市场需求驱动力
旅游环境驱动力	□	□	□	□	□	□	□	□	□	旅游管理驱动力
旅游环境驱动力	□	□	□	□	□	□	□	□	□	传媒传播驱动力
旅游资源驱动力	□	□	□	□	□	□	□	□	□	旅游产品驱动力
旅游资源驱动力	□	□	□	□	□	□	□	□	□	市场需求驱动力
旅游资源驱动力	□	□	□	□	□	□	□	□	□	旅游管理驱动力
旅游资源驱动力	□	□	□	□	□	□	□	□	□	传媒传播驱动力
旅游产品驱动力	□	□	□	□	□	□	□	□	□	市场需求驱动力
旅游产品驱动力	□	□	□	□	□	□	□	□	□	旅游管理驱动力
旅游产品驱动力	□	□	□	□	□	□	□	□	□	传媒传播驱动力
市场需求驱动力	□	□	□	□	□	□	□	□	□	旅游管理驱动力
市场需求驱动力	□	□	□	□	□	□	□	□	□	传媒传播驱动力
旅游管理驱动力	□	□	□	□	□	□	□	□	□	传媒传播驱动力

二、评价因子层（二级）各指标的相对重要性对比程度

1. 评价“经济发展驱动力”指标层各因素的相对重要性对比程度

A	重要程度									B
	9	7	5	3	1	3	5	7	9	
山区经济发展水平	□	□	□	□	□	□	□	□	□	山地产业基础能力
山区经济发展水平	□	□	□	□	□	□	□	□	□	旅游经济带动能力
山地产业基础能力	□	□	□	□	□	□	□	□	□	旅游经济带动能力

2. 评价“政府政策驱动力”指标层各因素的相对重要性对比程度

A	重要程度									*B*
	9	7	5	3	1	3	5	7	9	
山区旅游发展政策	□	□	□	□	□	□	□	□	□	政府及企业资金投入

3. 评价“旅游交通驱动力”指标层各因素的相对重要性对比程度

A	重要程度									*B*
	9	7	5	3	1	3	5	7	9	
外部交通可达性	□	□	□	□	□	□	□	□	□	景区内部交通便利度
外部交通可达性	□	□	□	□	□	□	□	□	□	景区内交通价格水平
景区内部交通便利度	□	□	□	□	□	□	□	□	□	景区内交通价格水平

4. 评价“旅游环境驱动力”指标层各因素的相对重要性对比程度

A	重要程度									*B*
	9	7	5	3	1	3	5	7	9	
山地景区空气质量	□	□	□	□	□	□	□	□	□	山地景区植被覆盖率
山地景区空气质量	□	□	□	□	□	□	□	□	□	山地景区的适游期
山地景区空气质量	□	□	□	□	□	□	□	□	□	居民参与度
山地景区空气质量	□	□	□	□	□	□	□	□	□	居民好客度
山地景区空气质量	□	□	□	□	□	□	□	□	□	山地基础设施
山地景区空气质量	□	□	□	□	□	□	□	□	□	山地旅游服务设施
山地景区空气质量	□	□	□	□	□	□	□	□	□	山地旅游安全救援设施
山地景区植被覆盖率	□	□	□	□	□	□	□	□	□	山地景区的适游期
山地景区植被覆盖率	□	□	□	□	□	□	□	□	□	居民参与度
山地景区植被覆盖率	□	□	□	□	□	□	□	□	□	居民好客度
山地景区植被覆盖率	□	□	□	□	□	□	□	□	□	山地基础设施

续表

A	重要程度									B
	9	7	5	3	1	3	5	7	9	
山地景区植被覆盖率	□	□	□	□	□	□	□	□	□	山地旅游服务设施
山地景区植被覆盖率	□	□	□	□	□	□	□	□	□	山地旅游安全救援设施
山地景区的适游期	□	□	□	□	□	□	□	□	□	居民参与度
山地景区的适游期	□	□	□	□	□	□	□	□	□	居民好客度
山地景区的适游期	□	□	□	□	□	□	□	□	□	山地基础设施
山地景区的适游期	□	□	□	□	□	□	□	□	□	山地旅游服务设施
山地景区的适游期	□	□	□	□	□	□	□	□	□	山地旅游安全救援设施
居民参与度	□	□	□	□	□	□	□	□	□	居民好客度
居民参与度	□	□	□	□	□	□	□	□	□	山地基础设施
居民参与度	□	□	□	□	□	□	□	□	□	山地旅游服务设施
居民参与度	□	□	□	□	□	□	□	□	□	山地旅游安全救援设施
居民好客度	□	□	□	□	□	□	□	□	□	山地基础设施
居民好客度	□	□	□	□	□	□	□	□	□	山地旅游服务设施
居民好客度	□	□	□	□	□	□	□	□	□	山地旅游安全救援设施
山地基础设施	□	□	□	□	□	□	□	□	□	山地旅游服务设施
山地基础设施	□	□	□	□	□	□	□	□	□	山地旅游安全救援设施
山地旅游服务设施	□	□	□	□	□	□	□	□	□	山地旅游安全救援设施

5. 评价“旅游资源驱动力”指标层各因素的相对重要性对比程度

A	重要程度									B
	9	7	5	3	1	3	5	7	9	
山地自然旅游资源富集度	□	□	□	□	□	□	□	□	□	山地人文旅游资源富集度
山地自然旅游资源富集度	□	□	□	□	□	□	□	□	□	山地旅游资源的独特性

续表

A	重要程度									B
	9	7	5	3	1	3	5	7	9	
山地自然旅游资源富集度	□	□	□	□	□	□	□	□	□	山地旅游资源的多样性
山地自然旅游资源富集度	□	□	□	□	□	□	□	□	□	山地旅游资源的功能价值
山地人文旅游资源富集度	□	□	□	□	□	□	□	□	□	山地旅游资源的独特性
山地人文旅游资源富集度	□	□	□	□	□	□	□	□	□	山地旅游资源的多样性
山地人文旅游资源富集度	□	□	□	□	□	□	□	□	□	山地旅游资源的功能价值
山地旅游资源的独特性	□	□	□	□	□	□	□	□	□	山地旅游资源的多样性
山地旅游资源的独特性	□	□	□	□	□	□	□	□	□	山地旅游资源的功能价值
山地旅游资源的多样性	□	□	□	□	□	□	□	□	□	山地旅游资源的功能价值

6. 评价“旅游产品驱动力”指标层各因素的相对重要性对比程度

A	重要程度									B
	9	7	5	3	1	3	5	7	9	
山地观光旅游产品吸引力	□	□	□	□	□	□	□	□	□	山地休闲度假产品吸引力
山地观光旅游产品吸引力	□	□	□	□	□	□	□	□	□	山地娱乐体验产品吸引力
山地观光旅游产品吸引力	□	□	□	□	□	□	□	□	□	山地文化艺术产品吸引力
山地观光旅游产品吸引力	□	□	□	□	□	□	□	□	□	山地运动康体产品吸引力
山地观光旅游产品吸引力	□	□	□	□	□	□	□	□	□	山地科研科考产品吸引力
山地休闲度假产品吸引力	□	□	□	□	□	□	□	□	□	山地娱乐体验产品吸引力
山地休闲度假产品吸引力	□	□	□	□	□	□	□	□	□	山地文化艺术产品吸引力
山地休闲度假产品吸引力	□	□	□	□	□	□	□	□	□	山地运动康体产品吸引力
山地休闲度假产品吸引力	□	□	□	□	□	□	□	□	□	山地科研科考产品吸引力
山地娱乐体验产品吸引力	□	□	□	□	□	□	□	□	□	山地文化艺术产品吸引力
山地娱乐体验产品吸引力	□	□	□	□	□	□	□	□	□	山地运动康体产品吸引力

续表

A	重要程度									B
	9	7	5	3	1	3	5	7	9	
山地娱乐体验产品吸引力	□	□	□	□	□	□	□	□	□	山地科研科考产品吸引力
山地文化艺术产品吸引力	□	□	□	□	□	□	□	□	□	山地运动康体产品吸引力
山地文化艺术产品吸引力	□	□	□	□	□	□	□	□	□	山地科研科考产品吸引力
山地运动康体产品吸引力	□	□	□	□	□	□	□	□	□	山地科研科考产品吸引力

7. 评价“市场需求驱动力”指标层各因素的相对重要性对比程度

A	重要程度									B
	9	7	5	3	1	3	5	7	9	
景区旅游总收入	□	□	□	□	□	□	□	□	□	景区接待旅游人数
景区旅游总收入	□	□	□	□	□	□	□	□	□	闲暇时间
景区旅游总收入	□	□	□	□	□	□	□	□	□	游客旅游消费水平
景区旅游总收入	□	□	□	□	□	□	□	□	□	游客满意度
景区接待旅游人数	□	□	□	□	□	□	□	□	□	闲暇时间
景区接待旅游人数	□	□	□	□	□	□	□	□	□	游客旅游消费水平
景区接待旅游人数	□	□	□	□	□	□	□	□	□	游客满意度
闲暇时间	□	□	□	□	□	□	□	□	□	游客旅游消费水平
闲暇时间	□	□	□	□	□	□	□	□	□	游客满意度
游客旅游消费水平	□	□	□	□	□	□	□	□	□	游客满意度

8. 评价“旅游管理驱动力”指标层各因素的相对重要性对比程度

A	重要程度									B
	9	7	5	3	1	3	5	7	9	
山地旅游人才教育和培训	□	□	□	□	□	□	□	□	□	景区旅游服务质量
山地旅游人才教育和培训	□	□	□	□	□	□	□	□	□	游客投诉与意见处理效率

续表

A	重要程度									B
	9	7	5	3	1	3	5	7	9	
山地旅游人才教育和培训	□	□	□	□	□	□	□	□	□	旅游市场规范程度
山地旅游人才教育和培训	□	□	□	□	□	□	□	□	□	在线旅游服务
山地旅游人才教育和培训	□	□	□	□	□	□	□	□	□	景区综合智慧管理
景区旅游服务质量	□	□	□	□	□	□	□	□	□	游客投诉与意见处理效率
景区旅游服务质量	□	□	□	□	□	□	□	□	□	旅游市场规范程度
景区旅游服务质量	□	□	□	□	□	□	□	□	□	在线旅游服务
景区旅游服务质量	□	□	□	□	□	□	□	□	□	景区综合智慧管理
游客投诉与意见处理效率	□	□	□	□	□	□	□	□	□	旅游市场规范程度
游客投诉与意见处理效率	□	□	□	□	□	□	□	□	□	在线旅游服务
游客投诉与意见处理效率	□	□	□	□	□	□	□	□	□	景区综合智慧管理
旅游市场规范程度	□	□	□	□	□	□	□	□	□	在线旅游服务
旅游市场规范程度	□	□	□	□	□	□	□	□	□	景区综合智慧管理
在线旅游服务	□	□	□	□	□	□	□	□	□	景区综合智慧管理

9. 评价“传媒传播驱动力”指标层各因素的相对重要性对比程度

A	重要程度									B
	9	7	5	3	1	3	5	7	9	
新闻媒体关注度	□	□	□	□	□	□	□	□	□	景区广告宣传力度
新闻媒体关注度	□	□	□	□	□	□	□	□	□	景区知名度与影响力
景区广告宣传力度	□	□	□	□	□	□	□	□	□	景区知名度与影响力

附录 D
玉龙雪山景区旅游发展驱动力评价——游客调查问卷

尊敬的游客：

您好！非常感谢您在百忙之中填写本问卷。此份问卷旨在了解您对玉龙雪山景区旅游发展驱动因子所发挥驱动作用大小的感知评价，以便为其后续建设研究提供重要的参考依据。相关信息仅供研究使用，绝不泄露。衷心感谢您的协助！

1. 您到达丽江选择的交通工具：

□飞机　□火车　□省/市/县班车　□旅行社包车

□私家车　□其他

2. 您从丽江到玉龙雪山景区选择的交通工具：

□旅游专线（公交）　□出租车　□旅行社包车

□私家车　□其他

3. 您认为从外地到达丽江的交通可进入性：

□非常好　□好　□一般　□不好　□很不好

4. 您认为玉龙雪山景区内的交通便利度：

□非常便利　□比较便利□一般　□不太便利　□不便利

5. 您认为玉龙雪山景区内部交通价格是否合理：

□非常合理　□合理　□一般　□不太合理　□不合理

6. 您认为玉龙雪山景区当地居民对游客的态度：

□非常友好　□比较友好□一般　□不太友好　□不友好

7. 您的出游时间是否充裕：

□非常充裕　□比较充裕□一般　□不太充裕　□不充裕

8. 您认为玉龙雪山景区人均消费费用：

□非常高　　□较高　　□一般　　□较低　　□低

9. 您认为玉龙雪山景区旅游服务质量：

□非常好　　□好　　□一般　　□不好　　□很不好

10. 您对玉龙雪山景区的整体满意程度：

□非常满意　　□满意　　□一般　　□不满意　　□很不满意

11. 如果有机会，您是否愿意再次到玉龙雪山旅游：

□非常愿意　　□愿意　　□一般　　□不愿意　　□很不愿意

12. 您认为玉龙雪山景区旅游市场秩序是否规范：

□非常规范　　□比较规范□一般　　□不太规范　□不规范

13. 您认为玉龙雪山景区的知名度和影响力：

□非常大　　□比较大　□一般　　□比较小　　□小

14. 您来自________省________市（州）

15. 您的性别：□男　　□女

16. 您的年龄：□18 岁以下　　□18~25 岁　　□26~44 岁

□45~64 岁　　□64 岁以上

17. 您的职业：________

□公务员、事业单位员工　　□国有企业员工　　□私营企业员工

□农民　□学生　□教师　□个体户　□自由职业者

□离退休人员　□其他

18. 您的最高学历是：

□初中或以下　　□高中或中专　　□本科或大专

□硕士及以上

19. 您每月的可支配收入有：

□3000 元及以下　　□3001~5000 元　　□5001~7000 元

□7001~10000 元　　□10001 元及以上

附录 E

玉龙雪山景区旅游发展驱动力评价——旅游管理人员调查问卷

尊敬的先生/女士：

您好！非常感谢您在百忙之中填写本问卷。此份问卷旨在了解您对玉龙雪山景区旅游发展驱动因子在现阶段发挥驱动作用大小的感知评价，相关信息仅供研究使用，绝不泄露。再次感谢您的支持！

1. 政府政策对景区开发的支持力度：

□非常高　□比较高　□一般　□比较低　□低

2. 当地居民在旅游开发中的参与度：

□非常高　□比较高　□一般　□比较低　□低

3. 您认为玉龙雪山景区水电、通信等基础设施：

□非常齐全　□比较齐全　□一般　□较差　□非常差

4. 您认为玉龙雪山景区的旅游服务设施：

□非常齐全　□比较齐全　□一般　□较差　□非常差

5. 您认为玉龙雪山景区的旅游安全救援等设施：

□非常齐全　□比较齐全　□一般　□较差　□非常差

6. 您认为玉龙雪山景区的综合智慧管理水平（景区智慧管理包括运用大数据、云计算等技术开展资源环境监管、智能安防、游客预测预警、多媒体营销宣传、日常业务处理等管理工作）：

□非常高　□比较高　□一般　□比较低　□低

7. 您认为玉龙雪山景区对外广告宣传力度：

□非常大　□比较大　□一般　□比较小　□小

附录 F
玉龙雪山景区旅游发展驱动力评价——专家调查问卷

尊敬的专家：

您好！非常感谢您在百忙之中填写本问卷。此份问卷旨在了解您对玉龙雪山景区旅游发展驱动因子所发挥驱动作用大小的感知评价。请您根据自己的研究与实践经验，在相应的选项处打√。衷心感谢您的支持！

1. 您认为玉龙雪山景区山地自然旅游资源富集度：

□非常高　　□较高　　□一般　　□较低　　□低

2. 您认为玉龙雪山景区山地人文旅游资源富集度：

□非常高　　□较高　　□一般　　□较低　　□低

3. 您认为玉龙雪山景区山地旅游资源的珍奇度：

□资源奇特，在其他区域罕见　□资源较奇特，在其他区域很少见

□资源较突出，在其他区域较多见　□资源普通，随处可见

□无资源

4. 您认为玉龙雪山景区山地旅游资源的多样性程度：

□非常高　　□较高　　□一般　　□较低　　□低

5. 您认为玉龙雪山景区山地旅游资源的功能价值（观赏游憩、历史文化、科学艺术价值等）：

□非常高　　□较高　　□一般　　□较低　　□低

6. 您认为玉龙雪山景区山地观光类旅游产品的吸引力程度（包括冰川公园冰川雪景、冰塔林、云杉坪/牦牛坪高山草甸、蓝月谷高原湖泊）：

□非常高　　□较高　　□一般　　□较低　　□低

7. 您认为玉龙雪山景区山地休闲度假类旅游产品的吸引力程度（包括雪山度假酒店、房车营地、帐篷酒店、高尔夫俱乐部等）：

□非常高　　□较高　　□一般　　□较低　　□低

8. 您认为玉龙雪山景区山地娱乐体验类旅游产品的吸引力程度（包括冰川公园滑雪体验、蓝月谷服装租赁拍照、玉龙雪山户外婚纱摄影、骑马体验活动等）：

□非常高　　□较高　　□一般　　□较低　　□低

9. 您认为玉龙雪山景区山地文化艺术类旅游产品的吸引力程度（包括甘海子《印象·丽江》实景演艺、东巴《雪山神话》舞台剧、玉龙“第三国”爱情传说以及三多节、火把节、国际东巴文化旅游节、丽江雪山音乐节等节庆活动）：

□非常高　　□较高　　□一般　　□较低　　□低

10. 您认为玉龙雪山景区山地运动康体类旅游产品的吸引力程度（包括越野跑赛事、公路自行车赛事等体育赛事及徒步探险、高尔夫、滑雪等）：

□非常高　　□较高　　□一般　　□较低　　□低

11. 您认为玉龙雪山景区山地科考科研类旅游产品的吸引力程度（包括国家地质公园、冰川地质博物馆、动植物考察、地质遗迹考察、古冰川遗迹考察等）：

□非常高　　□较高　　□一般　　□较低　　□低

项目策划： 张芸艳
责任编辑： 张芸艳
责任印制： 孙颖慧
封面设计： 武爱昕

图书在版编目（CIP）数据

山地景区旅游发展驱动力与投资效应研究 / 明庆忠等著. -- 北京：中国旅游出版社，2022.11
国家自然科学基金旅游研究项目文库
ISBN 978-7-5032-7057-4

Ⅰ. ①山… Ⅱ. ①明… Ⅲ. ①山地-旅游业发展-研究 Ⅳ. ①F590.75

中国版本图书馆 CIP 数据核字(2022)第 213711 号

书　　名： 山地景区旅游发展驱动力与投资效应研究

作　　者： 明庆忠　赵建平　张轶群　刘宏芳　等　著
出版发行： 中国旅游出版社
（北京静安东里 6 号　邮编：100028）
http://www.cttp.net.cn　E-mail:cttp@mct.gov.cn
营销中心电话：010-57377108，010-57377109
读者服务部电话：010-57377151
排　　版： 北京天韵科技有限公司
经　　销： 全国各地新华书店
印　　刷： 三河市灵山芝兰印刷有限公司
版　　次： 2022 年 11 月第 1 版　2022 年 11 月第 1 次印刷
开　　本： 720 毫米 × 970 毫米　1/16
印　　张： 18.5
字　　数： 300 千
定　　价： 59.80 元
I S B N　978-7-5032-7057-4